三舟隆之・馬場 基［編］

カツオの古代学

和食文化の源流をたどる

吉川弘文館

はじめに

世に，「二匹目のドジョウを狙う」という俚諺があるが，なんと三匹目にしてカツオだという。

別に，積極的で能動的な理由から「カツオ」を選んだわけではない。三舟隆之率いる古代食研究チームは，当初海外調査も含めた壮大な研究計画を立てていたのだが，新型コロナウィルスの影響で海外調査ができなくなってしまった。もちろん，この研究チームがその程度のことで，へこたれるわけがない。海の外に行けないなら，せめて海の際へということで，国内の西伊豆で伝統的なカツオの加工方法や，そのほか各種カツオ加工品に関する調査を実施したところ，カツオの魅力にチームごと「どっぷり」とはまって，抜け出せなくなってしまった。さらに，これまでの２冊の古代食の復原研究書が好評をもって迎えられたから，版元も甘い顔をしたもので，つい３冊目をもくろんでしまった。

本書の存在のきっかけは，この二つの偶然が，たまたまかちあったという，それだけのことに過ぎない。

だがしかし，とにかくカツオは面白い。

古代食，日本古代史，あるいは日本食文化，いや日本文化全体におけるカツオの重要性は繰り返すまでもない。ただ，改めて西伊豆での調査経験を踏まえて見直してみると，あまりに身近過ぎるためか，古代のカツオに関する研究は，思いのほか少ない。もちろん，既往の研究も魅力的な事実を多く明らかにしてくれているのであるが，それでもなお，不明な点はさまざまにあり，また通説的な説明では満足できない点もたくさんある。

どうやら我々は，まだまだ古代カツオの真実の姿に，十分に近づけていない。

気になりだしたら，実に気になる。カツオは，栄養とうまみに富む，重要な海産資源だが，同時に非常に劣化が早い。漁獲も，遠洋の一本釣りなど古代には期待できないが，一方で季節の廻りに合わせて，黒潮に乗って大量にやってきたであろうことは想像に難くない。どのように捕って，どのように加工したのか。我々は，このテーマに正面切って取り組んだ。

漁法について調べて，加工の生産性を考えた。製品の保存性を考え，加工道具に詳細な分析を加えるとともに，遺跡との関係を洗いなおした。運搬用具を考えるために，製品についていくつもの仮説を相互に検証した。木簡に残るささやかな情報から，古代のカツオの姿を少しずつ削りだしていった。

もちろん本書では，わが三舟チームが得意とする「再現実験」も存分に繰り返しながら，これらの点に肉薄することを試みた。実験を通じて問題の「焦点」があぶりだされて，じわりじわりと外堀が埋まっていく。ある分野では常識に属する「事実」が，別の分野では知られておらず，それゆえに「謎」が深まってしまっている，そんな光景も目の当たりにした。

そんな状況に，新たな知の投入によって劇的に研究が深化する瞬間の快感は，身震いするほどのものであった。従来の方法論では「水掛け論」になりかねない課題に，新しい分析手法を導入することで方向性を見出すことができたのは，文字通り「科学の力」を痛感する出来事だった。この快感を，ぜひ本書を通じて多くの方々にも感じていただきたいと思う。

さて，本研究は，カツオに魅了された三舟古代食研究チームの熱意もさることながら，カツオを愛してやまないカネサ鰹節商店・芹沢安久氏の全面的なご協力・ご支援によって支えられたものである。ここに記して，感謝の意を表したい。

本書をきっかけに，日本文化におけるカツオの重要性がさらに深く広く知れわたり，研究がより一層進んでいくこと，そして未来にわたって——黒潮が流れ，日本列島がその傍らに浮かび続けている限り——カツオとの付き合いと，その文化が豊かに継承されていくことを願っている。

馬　場　　基

目　次

Ⅲ　古代の堅魚製品再現への挑戦

Ⅳ　特別寄稿

Ⅴ　カツオの古代学—シンポジウム総合討論—

I　文献史料からみた古代のカツオ

1　日本列島とカツオ

馬　場　　基

はじめに――目には青葉　山ほととぎす　初鰹――

カツオは日本文化に根差す，重要な水産資源である。

日本列島は，カツオが回遊する海域の北限域に位置する。定期的に回遊するカツオは，人々にとって貴重な食糧資源であった。日本古代の律令国家にとっても，カツオはきわめて重要だったことが明らかにされている〔渋沢・網野ほか 1992〕。その由来に諸説あるものの，神殿の屋根に乗る部材を「鰹木（かつおぎ）」と称することもまた，人々がカツオに特別な思いを持っていたことの証左だと思われる。そして，日本古代の律令国家は，カツオを中央に集積した。

本稿では，これらのうちで数量的にもっとも多い「荒堅魚（あらかつお）」の実態に迫るために，現時点で明らかな点を整理していきたいと考える。

1　カツオ木簡の読み解き

中央にカツオを集積する際に，カツオには荷札木簡が添付された。カツオの荷札木簡は，都城から多く出土している（表1）。荒堅魚の実態に迫る観点から，その情報を整理していこう。

〈カツオの貢進元〉

現在の情報から考えると，カツオ漁がおこなわれる地域は，宮城県以南の太平洋岸全域，また日本海側の各地に広がると考えられる。これは，各地の遺跡の分析からも同様の傾向をみることができる（本書第Ⅱ部第3章山崎論文）。しかし，木簡にみえるカツオの貢進元は，阿波・志摩・遠江・駿河・伊豆であり，そのなかでも駿河・伊豆が圧倒的に多い（表2）。

表 1　堅魚荷札木簡（木簡釈文の表記方法〈記号等〉は，奈良文化財研究所「木簡庫」データベースの凡例による）

本　文	国名	税目（丸括弧は推定）	品　目	出　典
阿波国□□〈〉□部千国調堅魚六斤／□□〈〉十月□⫽	阿波	調	堅魚	城 19-32 上(384)
阿波国那賀郡薩麻駅子戸鵜甘部□麻呂戸同部牛調堅魚六斤／←平七→⫽	〃	〃	〃	城 19-32 上(380)
阿波国那賀郡武芸駅子戸主生部東方戸同部毛人調堅魚六斤天平七年十月	〃	〃	〃	城 19-25 上(261)
／←□／←龍手⫽○調荒堅魚十一斤十両／十一連／天平十八年九□〔月ヵ〕⫽	伊豆	〃	荒堅魚	◎平城宮 1-345
□矢田部禰麻呂調荒堅魚十一斤十両／十連□□／□〔天ヵ〕平元年十月⫽	〃	〃	〃	◎平城宮 2-2178
←□□□□部呰万呂調／荒堅魚十一斤十両○八連二丸／○天平五年九月⫽	〃	〃	〃	城 17-16 上(116)
←賀郡都比□□洲里○／戸主日下部鳥万呂口／物部大友⫽○調荒堅魚十一斤十両○「／七連八丸／天平七年九月⫽」	〃	〃	〃	城 24-26 上(247)
←方郡久寝郷坂上里矢田部子□調荒堅魚十一斤十両天平七年九月＼○八連一丸	〃	〃	〃	城 22-26 上(259)
←茂郡賀茂郷川合里戸主少初位下生部博士口生部廣国調荒堅魚十一斤十両＼○天平七年十月	〃	〃	〃	城 22-28 上(271)
・□〔伊ヵ〕□国〈〉・□□□〔堅魚ヵ〕八斤十両納五連九節○天平九	〃	（調）	不明	城 31-26 下(371)
・←棄妾郷瀬埼里戸主大生部禰麻呂□大生部遠野調荒堅魚一斤・←節○天平七年〈〉月	〃	調	荒堅魚	城 22-24 上(242)
・伊豆〈〉調荒堅魚十一斤十両・○八連〈〉○天平七年十月	〃	〃	〃	城 24-25 下(242)
・伊豆国・○堅魚二百八十六隻	〃	（調）	不明	城 22-24 上(241)
・伊豆国賀茂郡三嶋郷戸主占部久須理戸占部広庭調麁堅魚拾壱斤・拾両○／員十連三節⫽○天平十八年十月	〃	調	荒堅魚	◎平城宮 1-342
・伊豆国賀茂郡色日郷大背里戸主矢田部高椋口矢田部建嶋調荒堅魚十一斤十両＼○天平七年十月・○「七連七丸」	〃	〃	〃	城 22-27 上(270)
・伊豆国賀茂郡川津郷湯田里戸主矢田部根麻呂口矢田部道麻呂調煮堅魚八斤五両＼○「七連三節」・○天平八年十月	〃	〃	煮堅魚	城 22-27 上(264)
・伊豆国賀茂郡築間郷蒲沼里戸主矢田部吉備調荒堅魚十一斤十両○天平七年十月・○八連七節	〃	〃	荒堅魚	城 22-27 上(266)

・伊豆国賀茂郡築間郷山□〔田ヵ〕里戸主矢田部広田口矢田部荒勝調荒堅魚十一斤○十両＼○天平七年十月七連七丸・伊豆国賀	〃	〃	〃	城 22-27 上(265)
・伊豆国交易麁堅魚壱拾斤／太〃○盛十連四節・○神護景雲三年十月	〃	交易	〃	平城宮 4-4661
・伊豆国煮堅魚・「伊豆国煮煎一□」	〃	不明	煮堅魚	城 24-24 下(231)
・伊豆国中郡堅魚煎一升・○中	〃	(中男作物)	堅魚煎	城 19-21 下(186)
・伊豆国田方郡棄妾郷許保里戸主宍人部君麻呂口宍人部宿奈麻呂調荒堅魚「一斤十五両○／六連四／節〃」・○「天平七年十月」	〃	調	荒堅魚	城 22-25 上(253)
・伊豆国田方郡棄妾郷許保里戸主大生部真高口大生部野瀬調荒堅魚十一斤十両○「六連三丸」・○天平七年十月	〃	〃	〃	城 22-25 上(252)
・伊豆国田方郡棄妾郷許保里戸主大伴部五百万呂口大伴部身万呂調荒堅魚「一斤十五両○／五連六／節〃」・○天平七年十月	〃	〃	〃	城 24-25 上(243)
・伊豆国田方郡棄妾郷許保里戸主大伴部龍麻呂口金刺舎人部足国調堅魚○「十一斤十両○六連七丸」・○「←年十月」	〃	〃	堅魚	城 22-25 上(251)
・伊豆国田方郡棄妾郷御津里戸主大伴部小舎人戸大伴部広人調荒堅魚「一斤十五両」・○「□〔七ヵ〕連三節○天平七年十月」	〃	〃	荒堅魚	城 22-25 上(255)
・伊豆国田方郡棄妾郷三□〔津ヵ〕里戸主大伴部三国戸大伴部広国調荒堅魚「一斤十五両○／五連／九節〃」・○「天平七年十月」	〃	〃	〃	城 22-25 上(254)
・伊豆国田方郡棄妾郷瀬埼里戸主茜部真弓調荒堅魚十一斤十両○「六連一丸」・○天平七年十月	〃	〃	〃	城 22-25 上(250)
・伊豆国田方郡久寝郷坂上里□…阿知麻呂調荒堅魚十一斤十両＼○「八連→」・○天平…年十月	〃	〃	〃	城 29-32 上(366)
・伊豆国田方郡久寝郷坂上里若桜部高山調荒堅魚十一斤十両＼○「八連四丸」・○天平七年九月	〃	〃	〃	城 22-24 下(249)
・伊豆国田方郡久寝郷坂上里日下部遠麻呂調荒堅魚十一斤十両＼○七連六丸・○天平七年十月	〃	〃	〃	城 22-24 下(248)
・伊豆国田方郡有雑郷桜田里戸主檜前舎人部国口物部龍麻呂調荒堅魚「十一斤十両＼○八連二節」・○天平七年十月	〃	〃	〃	城 22-26 上(257)
・伊豆国田方郡有雑郷多我里戸主大伴部木麻呂調荒堅魚十一斤十両＼○「六連六丸」・○天平七年十月	〃	〃	〃	城 22-24 下(245)
・伊豆国田方郡有雑郷多賀里戸主檜前舎人部荒嶋口矢田部広足調堅魚十一両○□連六節・○天平七年十月	〃	〃	堅魚	城 22-26 上(256)

・伊豆国那賀郡射鷲郷庭科里戸主宍人〈〉足口宍人部足国調堅魚十一斤十両「九連四丸」・〇天平七年九月	〃	〃	〃	城 22-29 上(287)
・伊豆国那賀郡射鷲郷庭科里戸主宍人部百足口宍人部足国調堅魚十一斤十両＼九連四丸・〇天平七年九月	〃	〃	〃	城 22-29 上(286)
・伊豆国那賀郡射鷲郷和太里戸主白髪部石口矢田部高嶋調荒堅魚十一斤十両「七連七丸」・〇天平七年九月	〃	〃	荒堅魚	城 22-29 上(288)
・伊豆国那賀郡石火郷宇遅部黒栖調堅魚十・一斤十両〇九連六丸〇天平七年九月十一日	〃	〃	堅魚	城 22-28 下(280)
・伊豆国那賀郡石火郷戸主矢田部金毛口物部禰万呂調堅魚十一斤十両〇「八連三丸」・〇天平七年九月十一日	〃	〃	〃	城 22-29 上(285)
・伊豆国那賀郡都比郷湯辺里戸主刑部小事口刑部刀良調堅魚十一斤十両「十二連」＼〇「□」・〇天平七年九月	〃	〃	〃	城 22-29 上(289)
・伊豆国那賀郡入間郷中村里戸主矢田部衣万呂口矢田部角万呂調堅魚十一斤十両〇十二烈五丸・〇天平七年九月	〃	〃	〃	城 22-30 上(292)
・伊豆国那賀郡入間郷売良里戸主物部曽足口物部千嶋調堅魚十一斤十両＼〇十連三丸・〇天平七年九月	〃	〃	〃	城 22-30 上(293)
伊豆国賀茂郡稲梓郷稲梓里戸主占部枚夫戸占部石麻呂調荒堅魚十一斤十両／六連六丸／天平七年十月〃	〃	〃	荒堅魚	城 22-28 上(272)
伊豆国賀茂郡賀茂郷□□里戸主生部犬麻呂口生部千麻呂調荒堅魚十一斤十両／六連二丸／天平五年十月〃	〃	〃	〃	城 17-14(89)
伊豆国賀茂郡賀茂郷川合里伊福部別調荒堅魚十一斤十→	〃	〃	〃	平城京 1-69
伊豆国賀茂郡賀茂郷題詩里戸主矢田部刀良麻呂口矢田部刀良調荒堅魚十一斤十両「十一連二丸」＼〇天平七年十月	〃	〃	〃	城 22-27 上(267)
伊豆国賀茂郡賀茂郷題詩里戸主矢田部刀良麻呂口矢田部刀良調荒堅魚十一斤十両「十一連二丸」＼〇天平七年十月	〃	〃	〃	城 22-27 上(268)
伊豆国賀茂郡賀茂郷湯辺里戸丈部石西戸丈部□西調荒堅魚十一斤十両□連□□＼〇天平七年十月	〃	〃	〃	城 24-25 上(245)
伊豆国賀茂郡三嶋郷三嶋里占部五百□〔比ヵ〕調荒堅魚十一斤十両□連五丸＼〇天平□年	〃	〃	〃	城 22-26 上(260)

伊豆国賀茂郡色日郷鯉名里戸主多治比部国万呂口多治比部禰万呂調荒堅魚十一斤十両「七連一丸」○天平八年十月	〃	〃	〃	城 22-27 上(269)
伊豆国賀茂郡川津郷□〔神ヵ〕竹里戸主矢田部子当口矢田部石村調煮堅魚八斤五両○／「七連五丸」／天平七年十月〃	〃	〃	煮堅魚	城 22-26 上(263)
伊豆国賀茂郡川津郷賀美里戸主矢田部□麻呂戸平群部嶋調荒堅魚十一斤十両＼○「九連一丸」＼○天平八年十月	〃	〃	荒堅魚	城 22-26 上(261)
伊豆国賀茂郡川津郷賀茂里戸主矢田部三狩口矢田部長調荒堅魚十一斤「十」両＼○八連四丸＼○天平七年十月	〃	〃	〃	城 22-26 上(262)
伊豆国賀茂郡川津郷湯田里戸主矢田部伊豆麻呂調煮堅魚八斤五両○／七連五節／天平七年十月〃	〃	〃	煮堅魚	城 24-25 上(246)
伊豆国賀茂郡川津郷湯田里矢田部与佐理調荒堅魚十一斤十両／天平二年十月／□□〔五連ヵ〕□□〃	〃	〃	荒堅魚	平城宮 3-3069
伊豆国中郡石火郷○／物部黒万呂／物部□〔広ヵ〕万呂〃○調堅魚十一斤十両○「十連二丸」	〃	〃	堅魚	城 22-28 下(282)
伊豆国中郡石火郷石火里戸主物部若□口物部黒麻呂調堅魚十一斤十両○「十連」	〃	〃	〃	城 22-29 上(284)
伊豆国中郡石火郷物部広足調堅魚十一斤十両「九連丸」	〃	〃	〃	城 22-28 下(281)
伊豆国中郡都比郷有覚里○／戸主日下部麻々呂／○日下部黒万呂〃○調荒堅魚十一斤十両○／□連一丸／天平七年九月〃	〃	〃	荒堅魚	城 22-29 上(290)
伊豆国中郡都比郷有覚里○／戸主日下部麻々呂／日下部黒万呂〃○調荒堅魚十一斤十両○／十一□／天平七→〃	〃	〃	〃	城 22-29 上(291)
伊豆国田方郡棄妾郷戸主大生部綾師戸大生部大麻呂調麁堅魚拾壱斤拾両七□	〃	〃	〃	宮町-41 頁-(A42)
伊豆国田方郡棄妾郷瀬前里大生部安麻呂調荒堅魚「一斤十五両」	〃	〃	〃	城 22-24 下(243)
伊豆国田方郡久寝郷坂上里日下部真廣調荒堅魚十一斤十両天平七年九月＼○「七連一丸」	〃	〃	〃	城 24-25 上(244)
伊豆国田方郡久寝郷坂上里矢田部千嶋調荒堅魚十一斤十両○天平七年九月＼○七連五丸	〃	〃	〃	城 24-25 上(237)
伊豆国田方郡久寝郷坂本里矢田部古麻呂調荒堅魚十一斤十両天平七年九月＼○「七連二節」	〃	〃	〃	城 22-26 上(258)
伊豆国田方郡有雑郷□□〔田我ヵ〕戸主生部小刀良口春日三馬調荒堅魚十一斤＼○九連五節	〃	〃	〃	城 22-24 下(246)

伊豆国那賀郡井田郷戸主〈〉□〔部ヵ〕広□麻呂□〔調ヵ〕荒□〔堅ヵ〕魚拾斤伍両／延暦十年十月十六日郡司領外従／八位上□□□□□〔足ヵ〕〃	〃	〃	〃	木研 20-59 頁 -1(9)
伊豆国那賀郡射鷲郷／戸主宍人部大万呂口／宍人部湯万呂〃調麁堅魚十一斤十両／○／天平勝宝八歳十月〃	〃	〃	〃	◎平城宮 2-2247
伊豆国那賀郡射鷲郷和太里丈部黒栖調荒堅魚十一斤十両七連八節＼○天平五年九月	〃	〃	〃	城 17-14 上(90)
伊豆国那賀郡丹科郷江田里物部意〈〉調荒堅魚十一斤十両○「十連」＼天平→	〃	〃	〃	城 22-28 上(277)
伊豆国那賀郡丹科郷多具里○／戸主物部大山口／○物部国万呂〃○調堅魚○十一連九丸	〃	〃	堅魚	城 22-28 下(279)
伊豆国那賀郡丹科江田里○／戸〈〉呂口／○←□〃○調堅魚十一斤十両＼○九連七丸	〃	〃	〃	城 22-28 上(276)
伊豆国那賀郡那珂郷／戸主矢田部人成口／○宇遅部得足〃調麁堅魚拾壱斤拾両／○延暦元年十月十日／専当郡司擬領外正七位上膳臣山守〃	〃	〃	荒堅魚	城 32-12 上(63)
・入間郷浮浪人志斐連安万呂調堅魚一斤・十連	〃	〃	堅魚	城 22-30 上(294)
・売羅評長浜・五十戸堅魚	〃	(調)	〃	飛 17-21 下(131)
・□郷三□〔津ヵ〕里大伴部三国調□〔荒ヵ〕・養老□〔二ヵ〕年	〃	調	荒堅魚	平城宮 7-12633
・□郡有雑郷田我戸主生部小刀良口春日三馬調荒堅魚十一斤十両＼○九連五節・○天平七年十月	〃	〃	〃	城 22-24 下(247)
・←石火郷物部小熊調堅魚十一斤十両＼○「十連四丸」・○天平七年九月十一日	〃	〃	堅魚	城 22-28 下(283)
「上」伊雑郷堅魚鮨	志摩	(贄)	鮨	城 22-19 下(161)
・嶋国英虞郡／名錐郷□□□□□置国依調堅魚十一斤／十□〔両ヵ〕○←□日〃・【海藻根】	〃	調	堅魚	城 17-13 下(85)
志摩国答志郡答志郷○／戸主嶋直□麻呂調堅魚十一斤十両／天平八年六月□日〃	〃	〃	〃	城 22-19 上(155)
志麻国答志郡和具郷戸主□〈〉□□／同部□□御調堅魚十一斤□／○天平八年六月十日〃	〃	〃	〃	城 31-23 上(297)
船越郷堅□〔魚ヵ〕〈〉□〔斤ヵ〕	〃	(贄)	〃	城 31-23 下(311)
道後郷堅魚三上	〃	〃	〃	城 22-20 上(173)
二色郷堅魚四連	〃	〃	〃	城 22-20 上(168)
・○「受生壬部子□万呂」＼駿河国五百原郡川名郷石西里戸丈部子万呂戸同部廣国丁調荒堅魚・十一斤十両○員十一連一節○天平七年十月	駿河	調	荒堅魚	城 22-23 上(225)
・←国安倍郡中男作物堅魚煎一升・□田	〃	中男作物	堅魚煎汁	城 31-25 下(348)

・駿河国安□□□□〔倍郡中男ヵ〕作物堅魚・煎一升○天平七年十月○宇治	〃	〃	堅魚煎	城 31-25 下(347)
・駿河国安倍郡中男作物堅魚・煎一升○天平七年十月○「小□」	〃	〃	堅魚煎汁	城 24-24 下(228)
・駿河国安倍郡中男作物堅魚煎一升・○天平七年十月○泉屋郷栗原里	〃	〃	〃	城 22-22 下(220)
・駿河国益□郡□□〔卓陽ヵ〕郷美□…堅魚十一連一節・○養～老～三～年～十月○…○	〃	(調)	堅魚	城 45-25 下(115)
・駿河国益頭郡高楊郷溝口里薗部乙麻呂堅魚・○八連五節○天平□〔七ヵ〕〈〉	〃	〃	〃	城 22-22 下(215)
・駿河国益頭郡高楊郷中家里宇刀部毛人調荒堅魚九烈・四節○天平七年十月	〃	調	荒堅魚	城 22-22 下(214)
・駿河国志太郡夜梨郷張城〈〉□部真人調□□□〔荒堅魚ヵ〕十一〈〉・○天平八年	〃	〃	〃	城 22-22 上(212)
・駿河国駿河郡宇羅郷榎浦里〈〉春日部忍麻呂戸春日部国麻呂調堅魚八連八節・○天平七年十月	〃	〃	堅魚	城 22-23 下(233)
・駿河国駿河郡宇良郷榎浦里戸主弓削部首調荒堅魚六連八節・○天平七年十月	〃	〃	荒堅魚	城 22-23 下(234)
・駿河国駿河郡宇良郷戸主春日部小麻呂戸春日部若麻呂・調荒堅魚七連一節○天平十三年十月	〃	〃	〃	宮町-38 頁-(A17)
・駿河国駿河郡宇良郷菅浦里戸□□〔春日ヵ〕部麻呂調堅魚七連三節・○天平七年十月	〃	〃	堅魚	城 22-23 下(235)
・駿河国駿河郡宇良郷菅浦里戸主矢田部猪麻呂調堅魚七連三節・○天平七年十月	〃	〃	〃	城 22-24 上(236)
・駿河国駿河郡古家郷井辺里戸車以部黒栖調荒堅魚・十一斤十両○天平七年十月	〃	〃	荒堅魚	城 22-24 上(238)
・駿河国駿河郡古家郷井辺里戸春日部高根調荒堅魚十一斤・十両○天平七年十月	〃	〃	〃	城 29-32 上(365)
・駿河国駿河郡古家郷戸主春日部与麻呂調煮堅魚捌斤伍両・天平宝字四年十月専当／国司掾従六位下大伴宿禰益人／郡司大領外正六位□〔上ヵ〕生部直□□〔信陀〕理〃	〃	〃	煮堅魚	平城宮 5-7901
・駿河国駿河郡古家郷川津里戸主丈部□〔得〕麻呂調荒堅魚八連七節・○天平七年十月	〃	〃	荒堅魚	城 22-24 上(237)
・駿河国駿河郡古家郷猪津里戸金刺舎人勝麻呂調荒堅魚六連八節・○天平七年十月	〃	〃	〃	城 22-24 上(239)
・駿河国駿河郡古家郷猪津里戸金刺舎人部大人戸金刺舎〈〉万呂・調荒堅魚七連九節○天平□〔七ヵ〕年十月	〃	〃	〃	城 22-24 上(240)
・駿河国駿河郡柏原郷小林里戸主玉作部忍勝調堅魚七連二節・○天平七年十月	〃	〃	堅魚	城 22-23 下(232)

・駿河国駿河郡柏原郷小林里戸主若舎人部伊加麻呂戸若舎人部人・麻呂調荒堅魚十一斤十両○天平七年十月	〃	〃	荒堅魚	城 22-23 下(230)
・駿河国駿河郡柏原郷小林里戸主若舎人部伊加麻呂戸若舎人部人麻呂調・荒堅魚六連八節○天平七年十月	〃	〃	〃	城 22-23 下(231)
・駿河国駿河郡柏原郷小林里戸主大伴部首調荒堅魚七連・三節○天平七年十月	〃	〃	〃	城 22-23 下(229)
・駿河国駿河郡柏原郷浮嶋里戸主玉作部子…□戸玉作部□□〔足庭ヵ〕・調荒堅魚十三連七節…平七年十月	〃	〃	〃	城 31-25 下(353)
・駿河国有度□…□〔調ヵ〕煮堅・魚八斤□〔五ヵ〕…○	〃	〃	煮堅魚	宮町-32 頁-(A8)
・駿河国有度郡嘗見□□□〔郷戸主ヵ〕有□□〔刀部ヵ〕忍万呂戸有刀部古万呂調堅魚十一斤十両・○〈〉□□十月	〃	〃	堅魚	◎平城宮 1-341
・駿河国廬原郡川名郷□・堅魚八斤五両員五烈六□〔節ヵ〕	〃	(調)	〃	平城宮 7-12632
・駿河国廬原郡川名郷三保里矢田部小嶋調煮堅魚・八斤五両○納四連二節○天平八年七月	〃	調	煮堅魚	城 22-23 上(223)
駿河郡古家里春日部麻々呂調堅魚十一□	〃	〃	堅魚	城 34-25 上(278)
駿河国駿河郡子松郷津守部宮麻呂役荒堅魚拾壱斤拾両○天平宝字二年〈〉当／国司目従六位下息長丹真人大国／郡司少領正六位下金刺舎人足人〃	〃	(調)	荒堅魚	城 19-21 上(184)
駿河国富士郡古家郷小嶋里〈〉荒堅魚九連三丸○天平七年十月	〃	〃	〃	城 22-23 上(226)
・益頭郡高楊郷中家里他田部目甲堅魚・五烈八節○神亀元年十月	〃	〃	堅魚	城 19-21 上(178)
・富士郡久弐郷野上里大伴部若足調荒堅魚・七連六節○天平七年十月	〃	調	荒堅魚	城 22-23 上(227)
・有度郡嘗→・堅魚十一斤→	〃	(調)	堅魚	城 29-32 上(362)
高楊郷赤星里丈部□□奈麻呂堅魚九連五節□□国嶋	〃	〃	〃	城 22-22 下(217)
・三保里戸主矢田部〈〉同部□君・堅魚八連	〃	〃	〃	城 29-10 上(22)
・赤星里他田臣大山堅魚十・三節	〃	〃	〃	城 22-22 下(218)
丹後国小堅魚十連	丹後	不明	小堅魚	城 21-32 下(351)
□〔江ヵ〕国長下郡中男進堅□〔魚ヵ〕	遠江	中男作物	堅魚	◎平城宮 1-359
遠江国山名郡進上中男作物堅魚十斤／天平十七年□〔十ヵ〕月〃	〃	〃	〃	◎平城宮 1-358
〈〉□□□□〔調荒堅魚ヵ〕□□□〔壱拾ヵ〕斤壱両□	不明	調	荒堅魚	宮町-38 頁-(A18)

□□□〔調煮堅ヵ〕魚八斤五両	〃	〃	煮堅魚	平城宮 7-11975
□□□□ロ□部三□調荒堅魚十一斤十両○〈〉＼○天平八年十月	〃	〃	荒堅魚	城 31-27 上(377)
□□調荒堅魚十一斤十両／〈〉／天平七年十月〃	〃	〃	〃	城 31-26 下(374)
□□里宇刀部飯麻呂戸同部若麻呂堅魚十三連	〃	(調)	堅魚	城 24-31 上(328)
□○□□□□□〔部加須可ヵ〕調荒堅魚	〃	調	荒堅魚	藤原宮 2-654
←□□□□□〔十一斤十両ヵ〕	〃	(調)	不明	平城宮 3-3072
←魚十一斤十両／□□〔連ヵ〕□□〔丸ヵ〕／養老七年九月〃	〃	〃	〃	平城宮 7-12822
←荒堅魚十一斤十両	〃	〃	荒堅魚	城 29-37 下(462)
←子阿曇部久尓戸同部遠調堅魚六斤／天平七年十月〃	〃	調	堅魚	城 19-32 上(382)
←千麻呂調麁堅魚壱□〔拾〕→	〃	〃	荒堅魚	◎平城宮 1-350
←調荒堅魚十一斤十＼○両	〃	〃	〃	平城宮 3-3199
・□部□足調堅魚十一斤十両○「十連五丸」・七年九月十一日	〃	〃	堅魚	城 31-26 下(373)
・□部嶋□調堅魚〈〉斤・天平七年九月十一日	〃	〃	〃	城 31-26 下(372)
・←郷□□里宍人部麻呂○調堅魚十一斤十両○七連・○天平十年十月	〃	〃	〃	城 31-27 上(378)
・←郷中□□□□→●〔男作物堅魚ヵ〕・○天平十七年十月	〃	中男作物	〃	◎平城宮 1-362
・←調麁堅魚壱拾壱→・←宝字五年九月	〃	調	荒堅魚	城 19-31 下(375)
・←連麻呂調荒堅魚十一斤十両・神亀元年十月	〃	〃	〃	城 19-27 上(291)
・私部〈〉麻呂・調堅魚九連六節	〃	〃	堅魚	城 31-32 上(476)
・若人調麁堅魚壱籠・延暦□〔七ヵ〕年□〔十ヵ〕月	〃	〃	荒堅魚	木研 25-60 頁-(2)
・大津里戸矢田部志我麻呂堅魚・員十六連	〃	〃	堅魚	城 24-24 下(227)
・大田里建部麻呂戸同部石麻呂堅魚・十三連四節	〃	〃	〃	城 24-31 上(329)
宇遅部忍山口宇遅部百足調荒堅魚十一斤十両九□〔連ヵ〕〈〉＼○天平七年十月	〃	〃	荒堅魚	城 31-27 上(376)
広□〔浜ヵ〕調煮堅魚捌斤伍両《》＼○養老三年《》	〃	〃	煮堅魚	城 6-8 下(97)
□□□□〔堅魚煎汁ヵ〕一斗	〃	中男作物	堅魚煎汁	平城京 3-4975

表２　堅魚荷札木簡の伊豆国郷別集計

郡	郷	異表記	比定		コザト			
田方	新居		函南町桑原	内陸				
	小河		三島市壱町田・清水町湯川	〃				
	直見		中伊豆町関野・上白岩・原保，熱海	内陸・熱海？				
	佐婆		三島市大場・多呂・中島ほか	内陸				
	鏡作		三島市北田，三島市松本	〃				
	茨城		韮山町原木	〃				
	依馬		長岡町北江間・南江間	〃				
	八邦		韮山町山木，三島市梅名・安久・御園，大仁町宗光寺・大仁	〃				
	狩野		修善寺町小立野・本立野・天城湯ヶ島町	〃				
	天野		長岡町天野	〃				
	吉妾	棄妾	沼津市西浦木負	西海岸	瀬前	許保	御津	
	有雑	有弁	伊東市宇佐美？	東海岸	多我	桜田		
	久寝		中伊豆町関野ほか，熱海，伊東市岡ほか	〃	坂上	坂本		
那賀	井田		戸田村	西海岸				
	那賀		松崎町那賀	〃				
	石火		松崎町	〃	石火			
	—	丹科	西伊豆町	〃	多具	江田		
	—	射鷲	松崎町か	〃	和田	庭科		
	—	都比	西伊豆町土肥	〃	湯辺	有覚		
	—	入間	南伊豆町入間	〃	中村	美良		
賀茂	賀茂		南伊豆町上賀茂・下賀茂ほか	東海岸	川合	題詩	湯辺	
	月間	築間	南伊豆町手石・下田市吉佐美ほか	〃	山田	蒲沼		
	川津		河津町	〃	湯田	神竹	賀茂	賀美
	三島		伊豆諸島？					
	大社		下田市白浜	東海岸				
	—	色日	石廊？	〃	鯉名	大背	中村	
	—	稲梓	下田市相王	〃				

さらに詳細にみると，駿河国内でも東部の諸郡に偏る傾向がみられる。伊豆国内では，西伊豆から南伊豆が多く，東伊豆はあまり多くない（表2）。木簡からみると，古代律令国家は，駿河湾からのカツオの供給に大きく依拠していたといえる。

〈カツオの品目〉

堅魚・荒堅魚・煮堅魚・堅魚煎・生堅魚・堅魚鮨がある。堅魚と荒堅魚は，貢納量・貢進元の地域の共通性などから考えて，同一品目だと判断される。圧倒的に多いのは，今回検討の対象となっている荒堅魚であり，煮堅魚・堅魚煎が続く。この三品目は，賦役令で調雑物として規定されている（賦役令1調絹絁条）。

なお，先述した通り，荒堅魚の貢進元は，ほぼ駿河・伊豆に偏る。この偏りと，法制史料との関係も含めた品目の様相を考慮して，以下は駿豆の荒堅魚・煮堅魚・堅魚煎に絞って整理する。

〈カツオの貢進時期〉

カツオの貢進は10月を中心とする。賦役令の規定では，伊豆国は11月30日までに納入することになっている（賦役令3調庸物条および同条古記）。『延喜式』が平安京までの行程を駿河国は18日，伊豆国は22日と規定していることを参考にすると，遅くとも10月末〜11月初頭には国元を発っている必要がある。木簡にみえる堅魚の貢進時期は，これに合致する。

〈堅魚の貢進量〉

木簡にみえる堅魚の貢進量は，荒堅魚11斤10両，煮堅魚8斤5両，堅魚煎1升が中心である。賦役令が規定する貢進量は，荒堅魚が35斤，煮堅魚が25斤，堅魚煎汁が4升である（賦役令1調絹絁条）。この規定の「斤」は「小斤」で，木簡の数量はこれを「大斤」に換算した数値であり，木簡にみえる貢進量は令の規定に沿ったものである。なお，この数値より大幅に小さな数量を記す木簡も若干ある。

伊豆国では同一木簡に別筆で，駿河国では別木簡に，それぞれ堅魚の数量を「○連○丸」というように記す。10丸が1連である。この数値から，堅魚片の数と重量が計算できる（表3）。11斤10両ではない重量を記す木簡の事例も若干あることから，重量と個数を確実に対応させるためには，2点の木簡を組み

表３　伊豆荒堅魚の一匹あたりの重量

	荷札の数値		1/8 身想定時		1/4 身想定時	
	個数	一個の重量（g）	匹数	一匹の重量（g）	匹数	一匹の重量（g）
平均	87.1	92.4	10.9	3697.9	21.8	1848.9
最大（個数）	125	62.3	15.6	2492.4	31.3	1246.2
最小（個数）	61	127.7	7.6	5107.4	15.3	2553.7

表４　伊豆煮堅魚の一匹あたりの重量

	荷札の数値		1/8 身想定時		1/4 身想定時	
	個数	一個の重量（g）	匹数	一匹の重量（g）	匹数	一匹の重量（g）
平均	74	74.9	9.3	2997.5	18.6	1498.7
最大（個数）	75	74.3	9.4	2970.3	18.8	1485.2
最小（個数）	73	76.3	9.2	3051.7	18.3	1525.9

合わせて用いる駿河国には不安が残るので，同一木簡上ですべての情報が完結する伊豆国の事例を整理した。荒堅魚では，63～127 g ほどで，平均約 92 g，大きさにばらつきがある。一方，煮堅魚では 75 g 前後でそろっている（表３・4）。

以上を整理して，荒堅魚に迫る条件を抽出していこう。

〈A　律令国家を支えた駿豆の荒堅魚〉

律令国家は，祭祀を含めて中央で必要とされる堅魚の供給を，駿河・伊豆両国に強く依存していた。そして，特に伊豆国においては内陸部の地名もカツオ貢進元としてみえることから，伊豆国全体でカツオを貢進する体制になっていたと考えられる。こうした状況は，仁藤敦史氏の，伊豆国をカツオ貢進のために分立された国とする見方とよく合致している〔仁藤 1996a・b〕。そして，その中核が荒堅魚だった。

なお，税目が調であり，貢進時期・品目・貢進量がいずれも令の規定と合致するあり方は，海産物の貢納に特化した「海浜の小国」のなかでも，志摩国などとは異なり，安房国・隠岐国に似ているといえるだろう。

〈B　煮堅魚との「価値」の差〉

正丁一人あたりの貢進量が荒堅魚と煮堅魚で異なり，煮堅魚のほうが少ない点からは，煮堅魚のほうがより高価値であったことがわかる。素材となる堅魚の品質の差か，加工方法の違いと考えられる。

〈C　生産体制の特徴〉

貢納時期が律令規定に合致している状況から，堅魚の漁獲・加工・梱包・検収といった一連の作業が，この律令規定を優先して，それに合わせてスケジュールされていた可能性が読み取れる。これは，例えば新物のワカメを何度にも分けて貢納している様子（平城宮木簡 409・410 号）とは異なっている。荒堅魚は，いわゆる「新物」には該当していなかった。また，その生産は――生産後の保管も含めて――旧暦の 10 月末に必要数をそろえられる体制となっていた。さらに，生産体制は内陸部も含めた国全体で構築されていた可能性が高い。

なお，こうした生産体制や，品目と律令法の関係をみると，荒堅魚はすぐれて律令的な貢納品とみることができるであろう。

〈D　高い保存性〉

1 ヶ月近くの輸送期間，その前後の保管，さらに貢納後の消費までの時間を考えると，荒堅魚・煮堅魚・堅魚煎はいずれもかなり高い保存性を有していた。

〈E　大きさのばらつき〉

個々の荒堅魚の大きさにはかなりのばらつきが存在した。一つあたりの重量は 100 g を切ることが多い。このばらつきは，魚体の大きさにばらつきがあったか，加工法において差が生じたのかのいずれかであると想定される。

2　荒堅魚に迫る

前節での検討をふまえながら，荒堅魚の条件をさらに絞っていきたい。まず，先行研究を簡単に確認しておく。

関根真隆『奈良朝食生活の研究』（1969 年）や広野卓『食の万葉集』（1998 年）では，荒堅魚の加工については言及していない。奈良文化財研究所が実施していた木簡展の解説リーフレットでは，しばしば「なまり節のようなもの」という説明がなされていた。日本思想大系『律令』の註では，荒堅魚には特段の注釈はなく，煮堅魚について「今のナマリ節の類か」としている。ただし，今日のなまり節は，十分な保存性を有しているとはいいがたい。こうした点から考えると，この想定は蓋然性が高いとは考えがたい。

宮下章『ものと人間の文化史97　鰹節』（2000年）では，「生魚を縦に細く何条にも切って，そのまま干し上げたもの」としている。その根拠として，「麁（あら）は粗の意味だから，煮堅魚にくらべて粗製品だということになろう」と指摘している。

「生魚を縦に細く何条にも切って，そのまま干し上げ」るという加工方法は，古代には「楚割（すわやり）」と呼ばれていた。特に三河三島からのサメの楚割貢進が有名だが（平城宮木簡369号ほか），それ以外の魚でも類例が知られる（平城宮木簡470号ほか）。もし，「（カツオの）生魚を縦に細く何条にも切って，そのまま干し上げ」たのであれば，「堅魚楚割」と称されるべきである。ちなみに，現在でも伊勢地方では同様の方法で加工したサメを「サメのたれ」と称するが，古代にカツオの一大貢進地であった西伊豆地方には，ごく最近まで「イルカのたれ」があったとのことであるから，楚割の技術は東海地方全域で共有されていた可能性が考えられ，おそらくは吊るし切りと関係のある「たれ」という名称が近年でも共通していることも考慮すると，やはり荒堅魚は堅魚楚割とは別物と考えたい。

ただし，保存性の高さから考えると，干し上げたという想定は，保存性を高めるという点において非常に魅力的である。すると，いわゆる「楚割」や今日の「たれ」，また古代に広汎に干物を指示した「腊（きたい）」ともやや異なる干物の想定が必要になる。また，「煮堅魚にくらべて粗製品」という宮下氏の指摘は重要だと考える。煮堅魚は，その名称からも「煮る」という工程を経ているであろう。逆にいうと，荒堅魚は「煮ていない」と考えられる。以上から，荒堅魚は，a「煮ていなくて，楚割ではなくて，腊でもない，干物」であろうと想定される。

つぎに，生産現場から考えてみたい。

カツオは，劣化が早い。したがって，漁獲後早急に加工する必要がある。カツオは魚群で行動することから，基本的には短時間に一定量の個体が漁獲されると考えらえる。すると，一定量以上のカツオを，短時間で素早く安定した状態に処理することが求められる。

楚割をベースに，考えてみたい。楚割は，捌くだけでよく，かつ乾燥が早いという点で，この条件に適しているように思われる。ただし，木簡にみえる楚割でもっとも事例の多いサメの場合，一般的には群れをつくらないため，一時の漁獲個体数はそれほど多くないだろう。また，各個体のサイズも比較的大きいため，それぞれに一定の労働量を投下して加工することが，労働コストの点でも，腐敗を防ぐ時間コストの点でも，十分に見合うものだと考えられる。一方，カツオは，それぞれの個体はより小さい一方，一定時間内に処理しなければならない個体数ははるかに多くなる。したがって，一個体にかかる工程がより少ないほうが望ましく，漁獲直後であれば楚割ほど細く切らずに，三枚おろしや1／4身程度の加工で済ませるほうがより適しているのではないだろうか。少なくとも，切る回数は少ないほうが望ましいと考える。

ただし，このように各切身のサイズが大きい場合，細かく割いた楚割に比べて乾燥に時間を要するため，乾燥中の劣化・腐敗が課題となる。煮堅魚の場合は，漁獲が見込まれる段階で鍋を火にかけ，沸騰させて待ち構え，切り身となったカツオを次々に投入すれば，乾燥中の劣化を未然に防ぐことができる。荒堅魚は，煮堅魚よりも「粗製品」と想定されるから，「沸騰させた鍋に放り込む」よりもコストや労力の面でより簡便な方法による乾燥工程前の劣化防止処理を想定する必要がある。

以上から，荒堅魚はｂ「楚割より簡便な切り方」で，ｃ「何らかの手段で迅速に乾燥するか，迅速に乾燥しなくてよい方法で迅速に処理されて」おり，その方法はｄ「鍋で煮るよりも簡便」であったと推測される。

つぎに，カツオが魚群で捕獲される点と，調の貢納期の問題を考えてみたい。調の貢納期に，まとまった量が確実に確保されるためには，ｅ「荒堅魚は作りだめができるか，またはカツオの漁期が貢納期に近い」という二つの可能性が想定される。荒堅魚は相当に高い保存性を有していたはずであるから，作りだめは可能かもしれない。ただし，例えば春先に大量に生産した場合，それを貢納期まで確実に保管することが必要になる。その場合は保管場所がどこなのか（各浦々なのか，郷単位・郡単位なのかなど）や，その施設といった保管体制についても想定しておく必要が生じる。カツオの漁期については，現在の感覚でいうならば春と秋があることが知られ，後者は脂がのっていることから珍重される。秋のカツオであれば，漁期と貢納期が近接するが，脂が多いことは保管においてはデメリットとなる。脂分の酸化による品質の劣化が想定されるため，脂は長期保存にとって障害である。

このように，決まった時期に確実に必要なカツオを確保するためには，検討すべきポイントが多い。調の貢納期という法制度に合わせることができている点は，荒堅魚を考えるうえで重要な観点になると思われる。そして，これまでの検討で参考にしてきた情報・データだけでは，この問題を十分には解決しがたいように思われる。

そこで，日本古代の律令国家がカツオの供給源として依拠した駿河湾周辺，特に西伊豆地域にフォーカスして情報を収集してみたい。

3　駿河湾の漁労と伝統と荒堅魚

駿河湾に面した伊豆半島の西側，西伊豆地域は峻険な山が海沿いまで延び，その山と海の合間に小規模な河川と入り江が連続的に展開する。山々に遮られて，陸上交通でのアクセスは必ずしも良いとはいいがたいが，それぞれの入り江は良港となっていて，駿河湾を横断すれば対岸の清水・焼津といった港は比較的近い。

伊豆半島は伊豆諸島に連なる。伊豆諸島付近は，海底が浅くなるため，西から東流する黒潮が乱れ，分流が生じやすい。水深の深い駿河湾は，黒潮の分流が入り込みやすく，黒潮に乗ってきたカツオも入り込みやすい。また，伊豆諸島沿いに北上するカツオもいるとのことで〔清藤 2017〕，駿河湾からその南の海域はカツオが集まり，滞留し，入り込みやすい海である。西伊豆は，このカツオの海に面している。

今日，陸路で西伊豆に向かう主要なルートの一つは，北から山や峠，あるいは海沿いを縫いながら伊豆半島を南下するというものである。その「入口」に沼津という町があり，ここに西伊豆でのカツオ漁を考えるうえで重要な資料が残されている。『豆州内浦漁民史料』〔渋沢・網野ほか 1992〕であり，またその実態を伝える重要有形民俗文化財「沼津内浦・静浦及び周辺地域の漁撈用具」である。

カツオ漁というと，沖合での勇壮な一本釣りが思い出される。だが，重要有形民俗文化財としての説明に，「内浦湾・江浦湾の地先では，江戸時代初期から大正時代初期にかけて，黒潮にのって駿河湾に入ってきたマグロ・カツオなどの大型回游魚群がこの地域の海岸近くまで押し寄せた。これをとるため，入り組んだ海岸線を利用して魚群を囲い込む建切（たてきり）網漁が盛んに行われた。建切網漁は，春から秋にかけて共同漁業として大規模に行われ，この地域の経済的な基盤となった。建切網漁は，魚群が入った湾の入口を帯状の大きな目のオオアミ（大網）で建ち切り，順次数種類の網を海底の根に掛からないように建ち廻して，魚群を浜へ囲い込み，最後はシビカギで引っ掛けながら，カケヤで急所を叩いて捕る漁法である」（文化庁・国指定文化財等データベース）とあるように，このカツオの海では我々が想像する一本釣りとはまったく異なる漁法がおこなわれていた。しかも漁期は，春から秋であり，継続的に実施されていた。

この駿河湾最奥部での漁法は，西伊豆の他の地域でもみられたのであろうか。『静岡県水産誌』によれば，明治期の西伊豆各地では，一本釣りのほか，建切網漁や地引網など，多様な漁法でカツオが捕られていた。またその漁期も春から秋に連続的に伸びている。田子地区（現西伊豆町大田子）では，土用以降には網漁が本格化し，また水揚げもこの時期がもっとも多くなっている。前近代の西伊豆地区では，カツオの沖合一本釣りのみならず沿岸での網漁が盛んにおこなわれており，漁期は春から秋の長期にわたり，特に土用＝太陽暦の8月半ば以降に盛んに網漁がおこなわれており，漁獲でいうとむしろ沿岸での網漁のほうが主力であったように見受けられる。西伊豆地域全体に目を広げても地引網を含めた各種網漁が大々的におこなわれており，「東伊豆を含めた駿遠豆三国のカツオ漁業を概観すると，全国のカツオ漁業地にくらべて網漁は最も盛んだったということができる」と指摘されている〔宮下 2000〕。

西伊豆地区を含めたカツオ漁の様相の詳細は，本書山崎論文（第Ⅱ部第3章）に譲るが，このように西伊豆地域では春先に限らずカツオ漁がおこなわれていたのであり，調の貢納期である秋に向けて，盛んに網でカツオを捕ることができたと考えられるのである。

さらに，荒堅魚の大きさのばらつきも，こうした漁法・漁獲時期との関係から説明できる。一本釣りの場合，針の大きさによって釣れるカツオの大きさはある程度そろう。これに対し，網漁であればさまざまな大きさのカツオが捕れる。つまり，カツオの大きさにばらつきが大きくなることが予想される。さらに，伊豆周辺では春から夏にかけては体長が40 cm台のものが中心で，8月以降は30〜50 cm台に幅が広がる〔増田 2001〕。この大きさにばらつきが出る時期が，ちょうど網漁が主体となっていく時期と重なることには，カツオの回遊エリアなども含めて何らかの関係があるように思われる。そしてカツオの重量は45 cmで2 kg程度だということで（枕崎市ホームページ），これにもとづいて体長30〜50 cmのカツオの重量を想定すると，およそ1〜2.5 kg程度の間に分布すると推定される（体積＝重量とし，体長比の二乗で計算して想定）。土用以降に西伊豆沿岸で網漁によって漁獲されたカツオは，こうした大きさのばらつきを持っていたと考えられ，それが荒堅魚の大きさのばらつきをもたらしていると推定される。

つまり，木簡の分析から導き出された特徴のうち，A・C・Eは相互に密接な関係を有していたのである。またeの点についても，一定の作りだめはあったとしても，主たる生産時期は貢納時期に近接していた可能性が高いと考えられる。木簡にみえる荒堅魚の大量生産体制は，駿河湾や西伊豆・南伊豆という地域の特性と密接に結びついていた可能性が高い。

そこで，残る課題であるB・D，およびa〜dの条件を考える際に，非常に参考となる「潮鰹」というカツオの加工方法が，やはり西伊豆地域の田子地区につたわっている。11月に，内臓を取り除いたカツオを塩にまぶして漬け込み，その後その年に田子地区で収穫した稲わらで縛り，天日干しをする。この際，11月〜12月に強くなる西風に当てて，しっかり乾燥させる。正月に神事で用いる。その後，おさがりと分ける。

単純に塩に漬けこんで干すことで，十分な保存性を獲得しており，この製法は，D・a〜dの条件を満たしている。ただし，古代社会において結晶塩は高価であり，Bの条件を十分に満たしているとはいえない。

そこで，現在も潮鰹を製造しているカネサ鰹節店・芹沢安久氏に取材すると，結晶塩をまぶして漬けるのではなく，繰り返しカツオを漬け込んできた高濃度の塩水に漬け込むという製法も存在するということである。高濃度の塩水であれば，結晶させる場合よりもはるかにコストは低下する。また繰り返し使えるのであれば，さらにコストは下がる。これによって，Bの条件もクリアすることができる。

これで，荒堅魚の条件を，ほぼ満たすことができた。

4 荒堅魚生産現場の推定復原と荒堅魚復原実験への道のり

仮にカツオの塩漬（高濃度塩水漬）を乾燥させたものが「荒堅魚」だとした場合，木簡から導き出された一片63～127 gほどで，平均約92gという大きさは，どのような意味を持つであろうか。カネサ鰹節商店には，「潮かつお燻焼き」という商品があり，これは身だけを塩に漬けこんだ後，燻乾（くんかん）の技術で完全に乾燥させたものである。芹沢氏によれば，同商品では元のカツオの重さを1とすると，製品の重量はおよそ0.2の比率になるとのことである。急速に乾燥させたという点で，天日干しを想定する荒堅魚とは若干異なるが，完全に乾燥させるという点では一致しており，カツオの重量と製品の重量との関係では参考にしてよいと思われる。この数値をもとに，木簡に記された数値から推定される元のカツオ重量は，仮に1／4身とすると1.25～2.5 kg程度となる。この重量は，さきほど推定した8月以降伊豆周辺で漁獲されるカツオの重量（1～2.5 kg程度）とほぼ合致している。この仮説から考えると，1／4身に加工しており，それ以上細かくは割いていないと想定して差し支えなさそうである。

ちなみに，この場合の正丁一人当たり何匹分のカツオを貢進しているのか計算してみた。最大で30匹，最小でも15匹，平均的には20匹程度のカツオを加工して貢進している計算となる。1郷あたり5,000匹程度以上は漁獲できていたのであろう。

以上と，芹沢氏のアドバイス・指摘を合わせて，荒堅魚を以下のように推測する。

〈Ⅰ 原料〉

原料となるカツオは，伊豆沿岸地域で網漁で捕獲されたもの。捕獲時期は現在の8～9月（古代の7～8月）。

〈Ⅱ 前処理〉

漁獲後ただちに頭・内臓などを除去し，1／4身に加工する。この工程は速度が重要であり，多人数で一気に仕上げたと考える。なお，芹沢氏のご教示によれば，この加工作業であれば金属製の包丁ではなく，竹製の包丁でも可能とのことである。

〈Ⅲ　漬け込み〉

加工した身を，そのまま高濃度食塩水の水槽（木製槽や，地面を掘り粘土を貼るなどした池状の装置でも可。ただし雨水の流入は防ぐ必要がある）に入れて漬け込む。塩水に漬けてしまえば劣化は防げる。漬け込みの期間は，芹沢氏の指摘により５日程度以上と推測。なお塩水は再利用する。芹沢氏のアドバイスにより，浮いてくる脂分は取り除く。

〈Ⅳ　乾燥〉

その後に天日干しをして，水分を抜く。干す期間は，芹沢氏の指摘により５日程度以上と推測。

この工程を煮堅魚と比較してみよう。

煮堅魚はカツオの大きさがそろっているが，事例が少ないためⅠで漁法から違うかどうかの判断は難しい。ただ煮堅魚では「粒より」のカツオを選択して大きさをそろえていた可能性は考えられる。Ⅱの段階は，おそらく煮堅魚も荒堅魚も同様である。ただし，煮堅魚ではⅢ・Ⅳの行程が並行・連続的におこなわれるため，労働力を分散する必要があるのに対して，荒堅魚では後工程は塩水に漬け込むだけであり，全労働力をこの作業に投入できるというメリットがある。

Ⅲは大きく異なる。鍋に用いる土器を調達（粘土・成形・焼成用燃料・焼成・運搬など）する必要がなく，また煮るための燃料や人員の配置も不要である。劇的にコスト・工数が少なくなる。Ⅳは，煮堅魚の場合，煮ている火を用いて乾燥させることもできるが，荒堅魚では必ず干す必要がある。この点で，荒堅魚のほうが手間が多そうにみえる。しかし，荒堅魚には高濃度で食塩が染み込んでいるため，蠅害をはじめとする被害は防ぐことができる。しかも，煮堅魚では煮あがった身をすぐに乾燥工程に移す必要があるなど，多くの作業が同時並行するのに対し，荒堅魚の場合は「いつ干すのか」は一定の日数を経過した後であれば，任意である。つまり作業者側の都合で，作業・労働を分散することができる。

荒堅魚の製法で，とにかく塩水に漬け込んでしまえば，劣化を防ぐことができ，その後の作業を分散できる点は，生産現場での労働のあり方として重要である。カツオは，特に網漁であれば，一度に大量に漁獲されるであろう。一度に大量の作業が発生した場合，工程の単純化と作業時期の分散は，非常に重要になるのである。

そして，荒堅魚の制作を以上のように推定すると，非常に残念な事実に突き当たる。必要となる道具・装置は，包丁（竹製可）・水槽（木製可）・天日干し場，および作業場（簡便な屋根があればよい）である。これらは，遺物として残りにくく，かつ遺構としてもそれほど顕著なものとして残るとは思われない。鍋や炉が発見される可能性がある煮堅魚の生産にくらべて，ほとんど痕跡が残っていないと思われる。遺跡から，上記の仮説を検証することは事実上不可能であろう。

そこで，上記の仮説にもとづいて実際にカツオを漬け込んで加工して，各段階での重量変化・劣化の度合い・加工の容易さ，および完成後の劣化状況を復原実験によって検証することが重要になる。また，保存性を考慮した場合，脂身が多いカツオ（秋の戻りカツオ）の場合での劣化状況や，皮（内側に脂が多く，また塩が染み込みにくい）の有無による重量や劣化の違いについても比較検討をすることが必要である。

むろん，これらの実験結果が「上出来」だったとしても，上記の製法が「荒堅魚の条件を満たしている」ことを示すものであって，確実に荒堅魚の製法を特定できるわけではない。ただ，木簡にみえる荒堅魚が，いかにも伊豆の海のあり方と深いつながりがあり，その西伊豆で神事のために受け継がれてきたカツオの加工方法で読み解くことができたとするならば，蓋然性はきわめて高いのではないかと考える。

おわりに――カツオビナートと潮鰹に関する推測――

遺跡では見つけられない，とはいいつつ，なんとか痕跡を探したくなるのは一種の性（さが）なのだろうかと思う。万が一にも，荒堅魚加工場の痕跡を見出せるとしたらどのあたりか，そのあたりになにか特徴的な遺物は見当たらないか，と考えてしまい，西伊豆町大田子地区の地図を広げてみた。

カツオを漬け込む水槽は，雨水や海水・波浪の影響を避けたいから，船から少し高く，渚から少し離れた場所がよい。また芹沢氏によれば，作業ではカツオの血などを洗い流したくなるから，真水も沢でよいから——飲用でなければ，井戸水でなくて十分であろう——が程よく近くにあるとよい。標高を50 cm単位で色分けすると，うっすらと砂嘴（さし）と内側の潟湖（せきこ）の痕跡が見出せる（図）。古代であれば，潟湖が完全に陸化しておらず，船が入り込めた可能性があり，漁獲したカツオを運び込める。この潟湖の陸側，それも比較的安定した場所を探すと，元・田子中学校付近が魅力的である。

先程想定復原した荒堅魚の生産体制であれば，カツオを切る作業は荒堅魚・煮堅魚で共通するため，並行して少量の煮堅魚生産も可能であろう。もし，少量であっても煮堅魚生産がおこなわれていれば，鍋（土器）や炉跡が遺物・遺構として残されている可能性がある。今後に期待したい。

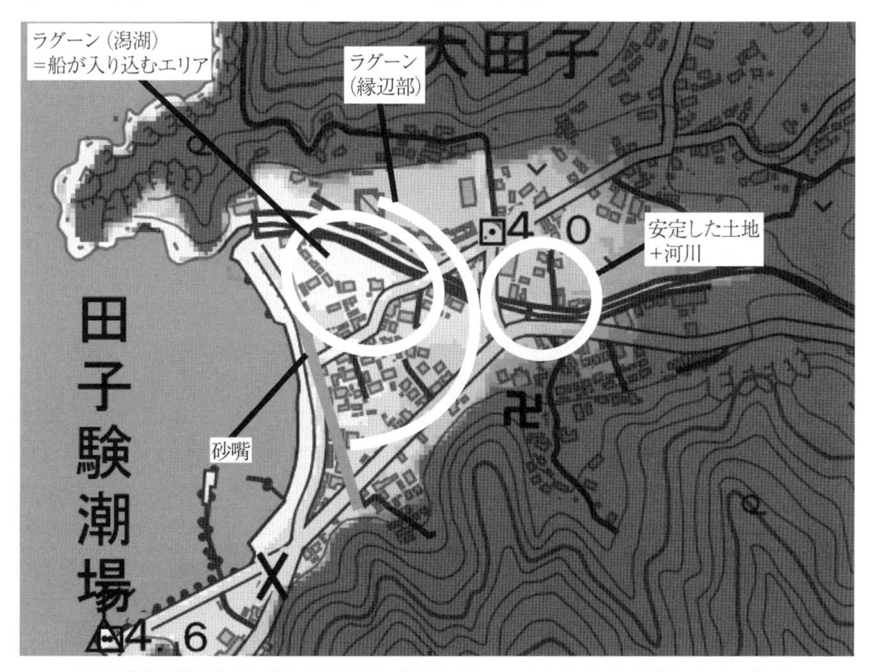

田子地区周辺地図（「地理院地図（電子国土 web）」〈国土地理院〉を元に作成）

さて，荒堅魚を潮鰹の先祖と考えると，非常に興味深い点が浮かび上がる。

潮鰹は，現在の感覚ではカツオの漁期の最盛期をはるかに過ぎた晩秋に漬け込む。ただ，古代的感覚でいうならば，この時期はカツオ漁の最終期である。潮鰹に加工されたカツオは，その年最後のカツオということになる。田子地区のその年の稲わらで縛って干すというあり方も，土地の神と海の神の双方が結びついた信仰のあり方とみることができよう。

現在のように，人間が積極的に漁場を求めて沖合に出ていく漁法とは違い，沿岸周辺に寄ってくるカツオを網で捕ることが主流であるとすると，カツオが来てくれるかどうかがその年の漁獲に直接的に結びつく。カツオは海から寄ってくるもの，という認識が広がっていたことは，神社にカツオが参詣に来る（陸地にまっすぐ向かってくる）という各地の伝承や，志摩半島でも建切漁がおこなわれていたことからも〔宮下 2000〕，知ることができる。来年もまた，カツオが確かに来てくれるように捧げる祈りは，きわめて深かったといわざるを得ない。

そして，漁期最後の収穫を特別視するあり方は，サケの終漁に関連する大介・小介の伝承とも重なるように感じられる。漁期があり，それがどこからかやってくるもので，さらにそれが主要な食料資源である，という場合の，人々の信仰のあり方としての共通性が見出せるであろう。

また，晩秋から初冬の強烈な西風に当てて干す，という点も興味深い。この風が吹くと海には出ることができない。もちろんカツオ漁もできないが，陸路での連絡が困難で海路が主要な交通手段だったとみられる西伊豆地方にとっては，しばらくそれぞれの入り江にこもる季節である。古代であれば当然，それまでに調の貢納は終えておかなければならない。一年の主要な労働と収穫を終え，それを支えてくれた神々に感謝する，それが形となったのが，特別な荒堅魚たる，潮鰹なのだろう。

木簡はどこで装着されたのか，西伊豆の荒堅魚は三島の国府を経由して都にもたらされたのか，といった小さな問題から，伊豆の神々・枯野の伝承・黒潮・カツオと日本の基層文化などの大きな問題まで，解き明かしたい謎と魅力はますます増えている。

参考文献

清藤秀理 2017「カツオ資源の現状と日本近海への来遊メカニズム」国立研究開発法人水産研究・教育機構第 14 回成果発表会資料

渋沢敬三著・網野善彦ほか編 1992『渋沢敬三著作集　第 1 巻』平凡社

関根真隆 1969『日本史学研究叢書　奈良朝食生活の研究』吉川弘文館

仁藤敦史 1996a「伊豆国の成立とその特殊性」『静岡県史研究』12

仁藤敦史 1996b「駿河・伊豆の堅魚貢進」静岡県地域史研究会編『東海道交通史の研究』清文堂出版

広野卓 1998『食の万葉集』中央公論社

宮下章 2000『ものと人間の文化史 97　鰹節』法政大学出版局

増田傑 2001「伊豆・小笠原海域におけるカツオの生物特性」『碧水』94

枕崎市 HP「カツオについて」(https://www.city.makurazaki.lg.jp/soshiki/suisan/332.html)

文化庁・国指定文化財等データベース・重要有形民俗文化財・沼津内浦・静浦及び周辺地域の漁撈用具 (https://kunishitei.bunka.go.jp/heritage/detail/301/00000270)

2　『延喜式』からみた堅魚製品

小倉慈司

本稿では，『延喜式』に登場するカツオについて，紹介・検討することとしたい。

『延喜式』は古代において，行政事務をおこなうための規程や先例をまとめた，役人の業務マニュアルであるが，そのなかには全国から納められる貢納品，また宮中や官司において消費される物品などが記されている。このうち貢納品に関しては，荷札について論じた馬場氏の論文（前章参照）と重なるところも多いので，ごく簡単な説明にとどめ，消費の問題についてやや詳しく紹介することとする。

1　カツオのイメージ

まず『延喜式』に入る前に，古代においてカツオがどのようなものとしてイメージされていたか，ということを述べておきたい。

本シンポジウムの主催者である三舟隆之氏は，『浦島太郎の日本史』（吉川弘文館，2009年）を出版している浦島太郎の研究者でもあるが，「浦島太郎」という名前を聞くと，まず唱歌を思い浮かべる人が多いのではないか。この歌の2番は「乙姫様の御馳走に，鯛や比目魚の舞踊」と歌われる（『新定文部省発刊尋常小学唱歌適用遊戯 2学年用』1910年）が，残念ながらそこにカツオは登場しない。

けれどもこの浦島伝承について，『万葉集』巻9には高橋虫麻呂が詠んだ「水江の浦の島子を詠む一首，幷せて短歌」という歌が収められている（1740番歌）。これをみてみると，以下のように歌われている。

　水江の，浦の島子が鰹釣り，鯛釣り誇り，七日まで，家にも来ずて，海界を，過ぎて漕ぎ行くに，海神の，神の娘子にたまさかに，い漕ぎ向かひ，

相とぶらひ，（後略）

浦の島子が堅魚を釣り，さらに鯛を釣って調子に乗って，7日経っても家に帰らず，海の果てをずっと漕いでいくと，海神の娘に偶然に行き遭い，意気投合して，常世に行ったという。ここに唱歌とは異なり，鯛のほかにカツオが登場している。

この浦島伝承は，「墨江」（摂津の住吉）で詠んだ歌とされているが，浦島太郎伝説を早く伝えた『日本書紀』雄略天皇22年条では丹波国とされているし，『釈日本紀』が引く丹後国風土記の逸文においてもこの説話が伝えられているので，本来は日本海側を舞台にしていた伝承と考えられる。仮に摂津の住吉であったとしても，そこにカツオはいないのではないかと思われるが，高橋虫麻呂はその点にはあまり関心がなかったのであろうか，一般的な魚釣り，大漁のイメージとして，鯛と並んでカツオが挙げられたものとみられる。

つぎに，『類聚符宣抄』第3所収の，天然痘が日本全国に大流行した天平9年（737）時に出された太政官符を紹介したい。同官符には，治療法や病気中の食事について記されているが，それによると，病が治っても20日間は魚や生野菜などを食べてはいけないが，20日経ったらよく炙った魚は食べてよい，干しアワビやカツオは特によい，ただサバやアジは干物であっても食べてはいけない，とみえる。アワビと並んでカツオに言及されているということに注意を払っておきたい。

2 『延喜式』におけるカツオ貢進

それでは，『延喜式』に論を進めよう。最初に，貢進物として集められてくるカツオについて検討する。表1によれば，カツオは，大部分は調もしくは中男作物として貢進され，対象国は東海道の志摩・駿河・伊豆・相模・安房，南海道の紀伊・阿波・土佐，西海道の豊後・日向となっていた。いずれも太平洋岸で，現在のカツオ生息海域と一致している。

貢進される物品名は，「堅魚」「煮堅魚」「堅魚煎汁」「手綱鮨」の4種類である。煮堅魚は，堅魚の切身を煮た後に乾したものであろうと考えられる。現在の鰹節は燻製にして乾燥させるが，これは江戸時代初めぐらいに考案されたも

表1　『延喜式』にみえる諸国からの堅魚製品貢進

国名	巻24主計寮上			巻23民部省下
	調	中男作物	庸	交易雑物
(1丁につき)	堅魚9斤(西海道11斤10両) 煮堅魚6斤7両	手綱鮨1斤8両 堅魚1斤8両3分(西海道2斤) 煮堅魚・煎汁各12両2分		
志摩	堅魚		堅魚	
駿河	煮堅魚2,130斤13両 堅魚2,412斤	手綱鮨(堅魚尾)39斤13両2分 堅魚煎汁 堅魚		
伊豆	堅魚	堅魚煎汁		堅魚煎1石4斗6升
相摸		堅魚		
安房		堅魚		
紀伊	堅魚	堅魚		
阿波	堅魚535斤8両			
土佐	堅魚855斤	堅魚		
豊後	堅魚34斤14両	堅魚		
日向	堅魚			

(註) 大1斤＝小3斤＝約674g，1斤＝16両，1両＝4分　延喜主計式は大

のと考えられており，それとは少し異なっている。一方，ただの「堅魚」については，第1章馬場論文にもある通り，木簡ではよく「荒堅魚」「麁堅魚」と書かれ，天平11年（739）度伊豆国正税帳にもみえるので，それに相当するのであろう。煮堅魚はただの堅魚より価格が高いので，煮堅魚が丹念に製造されていた高級品であったのに対し，単なる「堅魚」はそこまでは手がかけられていないものと考えられている〔宮下 2000〕。仁藤敦史氏によれば，伊豆国正税帳の麁堅魚と，天平10年（738）度駿河国正税帳の煮堅魚とではおよそ5.38倍の価格差があるという。

「堅魚煎汁」は，『和名類聚抄』に訓み方が記されていることから，カツオイロリと訓んだことが判明し，『令義解』や『令集解』が引く令釈（令の注釈書の一つ）によって，煮汁を煮詰めたものであることが知られる。また

備考（大膳・内膳・斎宮式等）
賦役令では調雑物堅魚 35 斤（＝大 11 斤 10 両）煮堅魚 25 斤堅魚煎汁 4 升，調副物堅魚煎汁 1 合 5 夕
斎宮寮に堅魚 288 斤を送る
大膳職に堅魚煎汁を 2 石(中男作物より。不足分は正税交易)，斎宮寮に煮堅魚 144 斤を送る。延喜 14 年 8 月 15 日官符には例進地子雑物として堅魚 600 斤同煎 2 斗進納とあり
内膳司に堅魚煎汁 1 石 4 斗 6 升を中男作物の内より進る，斎宮寮に堅魚煎 4 斗，堅魚 212 斤を送る。延喜 14 年 8 月 15 日官符には例進地子雑物として堅魚 332 斤同煎 1 斗進納とあり

斤制，賦役令は小斤制。1 石＝10 斗＝100 升≒80 ℓ

『和名類聚抄』でも「塩梅類」に塩や酢・醤と並べて掲げられているので，調味料であることが想定される。なお，史料上は「汁」の字が付けられずに「堅魚煎」と記されることもある。

同じ「煎」の字を用いて記される食品には，清少納言がかき氷にかけたことで知られる甘味料の「甘葛煎（あまづらせん）」があるが，これはツタの樹液を集めて煮詰めたものである。この点は，後で触れたい。

最後の「手綱鮨」は，延喜主計式上 4 中男作物条・19 駿河国条にのみみえるもので，駿河国から中男作物として貢進されている。駿河国条においてその写本に「謂，堅魚尾云々」という傍書が記されているので，これを信じれば，堅魚に関係したものであることはわかるが，実際にどのようなものであったのか，また現代にいわれる手綱鮨（手綱の縄目のように具材を並べて棒状に握り，一口サイズに切る）との関係はよくわからない。この傍書がいつ頃の内容を伝えたものであるのかも不明であるが，ほかの傍書とも合わせて考えると，平安時代か，遅くとも鎌倉時代ぐらいではないかと推測される。少なくとも江戸時代になってから記されたというものではなさそうである。宮下章氏は，「カツオの尾に近い部分を使った」と考えているが，おそらくそれは名称からの単なる推測であって，何か具体的根拠があるわけではないであろう。

3 『延喜式』におけるカツオ消費

つぎに，消費の話に移りたい。消費のあり方は大きく分けて，(1) 祭神料，(2) 供御料，(3) 節会・官人給食料の三つに分けられる。

まず (1) 祭神料についてであるが，『延喜式』は祭祀に関する記載が多いため，ここでは巻1・2の四時祭式，巻3の臨時祭式，巻4の伊勢大神宮式までを表にまとめることとした（表2参照）。このように，カツオはほとんどの祭祀でアワビや海藻とともに，祭神料や祓料に含まれている。「平魚」と記される鯛や，比佐魚（小魚といわれる。一条家本『延喜式』巻1，15風神祭条脚注）や，現在のサヨリと考えられる与理刀魚，また鮭・烏賊などとは大きく異なっている。ただ，大嘗祭の神饌（27供神雑物条）の1例を除いて，すべて「堅魚」と表記され，「煮堅魚」と表記されている箇所は存在しない。

その大嘗祭において，「煮堅魚」の筥は，腊や紫菜・扁栗子の筥とともに開けない，すなわち天皇が神に供えることはしないものとされていた。ただこれは深い意味があるというよりは，いずれも「籠」なので，開けるとのちに手間がかかるから開けないというだけのことなのかもしれない。これらの食品は，すべて大嘗祭で使用してしまうわけではなく，最後に「余は皆諸司に頒ち給え」とあるように，配られることになる。

以上のほか，「堅魚煎汁」についても祭神料にはみえないということを指摘しておきたい。

なお，祭神料にみえる水産食品としては，ほかに雑盛（さまざまな魚を盛ったもの）・鱐魚（干し魚か）・熬海鼠（海鼠の腸を抜いて薄い塩水で煮た後，乾燥させたものという）・腊（丸干し。鱐魚が内臓を取り出して干したのに対し，腊は内臓を出さずに丸干ししたものと考えられている。〔関根 1969〕参照）があり，また祭神料にはみえないが，ほかに細く切って塩干しにした楚割（すわやり）がある。

鮨は発酵食品で，今の近江のふなずしのようなものといわれている。海藻類では海藻（わかめ）・滑海藻（まなかし）・凝海藻（こるもは）・海松（みる）などがある。

つぎに（2）供御料に移りたい（表3参照）。品目の類似から，天皇だけでなく皇太子や斎王（さいおう）の料もこれに含めた。一見して，全体的に水産食品の種類が豊富であることがわかるが，そのなかで「東鰒（あわび）」「隠伎鰒」とともに「煮堅魚」が大きな比重を占めていることが判明する。そのうち，巻40主水司の第7条に，6月12月に天皇が宮中にて神を祭る神今食（じんこんじき），また11月の新嘗祭の神事の翌日に天皇に供される御粥には蚫（あわび）・堅魚・和布（にきめ）（ワカメ）が入れられており，カツオの利用のされ方が具体的に知られる。

この供御料には，祭神料ではみえなかった細かい種類があり，鰒も「東鰒」「隠伎鰒」「出雲鰒」「安房鰒」などの区別があるが，堅魚については産地の区別はない。あるいは，祭神料の「堅魚」は実は「煮堅魚」も含むのでは，との疑念も生じるが，さきに述べたように，「堅魚」と「煮堅魚」の間に大きな価格差がある以上，ひとまとめに扱われることはなかったと考えたい。アワビは「鮨鰒」「醬鰒」「腸漬鰒」などもあるが，それ以外では，螺（つび）（巻き貝），それに蛸・能登鯖・クエの腊魚・煮塩年魚（にしおあゆ）・押年魚（おしあゆ）・甘塩鯛・鮫の楚割・醬鮒・乞魚（こつお）の皮・鮐皮（つひきはち）（乞魚も鮐（つひき）も鮫ではないかといわれている）・貽貝（いがい）の鮨・紫菜（のり）・大凝菜（こるもは）・於期（おご）（オゴノリ科の紅藻）・鹿角菜（ふのり）（紅藻類か）などがみえる。

最後が（3）節会料や官人などへの給食料である（表4参照）。この場合にも，「煮堅魚」が多くみられるが，供御の場合が「堅魚」とどちらか一方の場合が目立っていたのとは異なっている。ただ，両方支給されるのは，雑給料や月料が多く，月料の場合は日によって異なるということがあったかもしれない。また雑給料の場合は，配られる対象者が異なっていた可能性も考えられる。

つぎに「堅魚煎汁」に注目すると，興味深いことに気づく。表4で列に網掛けをしたのは，参議以上や賀茂斎内親王・妃・夫人といった高位者に対する支給で，これらには「堅魚煎汁」が支給されているが，たとえば大膳式下35侍従条をみると，天皇の側近として勤務する侍従のうち，三位以上および四位参議に対しては，「堅魚煎汁」が支給されるのに対し，それ以外（参議でない四位

表２　四時祭式・臨時祭式・大神宮式掲載祭祀の水産神饌品目

	巻		時期	内容		鰒	堅魚	烏賊	平魚	比佐魚	与理刀魚	雑盛	鱐魚
1	四時祭上	4	2月	祈年祭	官幣大	○	○						
					官幣小								
		5			国幣								
		6	2月11月	鳴雷祭	祭料	○	○						
					祓料	○	○						
		7	2月11月	春日祭	祭神料	○	○	○	○				
					散祭料	○	○		○				
					解除料	○	○						
					醸神酒解除料	○	○						
					醸神酒竈祭料	○	○						
		9	2月11月	薗幷韓神祭	神祭料								
					解除料								
		10	2月11月	大宮売神祭		○	○						
		11	2月11月	平岡神祭	祭神料		○	○				○	
					解除料		○	○					
		12	3月	鎮花祭	大神社・狭井社	○	○						
		13	4月	三枝祭		○	○						
		14	4月7月	大忌祭		○	○	○		○			
		15	4月7月	風神祭		○	○	○		○			
		17	4月11月	平野神祭	祭神料	○	○						
					散斎料								
					解除幷竈井祭料	○	○						
					山神祭料	○	○						
		18	4月12月	四面御門祭		○	○						
		19	4月12月	御川水祭		○	○						
		20	4月11月	霹靂神祭		○	○						
		21	6月12月	御贖祭		△	△						
		22	6月12月	卜御体	卜庭神祭	○	○						
		23	6月12月	月次祭		○	○						
		26	6月12月	忌火庭火祭		○	○						
		29	6月12月	晦日大祓		○	○						
		30	6月12月	御贖		○	○						
		33	6月12月	鎮火祭		○	○						
		34	6月12月	道饗祭		○	○						
2	四時祭下	1	9月	神嘗祭									
		2	9月	御巫・御門巫奉斎神祭		○	○						
		4	9月	座摩巫奉斎神祭		○	○						
		5	9月	生島巫奉斎神祭		○	○						
		7	11月	相嘗祭	太祝戸社	○	○						
		8			鴨別雷社	○	○						
		9			鴨御祖社	○	○						
		10			鴨川合社	○	○						
		11			松尾社	○	○						

鮭	熬海鼠	腊	鮨	海藻	滑海藻	凝海藻	雑海藻	海松	備　考
		○		○	○		○		
○		○	○	○			○		
		○		○			○		
		○	○	○					2月11月大原野祭も同じ
○				○					〃
		○		○					〃
		○		○					〃
		○		○					〃
		○							
○			○	○					
○		○	○	○	○				
		○	○	○					
		○		○					清酒濁酒2種
		○		○					
○		○		○	○		○		
○		○		○	○		○		
		○		○					
		○		○					
		○		○					
○				○					
○		○		○					中宮も同じ
○		○	○	○			○		
○		△					△		相盛に雑海菜・雑腊・鰒・堅魚等之類との注あり。中宮も同じ
				○					
		○		○	○		○		
		○		○					中宮も同じ。11月新嘗祭忌火庭火祭も同じ
		○		○					
		○		○					中宮・東宮も同じ。11月新嘗祭御贖も同じ
		○		○					
		○		○					
									大神宮式12条参照
○		○		○					中宮・東宮も同じ
○		○		○					
○		○		○					
		○		○		○			稲は酒稲
		○		○		○			〃
		○		○		○			〃
		○		○		○			〃
		○		○		○			〃

		12			出雲井上社	○	○						
		13			水主社	○	○						
		14			片山社	○	○						
		15			木島社	○	○						
		16			大和社	○	○						○
		17			石上社	○	○						
		18			大神社	○	○				○		○
		19			宇奈足社	○	○						
		20			村屋社	○	○						
		21			穴師社	○	○						
		22			巻向社	○	○						
		23			池社	○	○						
		24			多社	○	○						
		25			葛木鴨社	○	○						
		26			飛鳥社	○	○						
		27			甘樫社	○	○						
		28			高鴨社								
		29			高天彦社	○	○						
		30			金岑社	○	○						
		31			葛木一言主社	○	○						
		32			火雷社	○	○						
		33			枚岡社	○	○						
		34			恩智社	○	○						
		35			弓削社	○	○						
		36			住吉社	○	○						
		37			大依羅社	○	○						
		38			難破大社	○	○						
		39			下照比売社	○	○						
		40			新屋社	○	○						
		41			広田社	○	○						
		42			生田社	○	○						
		43			長田社	○	○						
		44			日前社								
		45			国懸社								
		46			伊太祁曽社								
		47			鳴神社								
		50	11月	忌火炊殿祭		○	○						
		52	12月	鎮御魂斎戸祭		○	○						
		54	毎月朔日	忌火庭火祭		○	○						
		55	毎月晦日	御麻		○	○						
		57	毎月晦日	御贖								○	
3	臨時祭	2		霹靂神祭	祭料	○	○						
					解除料	○	○						
		3		鎮竈鳴祭		○	○						
		4		鎮水神祭		○	○						
		5		御竈祭		○	○						
		6		御井祭		○	○						
		7		産井祭		○	○						

		○		○		○			〃
		○		○		○			〃
		○		○		○			〃
		○		○		○			〃
				○		○			〃
		○		○		○			〃
				○		○			〃
		○		○					〃
		○		○					〃
		○		○					〃
		○		○					〃
		○		○					〃
		○		○					〃
		○		○					〃
		○		○					〃
		○		○					〃
				○		○			〃
		○		○		○			〃
		○		○		○			〃
		○		○		○			〃
		○		○		○			〃
		○		○		○			〃
		○		○					〃
		○		○					〃
		○		○		○			〃
		○		○		○			〃
		○		○		○			〃
		○		○		○			〃
		○		○		○			〃
		○		○					〃
		○		○					〃
		○		○					〃
									〃
									〃
									〃
									〃
				○			○		
		○		○					中宮・東宮も同じ
		○		○					
		○		○					6月12月は除く。中宮・東宮も同じ
○									〃
		○		○			○		
		○		○	○		○		
		○		○					
		○							
		○		○					
		○		○					小豆は赤小豆，鰒は東鰒
		○		○					〃

		8		鎮御在所祭		○	○	○					
		9		鎮土公祭		○	○						
		10		御川水祭		○	○						
		11		鎮新宮地祭		○	○						
		13		御禊		○	○						
		14		羅城御贖		○	○						
		15		八衢祭									
		17		行幸時祭	路次神幣								
		18			堺祭	○	○						
		19			大殿祭								
		20			御井幷御竈祭	○	○						
		21			中宮竈祭	○	○						
		22		八十島神祭		○	○						
		23		東宮八十島祭		○	○						
		24		宮城四隅疫神祭		○	○						
		25		畿内堺十処疫神祭		○	○						
		29		遣蕃国使時祭		○	○						
		30		造遣唐使舶木霊幷山神祭		○	○						
		33		蕃客送堺神祭	祭料	○	○						
					祓料	○	○						
		34		障神祭		○	○						
4	大神宮	11	6月12月	月次祭									
		12	9月	神嘗祭		○	○						
		13	9月	度会宮神嘗祭		○	○						
		15	毎日	朝夕御膳									
		20		山口神祭		○	○						
		21		採正殿心柱祭		○	○						
		22		鎮祭宮地		○	○						
				大神宮所摂宮地鎮料		○	○						
				度会宮所摂宮地鎮料		○	○						
		23		造船代祭		○	○						

(註)「雑盛」「海菜雑

		○		○			○		
		○		○					
○		○		○					
		○		○			○		
		○		○			○		中宮・東宮も同じ
		○		○	○			○	中宮も同じ
		○		○	○			○	中宮・東宮も同じ
		○		○					
		○		○					
		○		○					東宮も同じ
○		○		○					中宮も同じ
○		○		○					
		○		○			○		京城四隅も同じ
		○		○	○		○		
○		○	○	○					飯もあり
				○	○		○	○	
		○		○					
		○					○		
		○		○					
									「雑贄」とのみあり具体名不詳
	○	○		○					
	○	○			△				△＝「滑海藻」とあり
									具体名不詳
		○					○		鶏卵あり
		○					○		〃
		○					○		〃
		○		○					〃
		○		○					〃
		○					○		〃

盛」について大膳式下52条に「鰒・堅魚・海藻各一斤」「大小凝菜・鹿角菜各一斤」とみえる

表3　『延喜式』の供御料（含皇太子・斎王）にみえる水産食品

巻	式名		内容		東鰒	薄鰒	長門鰒	出雲鰒	隠伎鰒	安房鰒	鮨鰒	醤鰒	腸漬鰒	堅魚	煮堅魚	熬海鼠	螺	蛸	烏賊	鮭
5	斎宮	39	正月三節料	供斎王料	○	○			○					○	○	○			○	○
33	大膳下	16	年料									○								
39	内膳	7	新嘗祭供御料	夜料	○						○			○						
				解斎料	○	○			○						○		○		○	
				豊明料	○						○			○						
				中宮豊明料	○						○			○						
		13	諸節供御料		○				○						○		○			
		14	元日～三日供御料																	
		16	五月五日節料		○		○	○	○						○		○		○	○
		17	七月七日節料		○				○						○		○		○	
		18	九月九日節料		○				○						○		○		○	
		19	供御月料		○	○			○	○		○	○	○	○	○		○	○	○
40	主水	7	神今食解斎御粥料		△									○						
43	主膳	2	東宮月料		○	○			○			○	○	○	○	○	○	○	○	○

か五位）に対しては，堅魚煎汁は支給されなかった。すなわち「堅魚煎汁」は（原則として）高位者に支給されるものであったのである。支給から除外されている女御（大膳式下33条）は，身分が高いのではないかと思うかもしれないが，女御は桓武天皇（かんむてんのう）のときに設けられ，10世紀以降地位が高まるものの，9世紀では多くは四位程度であったので，高位者には含まれなかったと考えてよいであろう。このようにみていくと，29無品親王月料条において無品の親王・内親王に支給されているのは，無品であっても親王・内親王であったからと考えることができる。大膳式上4鎮魂祭雑給条で五位にも堅魚煎汁が支給されているのは，鎮魂祭が特別扱いされていたことによる特別支給と考えたい。

なお，本稿では受け取ったかどうかということを中心に表を作成したため，表われてこないが，後出の森川論文（第Ⅱ部第5章）では大膳式上9平野夏祭雑給料条に注目しているので，あわせて参照されたい。

能登鯖	久恵鱐	煮塩年魚	押年魚	甘塩鯛	鮫楚割	醤鮒	乞魚皮	鮐皮	堅魚煎汁	貽貝鮨	鮨	海鼠腸	腊	紫菜	海藻	滑海藻	大凝菜	於期	鹿角菜	紅髪	海松	備　考
														○	○							ほかに「鯛楚割」「楚割鮭」。78条も参照
																						醤鰒の原材料は東鰒
		○		○											○						○	
													○	○	○						○	
		○				○									○						○	
		○				○									○						○	
																						3節会
		○	○																			
													○	○	○							
													○	○	○							
			○										○	○	○							
○	○		○				○	○	○		○	○	○	○	○	○	○	○	○	○	○	
															▲							新嘗会も同じ。△=「蚫」▲=「和布」
○	○		○		○		○	○	○	○	○	○	○	○	○	○		○	○	○	○	

4　カツオのカタチ

さて，このような古代の堅魚製品が，どのような形をしたものであったのか，ということを考えてみたい。『古事記』雄略天皇段に，つぎのような話が見える。

初め，大后の日下に坐しし時に，日下の直越の道より，河内に幸行しき。爾くして，山の上に登ちて国の内を望めば，堅魚を上げて舎屋を作れる家有り。天皇，其の家を問はしめて云ひしく，「其の，堅魚を上げて作れる舎は，誰が家ぞ」といひき。答へて白ししく，「志幾の大県主が家ぞ」とまをしき。爾くして，天皇の詔はく，「奴や，己が家を天皇の御舎に似せて造れり」とのりたまひて，即ち人を遣して，其の家を焼かしめむとせし時に，（後略）

雄略天皇の皇后若日下部王が，まだ日下（今の東大阪市のあたり）にいらっ

表4 『延喜式』にみえる官人らへの水産食品給付

	巻		内容	※以外は1人あたり	東鰒	隠伎鰒	縄貫鰒	佐渡鰒	腸漬鰒	堅魚	煮堅魚	烏賊	熬海鼠	押年魚	与利刀魚
1	四時祭	4	造供神調度人給食		△						△	△			
		7	醸春日祭神酒・駆使給食												
		11	枚岡祭雑色人食料												
		17	平野祭膳部衛士食料	膳部(×16人) 衛士(×30人)											
5	斎宮	16	初斎院食料	五位	○	○						○			
				中臣・忌部											
				宮舎人											
				諸伴部											
				今良・女丁											
		38	月料		○				○	○	○	○		○	
		39	正月三節料	官人以下	△					○					
		41	七月九月節料	官人以下											
32	大膳上	2	六月十二月神今食小斎給食	五位以上(×20人)	○					○		○	○		
				六位以下(×242人)	○					○			○		
		4	鎮魂祭雑給料	参議以上	○	○				○		○	○		○
				五位以上(×30人)	○	○				○		○	○		○
				六位以下(×260人)	○					○					
		5	新嘗祭小斎給食	五位以上(×20人)	○					○		○	○		
				六位以下(×314人)	○								○		
			新嘗祭小斎解斎給食	五位以上(×40人)	○	○						○	○		
				六位以下(×187人)	○										
		6	新嘗祭皇后宮小斎給食	五位(×1人ヵ)	○							○	○		
				六位以下	○								○		
			新嘗祭皇后宮神態直会給食	五位(×1人ヵ)	○	○						○	○		
				六位以下	○										
		7	宴会雑給	親王以下三位以上 四位参議	○	○	○			○		○	○	○	○
				四位五位命婦	○	○	○			○		○	○	○	○
				大歌・立歌	○										
				国栖・笛工											

鮭	平魚	鯖	魚鱐	鯛楚割	鮫楚割	魚楚割	干蛸	乞魚皮	鰯汁	煎汁堅魚	腊	貽貝鮨	鮨	紫菜	海藻	滑海藻	凝海菜	雑海菜	海松	備考
													○		○					△は五位の場合に加える
													○		○					
											○		○		△					△＝「和布」と表記
											○				○					
○															○					
○													○		○					大舎人・内女孺・宮女孺・内舎人・宮主も同じ
○													○		○					采女も同じ
													○		○					卜部・戸座・火炬小子も同じ
															○					
		○		○	○			○	○	○		○	○	○	○		○		○	ほかに「雑鰒」あり。78条も参照
											○		○							△＝「鰒」とのみあり
○																				
		○									○		○		○					
		○											○		○					皇后宮68人も同じ
○						○				○	○		○	○	○				○	
○						○				○	○		○	○	○				○	
		○											○		○					
											○		○		○					
											○		○		○					
						○								○	○				○	
		○													○					
											○				○					六位以下も含め合計42人
		○											○		○					
						○									○					六位以下も含め合計47人
		○													○					
○			○			○				○	○		○	○	○					
○			○			○					○		○	○	○					
		○											○		○					正月七日諸司主典以上も同じ
○													○		○					

		8	薗韓神祭雑給料		○	○	○	○		○	○	○	○		
		9	平野夏祭雑給料		○	○	○	○		○		○	○		
		10	賀茂神祭斎院陪従等人給食		○	○				○	○				
		11	賀茂祭斎院司別当以下食料	※４人分	○	○				○	○				
		12	春日祭雑給料		○	○	○			○	○	○	○		
		14	松尾神祭雑給料		○							○	○		
		17	釈奠祭雑給料		△					○	○	○			
33	大膳下	24	七月二十五日節料							○					
		26	九月九日節文人料	五位	○	○				○		○	○	○	○
				六位以下											
		29	無品親王内親王月料		○					○					
		30	賀茂斎内親王月料		○					○					
		31	妃月料		○	○					○	○			
		32	夫人月料		○	○				○	○	○			
		33	女御月料												
		35	侍従日料	三位以上四位参議（×7人）	○	○				○	○	○			
				五位（×23人）	○	○				○	○	○			
		37	内舎人日料												
		38	弁官長案装潢作業料												
		39	諸司五位以下主典以上												
		40	勘解由使百度食日料												
		41	検納薪諸司28人	五位	△							○			
				六位以下	△										
		43	講書博士食料		△										
			諸得業生食料												
		44	漢語師・生食料												
		49	蔵人所月料												
		50	長人食日料												

		○					○			○	○		○		○					春秋とも。ほか鮮魚の直あり
○		○								○	○		○		○					冬は量に差あり。ほか鮮魚の直あり
	○	○				○									○					ほか鮮物の直あり
	○										○		○							〃
○		○	○				○			○	○		○		○			○		ほか鮮魚の直あり。13大原野祭も同じ
○	○	○									○		○		○					ほか鮮物の直，雑魚あり
													○		○					春秋とも。△=「鰒」とのみあり
○			○			○					○		○		○					
○											○		○							
○										○	○			○	○					
										○				○	○					
○										○	○		○	○	○				○	
○										○	○		○	○	○				○	
											○		○	○	○				○	
○										○			○		○	○				
○													○		○	○				
											○		○							
															○					ほかに雑魚
○													○							
																				「魚」とのみあり
											○		○							△=「薄鰒」とのみあり
											○		○							〃
											○		○		○					△=「鰒」とのみあり
													○		○					
											○				○					
											○									
○											○				○					

（註）仏教関係行事における海藻類のみの支給は除く

しゃったときに，雄略天皇は日下のまっすぐに大和から難波へ抜ける道を通って，河内にお出かけになった。途中，山の上に登って，国の内を眺めたところ，堅魚を上げた家屋を建てた家があった。天皇はその家について尋ねさせ，「その堅魚を上げて作った家は誰の家か」と言った。供の者は，「磯城の大県主の家です」と答えた。すると天皇は，「こいつめ，自分の家を天皇の御殿に似せて造るとは」と仰せられ，ただちに人を遣わして，その家を焼かせようとした，という内容である。

この「堅魚」とは，いわゆる堅魚木のことであろう。なぜこの棟木の上にのった部分を「堅魚」といったのかが問題となるが，少なくとも形が似ていたことがその理由の一つとして考えられる。

また10世紀の『うつほ物語』には，堅魚に関わる次のような話が収録されている（なお『うつほ物語』はかなで書かれている部分が多く，解釈に困るところや誤字が想定されているところもあり，本稿では新編日本古典文学全集の校訂によって本文を掲げることにする）。

主人公仲忠の妻，女一宮が女の子を出産する。産養が盛大におこなわれ，七夜にはいろいろな人から贈り物が届いたが，そのなかで皇太子のキサキである藤壺からの贈りものについての記述である。

> 折櫃どもには，一つには白銀の鯉，同じき鯛一折櫃，沈の鰹作りて入れ，一つには沈・蘇枋をよくよく切りて一折櫃，合はせ薫物三種，龍脳香，黄金の壺の大きやかなるに入れて一折櫃，味噌と書きつけて，赤もたひ少し，白き絹を，縫ひ目はなくて，続飯などして，海松のやうにして一折櫃，白粉を入れたり。今二つには，裛衣・丁子を鰹つきの削りもののやうに入れたり。

折櫃には，一つには白銀製の鯉を入れ，同じ白銀製の鯛をもう一櫃に，また沈（沈香のこと。樹脂が内部に沈着して比重が重くなった香木。正倉院宝物の蘭奢待や全浅香などがある）で作った堅魚を入れたという。魚そのものをかたどったのか，堅魚製品をかたどったのか，はっきりしないが，一つには後世のように，堅魚と贈答品が結びつくものであったことが推測される。「沈の鰹」という表現は，『うつほ物語』の別の巻，蔵開下にもみえるし，国譲中の巻などにも，やはり沈香でかたどった鰹が登場する。蔵開上の別の箇所には，沈香でつくった鰹と思われるが,「一切づつ打ち割りたまへ」とか「押し寄せて切り侍り」といった表現もみえる。

それから沈香や蘇芳といった香薬を細かく切って一折櫃とした。さらに合わせ薫物三種に,粉末状の香薬である龍脳香を大きな黄金の壺に入れて一折櫃。つぎは味噌と書きつけて,赤いもたい,それから縫い目のない白い絹を,飯粒から作った糊を用いて海松のようにした。白きものを入れた,というのはご飯に見立てたのではないかといわれている。そして最後にまた堅魚が登場する。裛衣・丁子はどちらも香薬であるが,裛衣は,唐の医学書『千金方』などをみると,いくつかの香薬をつくなどして細かくしたものを混ぜたもののようであり,正倉院宝物に伝わっているものがそれではないかといわれている。丁子も正倉院宝物にあるが,花のつぼみを乾燥させて使うことが多いという。これらが「堅魚つきの削りもののやうに」入れられた。「堅魚つき」はよくわからないが,「削りもの」とあるので,鰹節を削った削り節のようなイメージになるであろうか。あるいはもう少し大きい断片かもしれない。こちらは,間違いなく「堅魚つきの削りもの」が贈答品であったということを意味している。

もう一つ,国譲中の巻に出てくるカツオをみてみたい。ある人が藤壺に贈ってきた贈り物の話であるが,これも一見,こわれた水桶をかたどったような形で贈られてきている。少し意味がとりにくいが,一つには,「練りたる絹を飯盛りたるように」入れてあったというもので,ご飯をかたどったということなのであろう。もう一つには,綾が同じように入れてあった。そしてもう一つには,鰹・鮭などのように,沈が入れてあったという。これも,さきほどの「堅魚つきの削りもの」と同じようなものではないか。藤壺が「いと清げなる神のおろしかな」と言っているので,神様のお供えのお下がりをモチーフにしている,ということなのであろう。

このほか,蔵開下の巻のさきほどとは別の箇所にみえる贈り物のカツオでは,四つの壺のうちの一つに入れ,ほかの壺には,火焼きの鮑(壺焼きであろうか)や海松・甘海苔が入っていたという。

5 『延喜式』における「煎」

最後に，今回のシンポジウムでは「煎」が一つのポイントとなっているので，『延喜式』における「煎」について，少し触れることとしたい。

そもそも，「煎」の意味は何か，という問題があるが，残念ながら「いろり」という言葉が何に由来しているのかよくわからない。小学館『日本国語大辞典』を見ると，(1) イリイリ（煎煎）の約転という『大言海』の説や，(2) イリトリ（煎取）の約転という『東雅』『箋注倭名類聚抄』『松屋筆記』などの説が挙げられている。また「煎」の字訓をみると，鎌倉時代の字書『字鏡集』ではニル・カワク・イル・イリカワカスがあり，称名寺聖教でもイル・ニル・モコ・ヤカルといった訓があるが，残念ながらあまり考証の参考とはならない。大修館書店の『大漢和辞典』では，①のイとして，煮つめて汁をなくする・煮ほす・煮つめる・いる・にる，ロとして，物を水とともに煮て主成分を水に含ませる・にだす・せんじる，②として，とかしねる，また「つけて味をつける」などといった意味が記されているが，これも一般的なこと以上はわからない。

そこで，『延喜式』のなかで「煎」の字がつく食品を探してみると，「甘葛煎」がよく知られている。甘葛に関する用語としては「甘葛汁」「甘葛煮」もみえるが，内膳式をみると，製造過程に「絹の小篩」「薄絁の篩」を使用することがみえる（23 年料条）ので，漉す作業のあったことが判明する。天平10年度の駿河国正税帳では「味葛煎」を一斗の「缶」に入れている。「缶」は，荒井秀規氏によれば，「もたい」と訓むべきであり，口がすぼまった形をしていると推測されている。一方，『うつほ物語』蔵開上では，「かめ」に入れていると記され，康治元年（1142）正月2日付阿蘇大宮司宇治惟宣解（平安遺文 2497 号）では，「瓶子」「久里」「筒」という単位が使用されている。「くり」は茶壺のことを指していうことがある。このほか，保安～大治頃かとされる5月10日付散位藤原某書状（半井家本『医心方』紙背文書 26）でも「筒」が用いられている。

『延喜式』に戻って，甘葛以外を探すと，薬であるが「麦門冬煎」（ジャノヒゲあるいはヤブランの根を乾燥したもの）「地黄（じおう）煎」がみえる。これらはあまり参考にならないようにも思うが，地黄を煎じるときに絁で漉しており（典薬式7地黄煎料条），甘葛と漉すという作業が共通する。

以上，「煎」を考えるうえで材料となる史料を紹介した。

参考文献

荒井秀規 2019「瓫（盆）（ホトギ）と瓮・缶（モタイ）に関する覚え書き」（『国立歴史民俗博物館研究報告』218）pp. 375-398

関根真隆 1969『奈良朝食生活の研究』吉川弘文館

仁藤敦史 1996「駿河・伊豆の堅魚貢進」（静岡県地域史研究会編『東海道交通史の研究』清文堂）

仁藤敦史 2019「「延喜斎宮式」からみた堅魚製品の貢納と消費」（『国立歴史民俗博物館研究報告』218）pp. 413-423

納冨常天 2021『〈金沢文庫蔵〉国宝　称名寺聖教の古訓と漢字音』法蔵館

宮下章 2000『鰹節』（ものと人間の文化史 97）法政大学出版局

Ⅱ　考古資料からみたカツオ

1　堝形土器とカツオ加工
——沼津市域での出土事例から——

小　崎　　晋

はじめに

古代においてカツオ加工に関わる遺物として想定されるのが堝形土器である。堝形土器は口縁の直径が40 cmを超えるような大型の土師質（素焼き）の土器であり，その名称のとおり煮炊きに使用されたと推測されるものである。堝形土器の特徴や分布などについては本書における藤村氏の論稿（第Ⅱ部第2章）を参照いただきたいが，静岡県東部における古代の集落，特に竪穴建物跡（住居址）からの出土事例が多い。

堝形土器については，古くは古墳時代の初め頃に同様の特徴を有したものがみられるが，本格的に遺跡から確認できるようになるのは，古墳時代後期から終末期にあたる7世紀頃である。そして少なくとも9世紀頃まで確認できる。

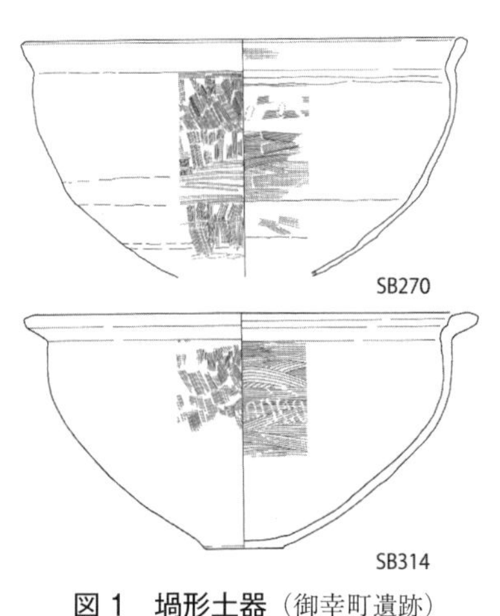

図1　堝形土器（御幸町遺跡）

堝形土器は，伊豆半島から沼津市および富士市にかけての海浜部に存在する遺跡でその多くが出土している。

この時期，平城京跡から，駿河や伊豆から貢納された品として「荒堅魚」「煮堅魚」「堅魚煎汁」と記した木簡が出土している。このことから，沼津市域を含めた駿河や伊豆においてカツオ加工がおこなわれていたことがわかる。そして，そのカツオの加工は沿岸に立地する遺跡において，出土する堝形土器を使用しておこなわれていたと考えられているので

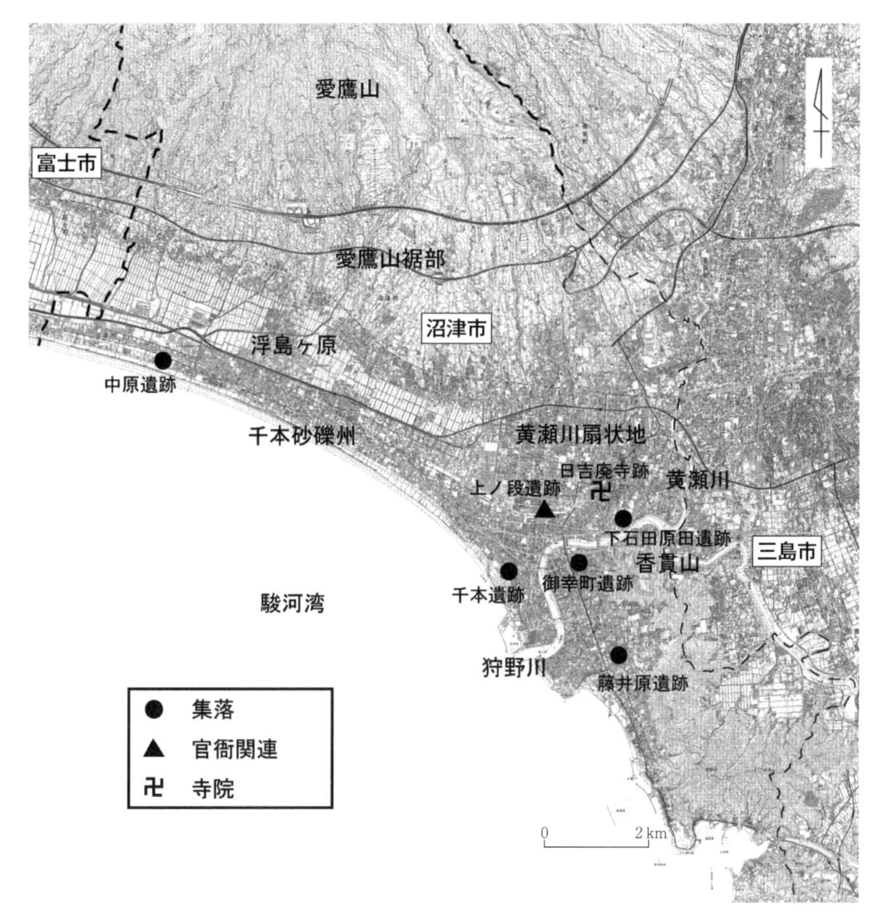

図２　沼津市域における古代の主要遺跡

ある。

本稿では沼津市に所在するいくつかの古代の集落遺跡に注目し，堝形土器の出土状況をみていくことで，その使用方法について考えるとともに，カツオ加工との関連性についてみていきたい。

1　沼津市域における古代の遺跡

沼津市域における古代の遺跡は，北に聳える愛鷹山（あしたかやま）と浮島が原（浮島沼）を

表1　沼津市域における古代の遺跡消長

			6世紀	7世紀		8世紀		9世紀		10世紀
	遺跡名	立地	後半	前半	後半	前半	後半	前半	後半	前半
集落	中原遺跡	千本砂礫洲上								
集落	東畑毛遺跡	千本砂礫洲上								
集落	千本遺跡	千本砂礫洲上								
集落	下石田原田遺跡	狩野川右岸台地上								
官衙？	上ノ段遺跡	狩野川右岸台地上								
寺院	日吉廃寺跡	狩野川右岸台地上								
集落	御幸町遺跡	狩野川左岸微高地								
集落	藤井原遺跡	狩野川左岸微高地								

古墳築造

日吉廃寺跡建立？

沼津市教育委員会2016をもとに作成

挟むように富士市から東に続く千本砂礫州(せんぼんされきす)上，狩野川右岸の低い台地である黄瀬川扇状地上，狩野川左岸の香貫山(かぬきやま)から続く微高地上，といった箇所にその大半が立地する。このような遺跡の分布状況は，古くは弥生時代中期から続いている。

狩野川流域は現在と同様に政治・経済・文化の中心地であり，特に8世紀から9世紀頃に遺跡が色濃く分布する。狩野川右岸の黄瀬川扇状地上には，単なる集落遺跡のみならず，官衙遺跡と想定される上ノ段(うえのだん)遺跡や，駿河最古の寺院跡とされる日吉廃寺跡のような特殊な遺跡が存在する。また，狩野川左岸の香貫山から続く微高地には，大集落である御幸町(みゆきちょう)遺跡が存在している。

このような遺跡が分布する状況のなかで，本稿で述べる堝形土器が出土する遺跡の多くは，狩野川河口域や千本砂礫州上などの海に近い位置に立地している。愛鷹山麓中や裾部に散在的に存在する古代の遺跡では，甕などの土器は出土するものの，堝形土器はほとんど確認できない。このことは，堝形土器が海産品を加工する目的で使用されていた可能性が高いことを示唆しており，貢納品であるカツオ加工品の製作に使用されたことにもつながるといえよう。

しかしながら，堝形土器については沼津市の東隣に所在する三島市の遺跡でも出土する。現在の三島市は海に面しておらず，これは古代でも同様である。

このことから考えると，必ずしも堝形土器が海産品の加工のためだけに使用されたものではなく，煮沸具という日用品としての土器であることを示している。

2　堝形土器の出土状況

さきに触れたように，堝形土器は海辺に近い遺跡から出土することが多い。では，どのように出土しているのであろうか。発掘調査において，土器などの遺物の大半は明確な遺構からではなく，いわゆる遺物包含層から出土している。これは律令期の遺跡も同様であり，坏や甕などといった土器類の多くは遺物包含層から出土する。しかしながら，堝形土器については出土様相がそれらとは異なっており，遺構内，特に竪穴建物跡と判断される遺構からその多くが出土している。ただし床面といった原位置をとどめている場合は少なく，大半が竪穴建物跡の覆土からの出土である。そのような状況のなかでもカマドの近辺では比較的多くの堝形土器が出土する。特にカマドを構築していた粘土が崩れて広がったなかに含まれる事例が散見される。中原遺跡7区第31号住居址（竪穴建物跡，SB31，図3・4）のようにカマドの脇で出土している事例や，千本遺跡2次調査第16号住居址（竪穴建物跡，SB16，図5）のようにカマド内部から堝形土器の破片がまとまって出土する事例はその好例である。

近年，沼津市では古代の遺跡での発掘調査事例が多く，堝形土器が出土する多数の竪穴建物跡が検出されているが，屋外炉と想定できるような焼土は検出されていない。この点については，堝形土器の研究の先駆者である瀬川裕市郎氏が藤井原遺跡出土の堝形土器を検討するなかですでに述べており〔瀬川1980〕，現時点においても瀬川氏が検討した頃と状況に大差がないといえる。

これらのことをふまえると，堝形土器は竪穴建物跡に構築されているカマドで使用された可能性が高い。

3　主要遺跡での堝形土器を伴う竪穴建物跡の状況

前述したように，堝形土器については竪穴建物跡に存在するカマドでの使用が想定される。ここで，堝形土器が出土する古墳時代末から律令期にかけての

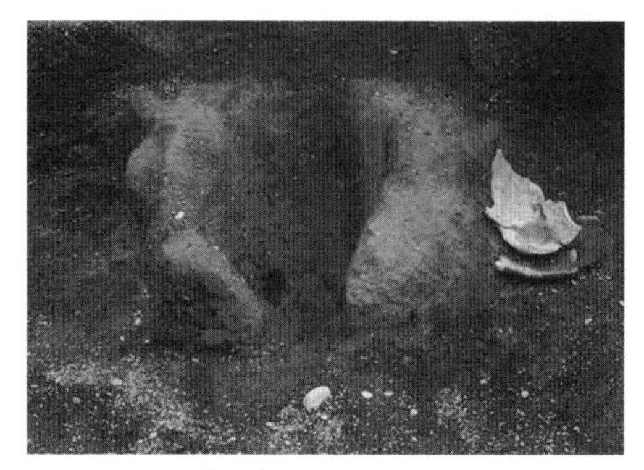

図３　中原遺跡７区 SB31 カマド

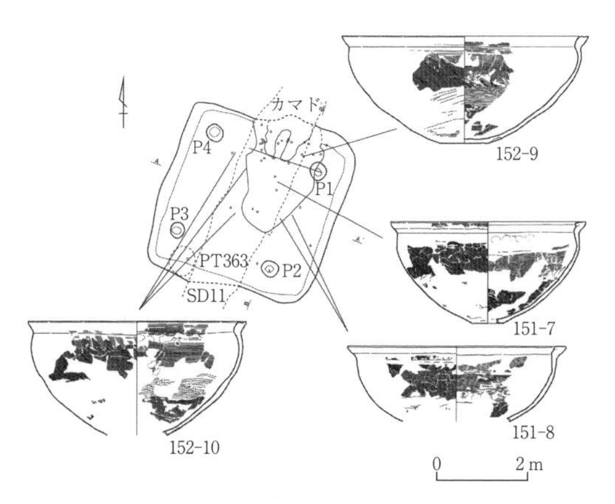

図４　中原遺跡７区 SB31 坩形土器出土状況

図５　千本遺跡 SB16 カマド

遺跡のうち，竪穴建物跡が多数検出されるとともに発掘調査報告書が刊行されている，御幸町遺跡・千本遺跡・中原遺跡について，竪穴建物跡内における坩形土器のカマドおよびその近辺での出土状況についてみていきたい。

各遺跡における坩形土器が出土する竪穴建物跡の状況

〈御幸町遺跡〉（図６）

御幸町遺跡は沼津市御幸町地内に所在する遺跡で，狩野川河口域の左岸側に位置している。弥生時代中期から律令期にかけての竪穴建物跡などの遺構や，それぞれの時期の土器などの遺物が出土している。検出された竪穴建物跡は総数で400軒近くにおよび，そのうち時期比定可能なものは300軒近くにおよぶ。そしてこれらのうち奈良・平安時代の竪穴建物跡は230件を超え，約70％近くがいわゆる律令期のものである。律令期の遺物としては坏や甕，坩形土器といった土器類のほかに，銙帯（かたい）金具などの金属製品

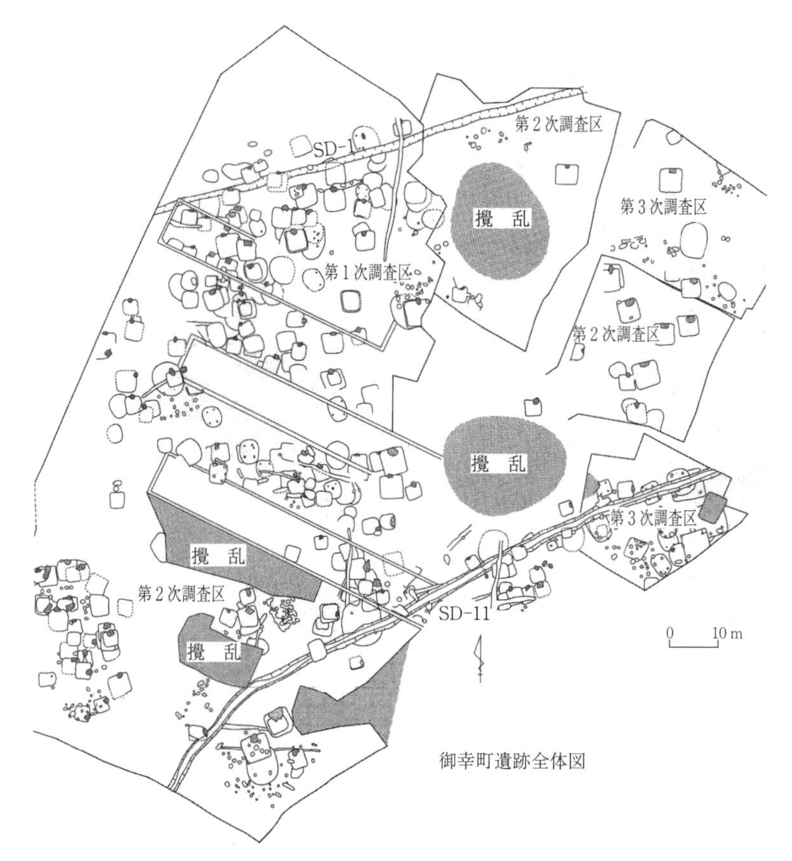

図6　御幸町遺跡1～3次調査　遺構検出状況

や硯の一部が出土しており，官人の存在が示唆される。

御幸町遺跡については1次～5次までの調査が実施されているが，これまでに刊行されている報告書は1次～3次調査における遺物編と4次調査のみで，1次～3次調査における遺構編は未刊行であり，竪穴建物跡の実態は不明な点が多い。しかしながら，これまでに刊行されている報告書（概報および遺物編）から筆者が集計した限りでは，72軒の竪穴建物跡から堝形土器が出土しており，竪穴建物跡の31.3%におよんでいる。そして，これらのうちカマド範囲から堝形土器が出土している竪穴建物跡は38軒で，律令期の竪穴建物跡では16.5%，堝形土器が出土した竪穴建物跡のうち52.8%になる。

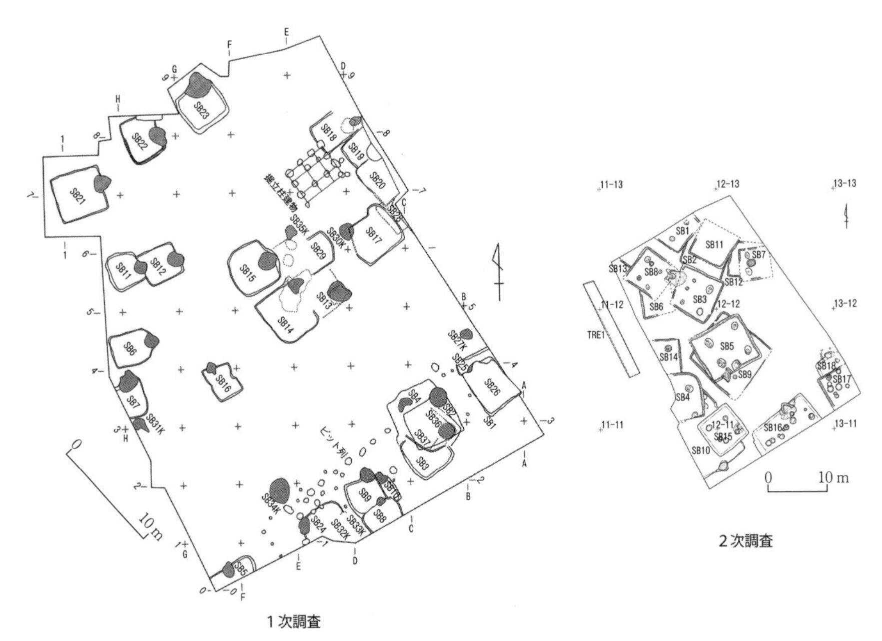

図7　千本遺跡1次調査（左）・2次調査（右）　遺構検出状況

出土した堝形土器は藤村編年〔藤村 2022〕における富士Ⅰ～Ⅴ期のものが大半を占める。

〈千本遺跡〉（図7）

千本遺跡は沼津市本字千本地内に所在する8世紀後半から9世紀にかけての遺跡であり，千本砂礫州の東端，狩野川の河口域に位置している。これまでに2次の発掘調査が実施されている。1次調査で37軒，2次調査で18軒と，計55軒の竪穴建物跡が検出されており，両調査とも発掘調査報告書が刊行されている〔沼津市教育委員会 2002・2020〕。

堝形土器が出土している竪穴建物跡は44軒である。これは確認されている竪穴建物跡の約80%におよび，大半の竪穴建物跡から出土していることを意味している。そしてこれらのうち，カマド範囲から堝形土器が出土している竪穴建物跡は17軒で，竪穴建物跡全体では30.9%，堝形土器が出土した竪穴建物跡では38.6%になる。出土した堝形土器は藤村編年における富士Ⅴ・Ⅵ期のものが大半を占める。

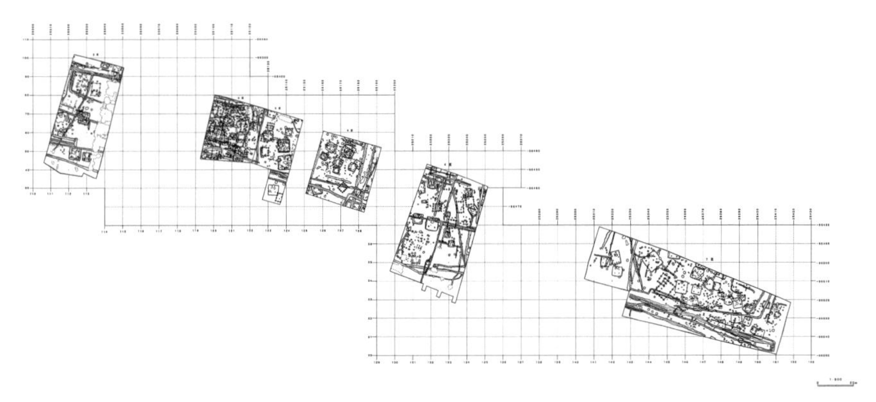

図８　中原遺跡３〜８区　遺構検出状況

〈中原遺跡〉（図 8）

中原遺跡は沼津市一本松地内に所在する，弥生時代から律令期にかけての遺跡である。平成 20〜22 年度，平成 28〜令和 2 年度にかけて本調査が実施されている。これらのうち平成 20〜22 年度にかけて実施した 3〜8 区（面積 11,636 m^2）について，2016 年（平成 27 年度）に報告書が刊行されている〔沼津市教育委員会 2016〕。報告されている各調査区からは計 104 軒の竪穴建物跡が確認され，うち 41 軒で堝形土器が出土しており，その割合は 39.4% と 4 割近い。そして，カマド範囲から堝形土器が出土している竪穴建物跡は 15 軒で，竪穴建物跡全体では 14.4%，堝形土器が出土した竪穴建物跡では 36.6% である。

出土した堝形土器は藤村編年における沢東Ⅰ・Ⅱ期〜富士Ⅰ・Ⅱ期のものが大半を占める。なお，奈良・平安時代を遡る飛鳥時代（沢東期）のものが出土していることは，堝形土器の使用法に関して注目すべき点である。

竪穴建物内における堝形土器の出土状況

このように各遺跡の状況をみていくと，遺跡ごとに堝形土器を出土する竪穴建物跡の割合は異なっているものの，すべての竪穴建物跡から出土していないことははっきりしている。このことは，堝形土器は，坏や甕のような一般的な容器とは異なる目的で使用されていた可能性があり，専業度が高い人が使用し

表２　３遺跡における堝形土器が出土した竪穴建物の数

遺　跡　名	時　期	竪穴建物（律令期）	竪穴建物（堝出土）	カマド範囲から堝出土
御幸町遺跡	富士 Ⅰ～Ⅴ	230	72 [31.3%]	38
千本遺跡	富士 Ⅴ・Ⅵ	55	44 [80%]	17
中原遺跡	沢東Ⅰ・Ⅱ～ 富士Ⅰ・Ⅱ	104	41 [39.4%]	15

ていた竪穴建物跡が存在していたことを示唆している。また，千本遺跡についてはほかの２遺跡とは異なり，堝が出土する竪穴建物跡は80％を超え異質な様相を呈していることから，より専業度が高い集落であった可能性がある。今後，住居址ごとに出土する土器の器種を確認し，堝形土器が出土する住居址での特徴を把握する必要がある。

4　堝形土器の視点からみたカマドの規模

前述のとおり，各遺跡の竪穴建物跡を確認した限りにおいて，堝形土器が出土する場合としない場合が存在する。このことは，堝形土器を煮炊きの道具として使用していた竪穴建物跡と，使用していない竪穴建物跡が存在することを示している。

そこで，竪穴建物跡内に構築されるカマドと堝形土器の関係を考えるために，調査規模（範囲）がもっとも大きい中原遺跡の竪穴建物跡内で検出されたカマドについて比較検討をおこなった。ただし，完全な形でのカマドは検出さ

表３　中原遺跡でのカマド規模比較表（単位：m）

①全体

	軒数	焚口幅	最大幅	奥行
8区	11	0.5	0.8	0.8
5区	2	0.5	0.9	1.1
6区	1	0.4	0.8	0.7
4区	5	0.5	1.0	1.2
7区	22	0.4	0.9	0.9
平均	—	0.4	0.8	0.9

②竪穴建物で堝出土

	軒数	焚口幅	最大幅	奥行
8区	2	0.4	0.8	1.0
5区	1	0.6	1.0	1.0
4区	4	0.5	1.1	1.2
7区	12	0.4	0.9	1.0
平均	—	0.4	0.9	1.0

③カマド範囲で堝出土

	軒数	焚口幅	最大幅	奥行
8区	1	0.4	0.6	0.6
4区	1	0.6	—	1.2
7区	4	0.4	0.9	1.1
平均	—	0.5	0.8	1.0

れておらず，いずれも袖を残して崩壊している状況であり，掛け口の大きさなどは不明である。このため，報告書において図化・報告されているカマドについて表上で数値化し，平均値（いずれも概算値）を算出することとした。

この結果，①堝形土器の出土の有無に関係なくカマドの規模を計測できた41軒の竪穴建物跡での平均値は焚口幅0.4 m，最大幅0.8 m，奥行き0.9 m，②堝形土器が出土した竪穴建物19軒の平均値は焚口幅0.4 m，最大幅0.9 m，奥行き1.0 m，③カマド範囲で堝形土器が出土している竪穴建物跡でのカマド規模の平均値は，焚口幅0. 5m，最大幅0.8 m，奥行き1.0 mであった。このことから，カマドの規模に関しては誤差程度の数値の差異はみられるものの大差がないことがわかり，堝形土器は通常のカマドで使用されている可能性が高いことが推測される。この点をふまえると，堝形土器専用のカマドは存在しない可能性が高いと考えられる。

5　堝形土器の使用方法

これまでみてきた点をふまえると，堝形土器は一般的な竪穴建物跡に付随するカマドで使用されていた可能性が高いことがわかる。その一方で，堝形土器は大きいものになると直径が0.7 m近くにも達し，甕のようにはカマドの掛け口に入らない可能性がある。しかしながら，堝形土器は口縁部付近まで2次焼成による煤が付着している事例が少ないことから，火に掛かる部分は一部に限られると推測される。カマドで煮炊きする際には，底部付近までを掛け口にはめていた可能性が高いのではないだろうか。

ただし，堝形土器自体の大きさに加えて，水やカツオを入れての煮沸は相当の重量になることが想定され，その際にカマド本体を維持できたどうかは不明である。

図９　支脚をもつカマド（中原遺跡7区SB21）
（○で囲ったのが支脚）

これらの点について，かつて瀬川氏は同様の見解を示しており〔瀬川1980〕，カマド内に支脚の使用を想定した。ただし，藤井原遺跡で検出された竪穴建物でのカマドには確認されてないようである。中原遺跡では支脚を有したカマドがいくつか確認されている（図9）が，堝形土器が出土した竪穴建物では検出されていない。このように，堝形土器をカマドで具体的にどのようにして使用していたかは不明な点が多く，今後の検討課題である。

6　カツオ加工品はどのようにして都に運搬されたか

海に近い遺跡で堝形土器が比較的多く確認できることから，カマドでの使用方法は明確にできないものの，やはり堝形土器がカツオ加工品の生産に用いられた可能性が高いことはこれまでに述べてきたとおりである。では，つくられたカツオ加工品はどのようにして，貢納品として都に運ばれたのであろうか。運搬ルートなどについて筆者は知識を持ち合わせていないため，詳しく述べることはできないが，いずれにしても海浜部の各集落で堝形土器を使用してつくられた貢納品であるカツオ加工品はどこかの場所に集められて，そこから奈良の都に運ばれたと考えるべきであろう。その際にどのようにして加工品を運搬したかが問題である。

カツオ加工品のなかでも堅魚煎汁の運搬容器として考えられているのが壺Gである。壺Gとは平城京から出土した土器の分類で壺のG類に分類された土器であり，考古学研究者が通称で「壺G」と呼んでいるもので，奈良時代後半から平安時代前半にかけて都や駿河・伊豆・関東・東北に分布・流通した須恵器であり，細長い体部に，太くて長い頸部を付す形態で，轆轤水挽き成形でつくられているもの〔本書第Ⅱ部第5章森川論文・同第6章小田論文〕である。この壺Gは平城京で比較的多く出土しており，このことから，平城京木簡に記録が残る堅魚製品のなかでも堅魚煎汁を入れる容器として使用された土器と考えられている。ただし，壺Gについては上記のような容器としての役割のものとする説のほかに，水筒や華瓶（仏具）ではないかとする意見もある。

壺Gは藤枝市の助宗古窯址群や伊豆の国市の花坂古窯址群といった静岡県内の古代の窯址から出土していることから，県内で作られた土器と考えられている。堝形土器と壺Gが伴って出土する事例は少ないものの，富士市の東平遺跡の竪穴建物跡で共伴が確認されていることから，堝形土器を使用してつくった堅魚煎汁を入れる容器として壺Gが使用されたことを示唆している。

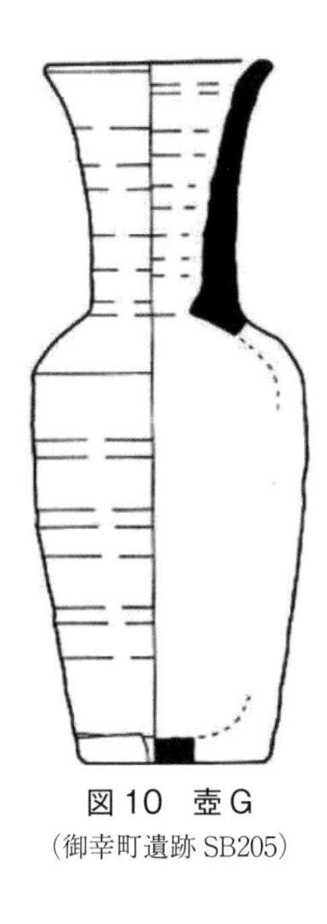
図10　壺G
（御幸町遺跡SB205）

しかしながら，沼津市域における遺跡での壺Gの出土状況をみると，御幸町遺跡・千本遺跡・下石田原田遺跡といった沼津市内の遺跡で数点出土しているものの，全体でも10点を超えない程度であり，その数は圧倒的に少ない。また県内全体をみてもその数は少ない。筆者はシンポジウムの際にこの点を指摘したが，その際には「生産地から都に運ばれるものであるから，貢納品を納める都でその大半が出土し，生産地側でほとんど出土しないのは矛盾しない」との意見を受けた。この点に関して否定はしないものの，仮に壺Gが堅魚煎汁を入れる容器とした場合に，生産地である静岡県東部における出土点数の少なさにはやはり違和感を覚える。単純に堝形土器から移し入れるのならば，小型の甕などのもっと口が広い容器の方がよいと思われる。筆者は壺Gについて堅魚煎汁を入れる容器とするのには現状では全面的に賛成できない。現在のところ考古学的な知見では判断が難しく，本書第Ⅱ部第4章で庄田慎矢・村上夏希氏が報告する堝形土器の分析結果（経過報告）のように，胎土に含まれる残存油脂成分を調べるなどの自然科学的な分析が必要であるとともに，消費地のみでなく生産地側でのまとまった出土事例の発見が期待される。

おわりに

都から出土する木簡には，駿河や伊豆からの貢進物として堅魚煎汁や煮堅魚，荒堅魚などの記述があることから，駿河や伊豆において堅魚を使用した水産加工品が作られていたことは間違いなく，このカツオ加工品を作るための土器として堝形土器の使用が想定されることはこれまで述べてきたとおりである。

そして，沼津市では海浜部や狩野川河口域に存在する藤井原遺跡・御幸町遺跡・千本遺跡・下石田原田遺跡・中原遺跡などの集落遺跡において，日常の道具である坏や甕などとともに堝形土器が出土していることから，通常の集落においてカツオを使用した水産加工品がつくられていたと考えられる。しかしながらカツオ加工品が堝形土器でつくられていたとする記録は残っておらず，その実態はいまだ不明といわざるをえない。現状での考古資料の状況では解明できない点が多々あることから，今後，さらなる出土事例の増加が期待される。

これまで堝形土器とカツオ加工にかかる研究については，かつて沼津市歴史民俗資料館の学芸員であった瀬川裕市郎氏が，自身が発掘調査を担当した藤井原遺跡での出土事例をもとに，平城京木簡の記述内容などと併せて積極的に検討した。しかし，この瀬川氏による研究以降，古代の堅魚製品についての研究は断片的にはおこなわれているものの，学際的な研究はおこなわれていなかった。このような状況のなかで，本書での三舟隆之氏を中心とするグループによる古代の堅魚製品にかかる学際的な研究は，古代のカツオ加工にかかる研究に関してきわめて重要な成果となることは間違いない。このような重要な研究において執筆の機会をいただき感謝申し上げる。

参考文献

瀬川裕市郎 1980「藤井原の大鉢―律令期の堝形土器の変遷―」『沼津市歴史民俗資料館紀要』4

瀬川裕市郎 1997「堅魚木簡に見られる堅魚などの実態について」『沼津市博物館紀要』21

瀬川裕市郎・小池裕子 1990「煮堅魚と堝形土器・覚え書」『沼津市博物館紀要』14

沼津市教育委員会・富士市教育委員会 2023『狩野川・富士川が作り出した古代社会―沼津・富士の原風景を考える―』沼津市教育委員会

沼津市教育委員会 1998『御幸町遺跡発掘調査報告書―遺物編（土器）―』沼津市文化財調査報告書第 67 集

沼津市教育委員会 2000『下石田原田遺跡発掘調査報告書』沼津市文化財調査報告書第 74 集

沼津市教育委員会 2002『千本遺跡発掘調査報告書』沼津市文化財調査報告書第 79 集

沼津市教育委員会 2004『三芳町遺跡発掘調査報告書』沼津市文化財調査報告書第 83 集

沼津市教育委員会 2016『中原遺跡発掘調査報告書』沼津市文化財調査報告書第 113 集

沼津市教育委員会 2017『御幸町遺跡第 4 次発掘調査報告書』沼津市文化財調査報告書第 117 集

沼津市教育委員会 2020『千本遺跡（第 2 次）発掘調査報告書』沼津市文化財調査報告書第 121 集

沼津市史編さん委員会・沼津市教育委員会編 1999『沼津市史　資料編　自然環境』沼津市

沼津市史編さん委員会・沼津市教育委員会編 2002『沼津市史　資料編　考古』沼津市

沼津市教育委員会・富士市教育委員会 2023『狩野川・富士川が作り出した古代社会―沼津・富士の原風景を考える―』沼津市教育委員会

藤村翔 2021「駿河国富士郡における土師器の変遷―飛鳥時代から平安時代前半期を対象に―」『向坂鋼二先生米寿記念論集―地域と考古学Ⅱ』向坂鋼二先生米寿記念論集刊行会

2　古代駿河・伊豆地方における土師器堝の展開とその特質

藤　村　　翔

はじめに

律令期における東駿河・伊豆地方の土器様式を特徴づける大型器種に，土師器の堝がある（図1）。1980年代から1990年代にかけて，考古学・文献史学的検討や脂肪酸分析が進められた結果，当地域の土師器堝を平城京へ貢納するための堅魚製品加工用の煮沸具とする見解がほぼ定説化しているが，存続時期や系統分類について十分な検証が進んでいるとはいいがたい。本稿では近年の調査知見をもとに，土師器堝の時間的・空間的分布を整理し，改めてその性格や歴史的意義について検討してみたい。

1　土師器堝の研究史とこれまでの評価

〈土師器堝とは〉

本稿で扱う土師器の堝とは，半球形の体部に，断面三角形状で外側へ突出する口縁部，もしくはS字状に外反する口縁部を有する平底の器種を指す（図1）。口径は60 cm前後の大型品から，30 cm前後の小型品まで存在する。盛行時期について，以前は7世紀末から9世紀代と捉えることが多かったが〔瀬川1980〕，近年では6世紀末から7世紀代の類例が一定量存在することが指摘されるようになっている〔鈴木 2004，拙稿 2021a〕。

〈研究略史〉

東駿河・伊豆地方における土師器堝については，1970年代に瀬川裕市郎氏らが進めた沼津市内の藤井原遺跡や御幸町遺跡の調査で大いに注目されたのち，橋口尚武氏らにより伊豆諸島における類例が蓄積されたことで，当地域に

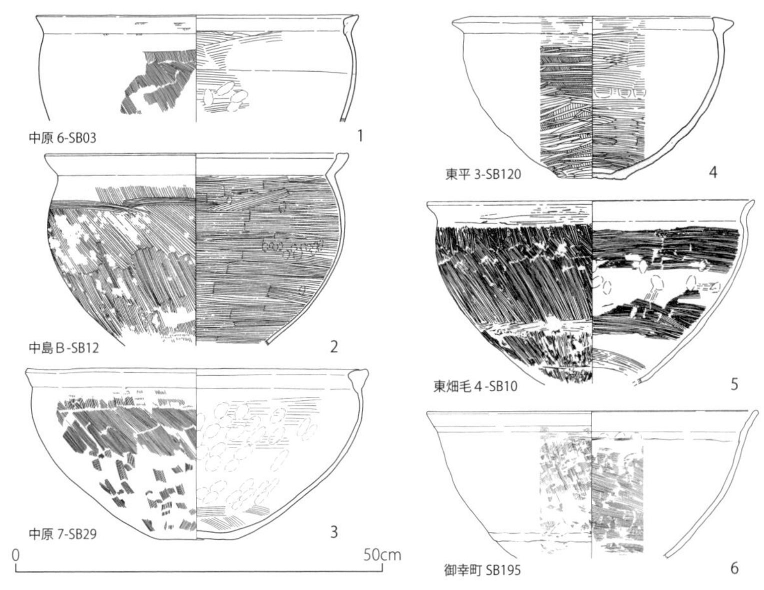

1・2：沢東Ⅰ（6C末-7C前）、3：沢東Ⅱ（7C中-後）、4：富士Ⅰ（7C末-8C前）、5：富士Ⅲ（8C後）、6：富士Ⅳ（9C前）

図１　古代駿河・伊豆地方の土師器堝

特徴的な器種としての認識が高まった。そして1980年代から1990年代にかけ，土師器堝の考古学的分析〔瀬川 1980，橋口 1987・2001〕や延喜式(えんぎしき)・出土木簡などによる文献史学的評価〔瀬川・小池 1990，瀬川 1991，仁藤 1996，橋口 2001など〕，脂質分析〔瀬川・小池 1990〕が進められた結果，堝を平城京へ貢納するための堅魚製品加工用の煮沸具とする見解が当地域においてほぼ定説化し，そうした評価が沼津市史に記載されるに至っている〔柴垣 2005〕。

一方で，橋口氏が示した駿河湾から伊豆諸島一帯の堝の分布図は非常に明快で重要な成果であるが，口縁部形態によって分けて作図されたのみで，時間的推移を検証するものとはなっていない。瀬川氏の議論にも共通する課題であるが，当該資料の歴史的評価とも直結する堝の時期比定については，地域の土器編年に立脚した年代観にもとづいておこなう必要がある。また，当時の脂質分析（脂肪酸分析）成果についても，現代の研究水準からすれば再検証の余地がある〔庄田・クレイグ 2017，本書第Ⅱ部第4章村上・庄田論文〕。

2　土師器堝の時間的・空間的分布

前節の研究史とその課題を受け，ここでは古代集落の調査と整理において一定の蓄積がある駿河国富士郡域の資料にもとづき設定した土師器編年に依拠し，主として6世紀末頃から9世紀後葉（沢東Ⅰ～富士Ⅵ，〔拙稿 2021a〕）にかけて展開した土師器堝の分布と形態的特徴について確認してみたい。

飛鳥時代

〈分布の特徴〉

6世紀末頃から7世紀後葉（沢東Ⅰ～Ⅱ）の堝は，駿河湾奥部を中心に，西駿河・志太の瀬戸川流域から伊豆半島西部の大田子にかけての駿河湾沿岸，そして伊豆半島北東部の初川流域に散在的に分布する（図2上段）。なかでも東駿河の浮島沼ラグーン周辺や北伊豆の大場川流域に一定量の堝が出土しており，両地域を経由して周辺へ拡散した状況を想定できる。特に浮島沼周辺の中原遺跡の出土量は突出しており，堝を用いた生業活動において同遺跡の集落がきわめて重要な役割を担っていたことが推察される。

〈形態の特徴〉

堝の形態をみると，口縁部断面形態に地域性がみとめられる。浮島沼周辺では断面三角形に肥厚する形態の東駿河系が主流であり，7世紀には肥厚の厚さで細分可能なものの（図3-1・2），中原遺跡ではすべて東駿河系で占められる。一方で，大場川や初川流域では断面が薄手でS字形となる形態の北伊豆系（図1-2，図3-3）が一定量存在するが，断面三角形の東駿河系も同一集落や地域内に近接して共存する傾向にある。

奈良・平安時代

〈分布の特徴〉

奈良時代から平安時代前期にほぼ相当する7世紀末から9世紀後葉（富士Ⅰ～Ⅵ）には，駿河湾奥部から北伊豆を中心に，遠州灘から伊豆諸島，相模湾までの太平洋沿岸部に広域的に分布するようになる（図2下段）。

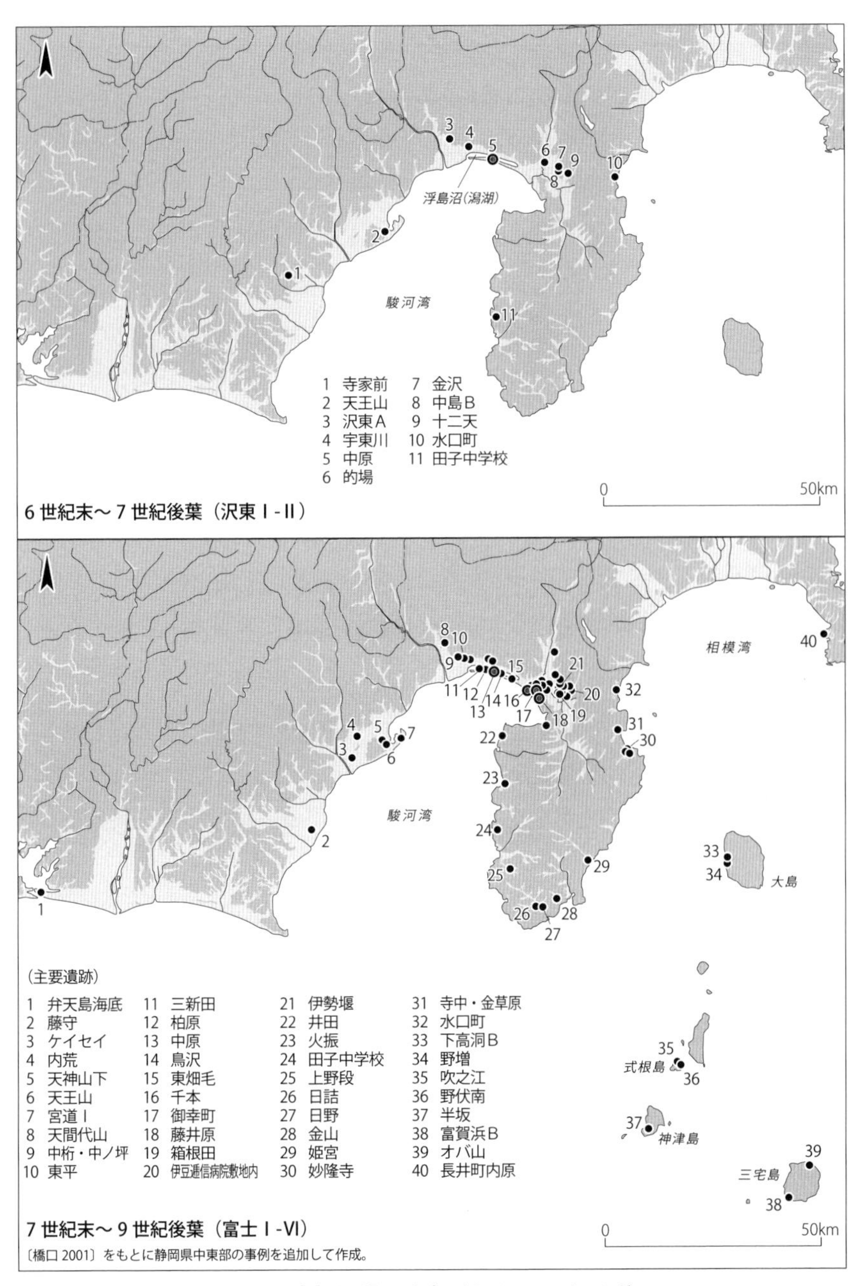

図2　土師器坩の分布（東駿河・北伊豆系）

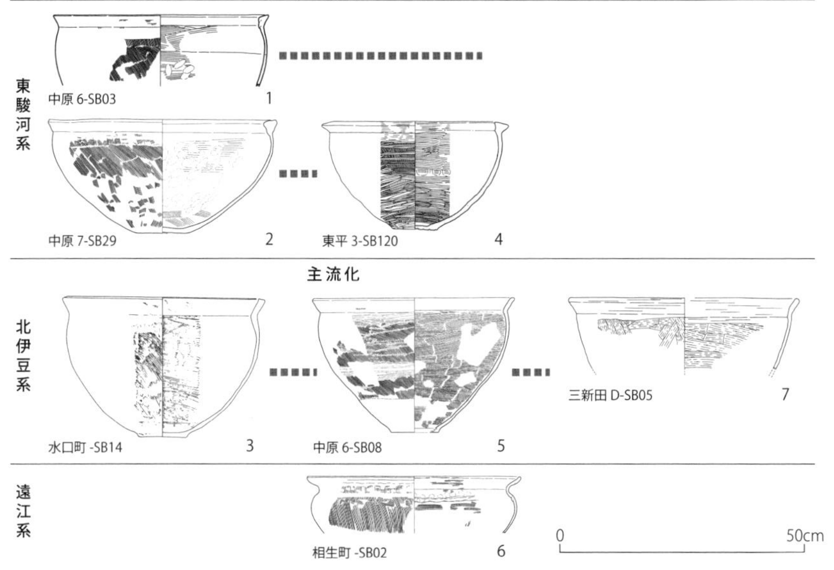

図３　土師器堝の系統と変遷

前代に引き続き，浮島沼周辺や大場川流域に分布が集中するが，特に狩野川河口域の藤井原遺跡・御幸町遺跡・千本遺跡は研究史でも注目されたとおり，集落自体が堝の生業の専業度が高いと評価できることから〔瀬川・小池 1990，仁藤 1996，本書第Ⅱ部第１章小崎論文〕，同地区が堝の広域拡散の基軸となった可能性は高い。

〈形態の特徴〉

堝の形態をみると，東駿河系（図 3-4）は８世紀前葉頃（富士Ⅰ）には一定数みられるものの，８世紀中・後葉（富士Ⅱ・Ⅲ）には大きく減少し，９世紀（富士Ⅳ以降）まで存続しない。一方，北伊豆系（図 3-5・7）は８世紀中葉（富士Ⅱ）以降に主流型式としての地位を確立するようであり，以後，口縁部の外反が緩やかな形態に変化しつつも，９世紀前葉から中葉（富士Ⅳ・Ⅴ）に出土量のピークを迎え，９世紀後葉頃（富士Ⅵ）まで存続する。

また，本稿では主たる分析対象としていないが，いわゆる水平口縁を有する遠江系堝も８世紀前葉から９世紀前半にかけて展開することが知られており〔鈴木・向坂 1998〕，当地域でも狩野川河口部の御幸町遺跡や相生町（あいおいちょう）遺跡（図

3-6）でわずかながらも類例を確認することができる。同系である遠江系の長胴甕を当地域で受容した主体的な時期が8世紀前・中葉（富士Ⅰ・Ⅱ）であることから，この堝も同時期の所産とみておきたい。

3　土師器堝の性格とその意義

飛鳥時代

〈拠点集落としての中原遺跡〉

6世紀末頃から7世紀代にかけて土師器堝の出土量が卓越する中原遺跡は，田子の浦砂丘（千本砂礫州）の浮島沼側に立地し，これまでに250棟以上の竪穴建物が調査されている（〔木村編 2016〕，図4）。当遺跡では地域最大級の70～80 m^2 台の超大型竪穴建物を含む建物群が展開するほか，倉や大型の屋，作業小屋とみられる掘立柱建物も7世紀後半には登場することから，東駿河でも非常に先進的な建物構成を採用した，上位階層に関わる建物群を含む新興の拠点集落とみてよい〔拙稿 2021b〕。

堝以外の遺物に注目すると，中原遺跡では漁具の鉄製釣針や大型の管状土錐が出土しており（図4），ラグーンを通じた臨海集落としての立地性も考慮するならば，集落の生業の一つとして漁業・水産加工業を想定することは十分に可能である。またそのほかの遺物に目を移せば，7世紀代には豊富な手工業関連遺物（砥石・紡錘車・ガラス小玉鋳型）や各種鉄製品（鉄鏃・刀装具・馬具），玉類などが注目できるほか，8世紀代には鍛冶具（鉄鉗）や鉄滓といった手工業関連遺物・銅製鉸具・分銅も出土しており，飛鳥・奈良時代にかけて駿河湾奥部における複合的手工業生産拠点として機能していたことがうかがえる。

したがって，飛鳥時代の中原遺跡では漁業・水産加工業に加え，全国的にもきわめて珍しいガラス小玉生産を筆頭に，鍛冶や製糸・布生産なども担う，複合的な手工業生産・水産加工拠点が成立していたとみてよい。

〈稚贄屯倉と浮島沼ラグーンの開発〉

中原遺跡に代表される浮島沼ラグーン周辺の集落を評価するうえで看過できないのが，稚贄屯倉の問題である。『日本書紀』安閑2年5月甲寅条にみえる稚贄屯倉は，浮島沼ラグーンの潮口（駿河湾に通じる部分）である現田子の浦

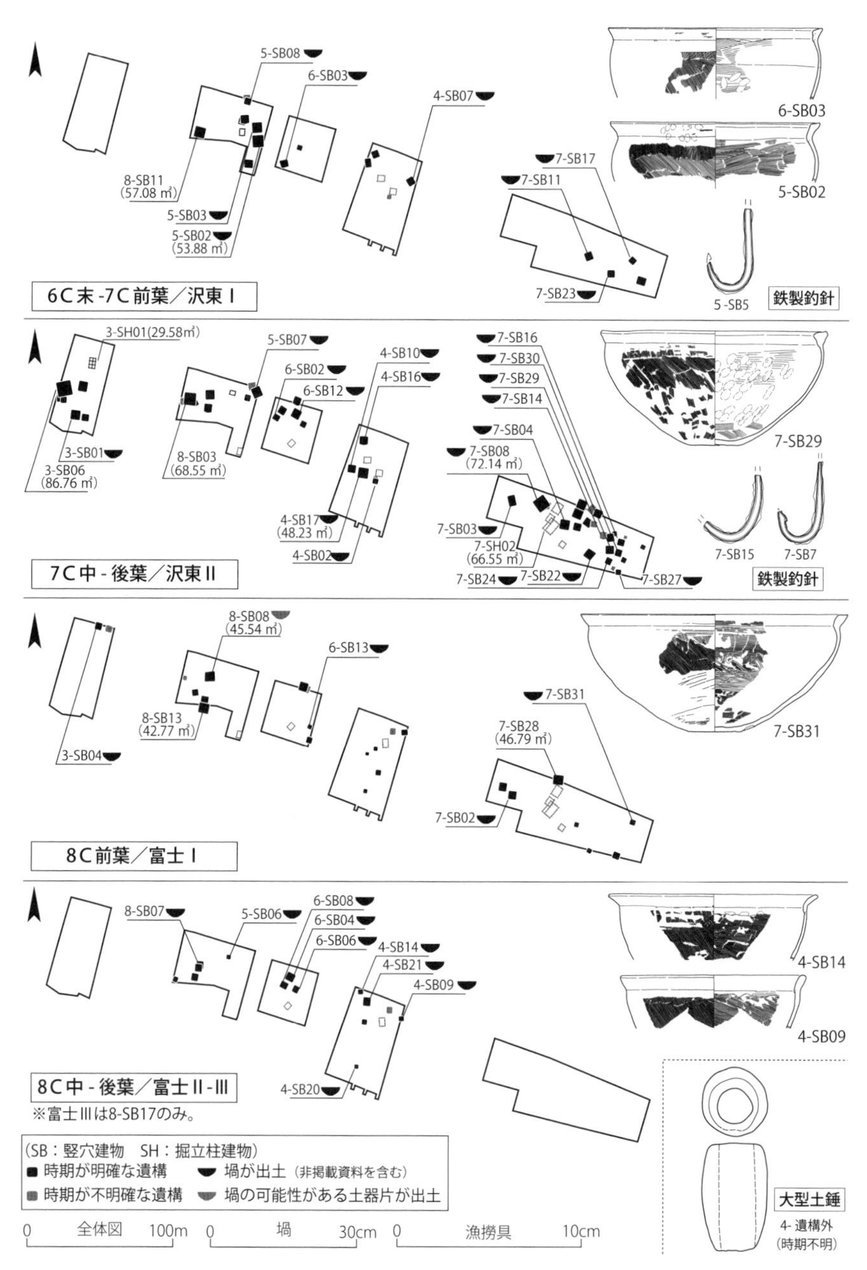

図4　中原遺跡の集落と水産加工関連遺物

港（沼川河口部）周辺に7世紀前半頃に設置された，上宮王家（聖徳太子の一族）への堅魚製品の貢納拠点とみる説が有力であり，漁撈具や水産加工具が集中する中原遺跡の特徴とよく合致する。

稚贄屯倉については，仁藤敦史氏が早くに「大王への大贄と対応し，有力な皇子（稚・ワカ）へ貢納物（贄・ニエ）を献上するために設定された屯倉」とし，「原初的なミツキ・ニエとして堅魚製品が（上宮王家へと）貢納された段階」に機能したことを推定したほか〔仁藤 1996〕，原秀三郎氏は壬生部や膳氏といった上宮王家との関わりが深い集団によって駿河・伊豆の聖徳太子領の調物である荒堅魚を集積した交通拠点（倉庫施設）と捉え，現在の田子の浦港東岸あたりに比定している〔原 2005〕。一方で，中原遺跡から浮島沼を隔てた愛鷹山南麓には，総数1,000基にのぼる大型群集墳である愛鷹山古墳群が7世紀を中心に営まれたほか，同古墳群や近接する伝法古墳群周辺などでは地域開発や手工業関連遺物・渡来系遺物・牛馬牧関連遺物も集中しており〔拙稿 2022ab・2023〕，中原遺跡に代表される浮島沼ラグーン周辺の一連の開発が，ミヤケの設置を契機とした「王領」化の産物〔中井・鈴木一編 2008〕として捉えられる蓋然性は非常に高い。

〈飛鳥時代の貢納体制〉

以上のように考えれば，中原遺跡における土師器坩の集中も，倭王権への海産物の貢納拠点整備の一環として捉えることが可能である。飛鳥時代の坩の分布からは，駿河湾奥部に設置されたミヤケを中心に，広義のスルガ（珠流河国造の領域）にほぼ相当する志太地域から，伊豆半島沿岸部にかけての各所の湾奥部やラグーンにおいて，土師器坩を用いた大小の漁撈・水産加工集落が組織され，海路を経由する原東海道によって王権中枢への貢納が実施されたことがうかがえる（図5）。

さらに，内陸部の大場川流域（田方平野）でも坩が顕著に出土することは，狩野川・大場川の水運や黄瀬川流域を経由した陸路で運ばれた駿河湾産海産物を加工する工程が，伊豆半島基部の交通の要衝かつ伝統的な集落域であった当地域でも実施されたことを示していると考えられる。また，田方平野は伊豆半島北東部の初川流域ともいわゆる熱函街道によって陸路で通じているので，必ずしも足柄峠を経由した古代東海道ルートを経ずとも，初川河口部まで出れ

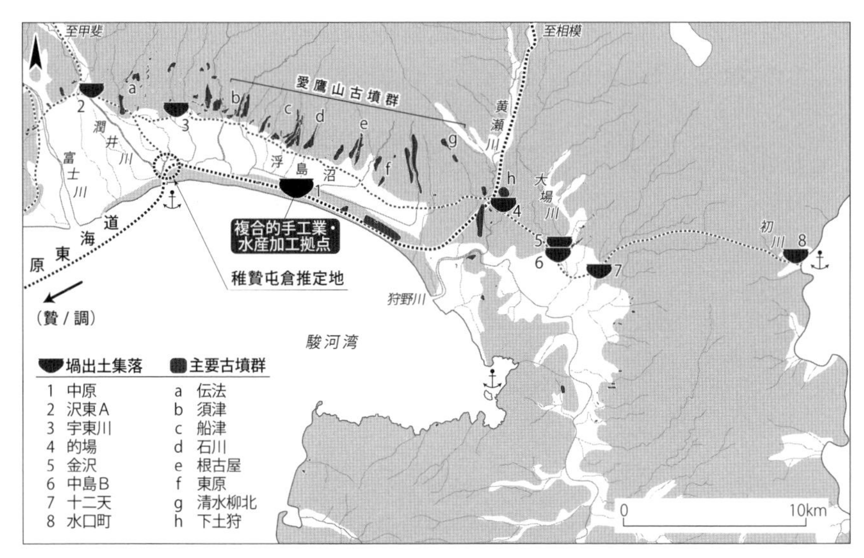

図5　稚贄屯倉周辺の景観と堝出土集落（飛鳥時代）

ば，関東方面への海路にも比較的スムーズに接続する。駿河湾奥部・伊豆半島基部・伊豆半島北東部を結ぶ3地域は，飛鳥時代の倭王権を支えた貢納体制のみならず，倭王権の東国経営上も要衝を形成していたのである。

一方で，堝の形態に東駿河系と北伊豆系の2種がみられる点からは，地域にすでに根ざしていた水産加工技術や伝統に依拠する形で初期の貢納体制が実装された可能性を想起させる。特に北伊豆系の形態は，古墳時代前・中期を中心に在地で使用された台付大型堝（鉢）に通じる部分が多く〔瀬川 1980〕，在地集団の知識や技術を巧みに取り込みつつ，王権のテコ入れによって生業規模の拡大や組織化・合理化などが進められたことが推察されよう。

奈良・平安時代

〈官衙付属水産加工拠点の成立〉

8世紀代に堝の分布が集中する狩野川河口部一帯は，駿河国駿河郡家（ぐうけ）の比定地である上ノ段（うえのだん）遺跡や下石田原田（しもいしだはらだ）遺跡，日吉廃寺（ひよしはいじ）に近接するほか，狩野川から陸路や大場川水運を経由すれば伊豆国府へのアクセスも容易な立地にある。同地区に8世紀から本格的に展開した藤井原遺跡と御幸町遺跡，やや遅れて9世

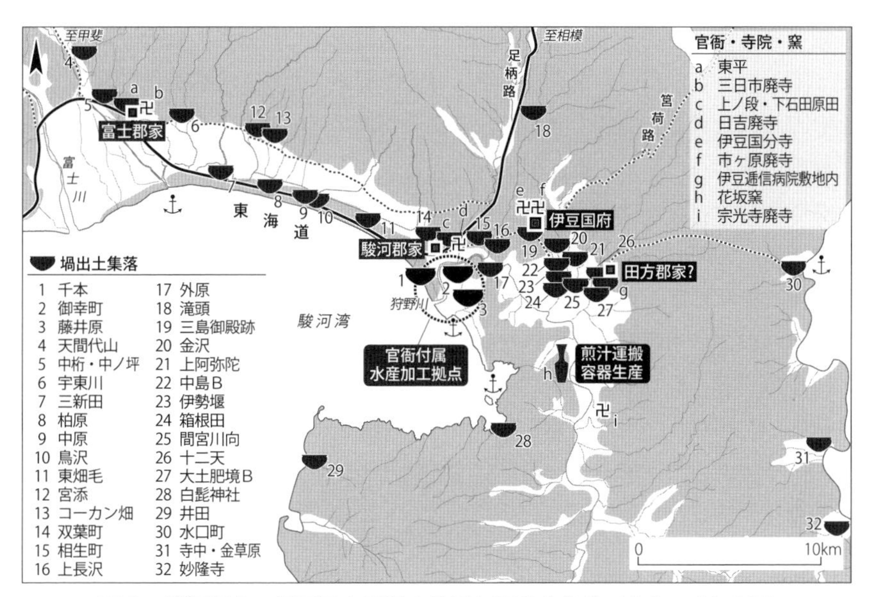

図６　駿河郡家・伊豆国府周辺の景観と堝出土集落（奈良・平安時代）

紀以降に隆盛した千本遺跡の各集落は，７世紀代の中原遺跡と同様に，集落内における堝の出土量がほかの遺跡よりも非常に多いことから，高度に専業化された水産加工拠点であったことがうかがえる。前代よりも堝自体の出土集落が格段に増加・広域化しているなかでもこの３遺跡の隔絶性が高いことを勘案すれば，研究史でも示されたとおり，伊豆国府や駿河郡家が直接経営した大規模な水産加工拠点が存在したとみてよいだろう（図6）。

〈飛鳥時代の貢納体制からの継承〉

また前代の分布と比較すると，飛鳥時代に重要な役割を担っていた東駿河の浮島沼ラグーン周辺（特に田子の浦・千本砂礫州）や北伊豆の大場川流域（田方平野）は，奈良・平安時代においても堝の出土する集落が顕著に増加している点が看取できる。このことは，飛鳥時代の水産加工拠点やそこで培われたノウハウが奈良時代になって解体・再構築されたわけではなく，飛鳥時代の拠点を基礎として，奈良時代に生産集落が周囲に増殖していった状況を示しているとみられる。狩野川河口部へと新たに設置された官衙付属の水産加工拠点についても，奈良時代の御幸町遺跡で東駿河系・北伊豆系双方の堝が入り交じることに着目すれば，前代までに浮島沼周辺や大場川流域で培われた技術や職人を動員する形で，より都への貢納に生産・流通面で適した新天地で新たに起ち上げられたられたものと評価できる。遠江系堝が御幸町遺跡や近接する相生町遺跡で確認できる点からは，遠江国出身の人材も何らかの形で水産加工拠点での生産に参画していた可能性もある。

〈平安時代の画期〉

9世紀前葉までに堝の形態が北伊豆系に統一されたことと前後するように，狩野川河口部の水産加工拠点のなかで千本遺跡の集落が台頭を開始する。また田方平野南部の花坂窯（はなさかよう）において堅魚煎汁（かつおいろり）運搬用の容器とみられる壺G〔本書第Ⅱ部第5章森川論文・同第6章小田論文〕が生産されたのも9世紀前葉から中葉頃のことであり，平安時代前期に駿河・伊豆の堅魚製品の生産・流通体制に大きな変化があったとみてよい。

おわりに

本稿では，飛鳥時代から平安時代前期にかけて駿河・伊豆地方に展開した土師器堝の分布と編年観について整理し，その意義を検討した。

まず，土師器堝の出現時期については，6世紀末から7世紀初頭頃には東駿河の浮島沼ラグーン周辺を中心として，西駿河の瀬戸川流域から西伊豆の大田子にかけての沿岸部に出現することを確認し，共伴する漁撈具や集落立地から，出土する集落の生業として漁撈や水産加工を想定可能である点を追認した。そして，『日本書紀』にみえる稚贄屯倉の記事に関する文献史学的研究のほか，愛鷹山古墳群や中原遺跡を取り巻く近年の考古学的知見から，飛鳥時代の堝の展開がミヤケを中心とした倭王権への海産物の貢納拠点整備の一環として捉えられることを指摘した。

8・9世紀には駿河湾奥部から北伊豆を中心に分布や出土量が拡大するほか，遠州灘沿岸や伊豆諸島，三浦半島などの遠隔地にも拡散する状況を追認し，狩野川河口部へと奈良時代に新たに設置された官衙付属の水産加工拠点を中心に，奈良時代から平安時代前期を通じて堅魚製品の貢納体制が変革を挟みながらも拡充していったことを確認した。さらにその発展の基盤として，飛鳥時代以来の地域的・技術的蓄積が継承されていた点を指摘した。

本稿は，土師器堝の分布状況と系統分類によってその展開の概要を示したにすぎず，各水産加工拠点集落における生産体制の実態やその推移の整理，地域性の抽出など，いまだ数多くの課題が残されている状況にある。また，奈良時代後半に壺Gを生産した西駿河の助宗窯（すけむねよう）周辺において，意外なことに堝の出土例が少ない点も，駿河国単位で生産・流通体制が分業的に組織された可能性を想起させ，興味は尽きない。今後は遠江や相模の堝や類似器種との比較も並行しておこないつつ，古代駿河・伊豆国における水産加工製品の貢納体制のさらなる実態へと迫っていきたい。

参考文献

木村聡編 2016『中原遺跡発掘調査報告書』沼津市教育委員会
柴垣勇夫 2005「古代集落と官衙遺跡の展開」『沼津市史　通史編　原始・古代・中世』沼津市
庄田慎矢・オリヴァー＝クレイグ 2017「土器残存脂質分析の成果と日本考古学への応用可能性」『日本考古学』43
鈴木敏則・向坂鋼二 1998『梶子北遺跡　遺物編』浜松市文化協会
鈴木敏中 2004「古墳時代から奈良・平安時代の土器編年」『三島市埋蔵文化財発掘調査報告Ⅸ』三島市教育委員会
瀬川裕市郎 1980「藤井原の大鉢―律令時代堝形土器の変遷―」『沼津市歴史民俗資料館紀要』4
瀬川裕市郎・小池裕子 1990「煮堅魚と堝形土器・覚え書き」『沼津市博物館紀要』14
瀬川裕市郎 1991「煮堅魚と堝形土器・覚え書き　2」『沼津市博物館紀要』15
中井正幸・鈴木一有編 2008『東海の古墳風景』季刊考古学・別冊16
仁藤敦史 1996「駿河・伊豆の堅魚貢進」静岡県地域史研究会編『東海道交通史の研究』清文堂出版
橋口尚武 1987「伊豆諸島からみた律令体制の地域的展開」『考古学研究』33-4
橋口尚武 2001「律令体制の地域的展開―伊豆諸島の堅魚節生産と平城京―」『黒潮の考古学』（ものが語る歴史シリーズ⑤）同成社
原秀三郎 2005「王領の設置と壬生部・膳部」『沼津市史　通史編　原始・古代・中世』沼津市

藤村翔 2021a「駿河国富士郡における土師器の変遷—飛鳥時代から平安時代前半期を対象に—」『向坂鋼二先生米寿記念論集—地域と考古学Ⅱ』向坂鋼二先生米寿記念論集刊行会

藤村翔 2021b「駿河国富士郡域周辺における古代集落の構造と変遷」『古代集落の構造と変遷 1』第 24 回古代官衙・集落研究会報告書，奈良文化財研究所

藤村翔 2022a「愛鷹山古墳群の被葬者集団とその生産基盤—駿河東部地域の大型群集墳—」藤村編『須津 千人塚古墳』富士市教育委員会

藤村翔 2022b「古墳・飛鳥時代における富士山南麓の開発と環富士山ネットワークの形成」『富士学研究』17-2

藤村翔 2023「駿河・伊豆地域における古墳造営と地域開発—6・7 世紀を中心に—」『古墳造営と地域開発　発表要旨』第 4 回考古学研究会合同例会・第 61 回東京例会，考古学研究会東京例会

※遺物実測図は各報告書より転載した。

付記：本稿執筆に際し，古瀬岳洋氏には文献探索に際してご尽力いただいたほか，小田裕樹・大嶽知之・木村聡・小崎晋・近藤史昭・栗木崇・佐藤祐樹・庄田慎矢・滝沢誠・馬場基・松田恵一・三舟隆之・村上夏希・森川実の各氏からはシンポジウム前後や資料調査などを通じて，多大なるご教示やご協力を賜りました。末筆ではありますが，記して深謝いたします。

3　古代におけるカツオ漁の再検討

――駿河湾沿岸からの視点――

山　崎　　健

はじめに

海鳥を手掛かりに，大海原を高速で泳ぐカツオの群れを追いかける漁船。魚群を発見すると，撒き餌としてカタクチイワシを投げ入れ，船に並んだ漁師たちが釣竿一本でつぎつぎとカツオを釣り上げる。「かえし」のない擬餌針を使うため，カツオは釣針から簡単に外れて高く飛び交う――。

カツオ漁といえば，沖合での豪快な一本釣りが思い浮かぶ。近年，古墳時代や古代の研究では，カツオなど外洋性の回遊魚を追う漁撈集団が黒潮に乗って広域を移動し，伝播の担い手になっていたとして注目されている。

しかし，古墳時代や古代のカツオ漁に関する議論のなかで，堅魚製品の重要な生産地であった駿河湾沿岸がほとんど登場していない。そこで本稿では，駿河湾沿岸から古代のカツオ漁を再検討してみたい。

1　古代におけるカツオ利用の研究史

荷札木簡や堝形土器からみたカツオ利用

カツオは，アワビやワカメ，塩とともに神饌に供される海産物として重視されていた〔渋沢 1992a・b〕。律令国家における班幣制度や官人給食体制の整備により，古代には保存可能な堅魚製品への需要が非常に高まったと考えられる〔仁藤 1996〕。

こうしたカツオの膨大な消費に対応したのが，駿河国や伊豆国であった。平城宮・京などの古代都城からは堅魚製品の荷札木簡が数多く出土するが，その貢進地域は駿河・伊豆両国に極端に偏る〔仁藤 1996，鬼頭 2000，亀谷 2011〕。

また，堅魚製品を加工するための煮沸具と考えられる堝形土器も駿河・伊豆両国を中心に出土している〔瀬川 1980，橋口 1987〕。

骨角製釣針からみたカツオ利用

古墳時代中期～古代にかけて，紀伊半島や志摩半島・伊豆半島・三浦半島・房総半島を中心として，「角釣針」と呼ばれる複合釣針が出土する〔中村 1993，猪熊 2007〕。骨角製の軸部に，鹿角製や鉄製の鉤部を挿入した組み合わせ式の釣針で，文献史料や民俗事例からカツオ用の擬餌針と指摘されている〔中村 1993〕。図1は，明治時代に伊豆国下田で使用されたカツオ用の擬餌針である。鹿角の軸にフグの皮を貼り付け，真鍮製の釣針を挿入している。

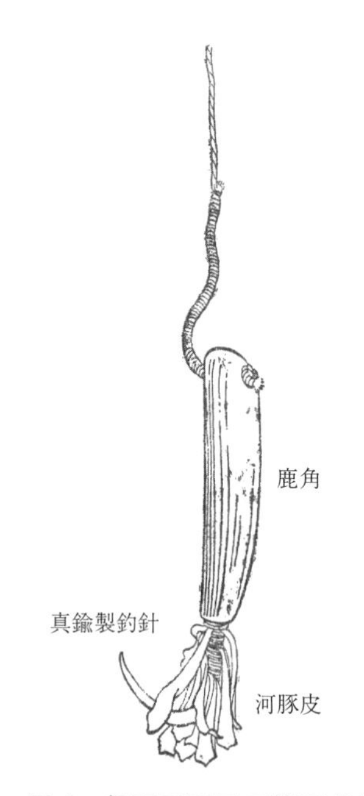

図1　伊豆国下田で使用されたカツオ用の擬餌針
〔農商務省水産局 1983より作成〕

高橋氏の由来を記した『高橋氏文』には，カツオ釣りに関するつぎのような伝承が残されている。高橋氏の祖先である磐鹿六鴈命が，泳ぐ魚の群れのなかに角弭の弓を差し当てたところ，あっという間にたくさんの魚を捕ることができた。そこで，その魚を名づけて「頑魚」と呼んだ。これを今のことばで「かつお」という（今，角を釣針の柄にして作ってカツオを釣るのは，これに由来するのである）〔上代文献を読む会 2006〕。

実際に，この複合釣針とともにカツオが集中的に出土した遺跡が見つかっている（図2・3）。房総半島南端にある千葉県の沢辺遺跡では，6世紀後葉～10世紀の竪穴建物が数多く検出され，複合釣針の鹿角製軸部とともに，6世紀後葉～7世紀前葉の動物遺存体が出土した〔神野編 2003，笹生 2012〕。カツオが多い一方で，同じ生態の外洋性大型回遊魚（マグロ属，ソウダガツオ属，ブリ属）がきわめて少ないため，カツオを目的とした選択性の高い釣漁が想定される〔樋泉 2003〕。また，三浦半島西岸先端に所在する神奈川県の浜諸磯遺跡で

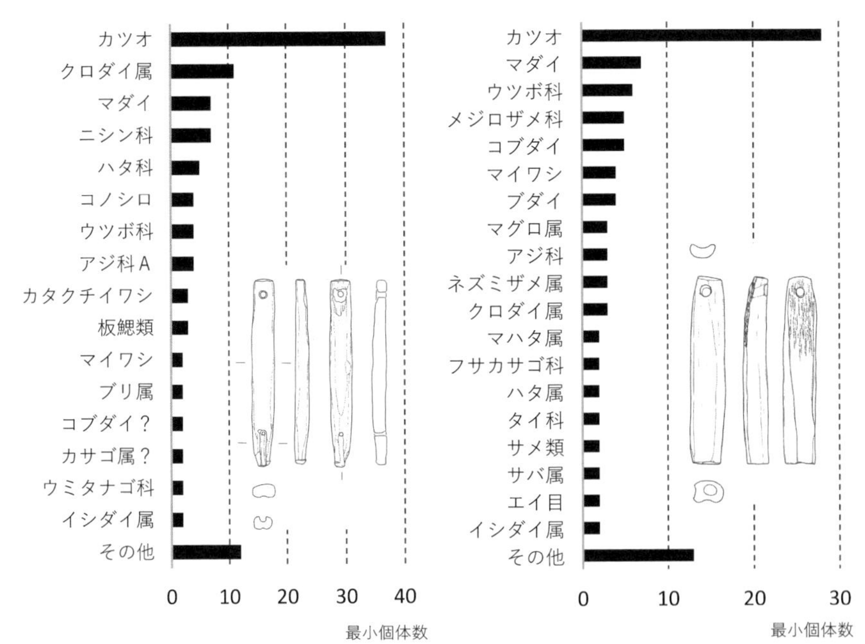

図２　千葉県沢辺遺跡の魚類組成（6C 後葉〜7C 前葉）**と骨角製釣針**〔神野編 2003〕

図３　神奈川県浜諸磯遺跡の魚類組成（7C 後半〜8C 中葉）**と骨角製釣針**〔岡本ほか編 1991，諸橋編 1998〕

は，7 世紀後半〜10 世紀前半に集落が営まれ，複合釣針の骨角製軸部とともに，7 世紀後半〜8 世紀中葉の動物遺存体が多く出土した〔岡本ほか編 1991，諸橋編 1998〕。沢辺遺跡と同様に，カツオがもっとも多く，外洋の表層に生息するほかの魚種は少ない〔釼持 1991，久保 1999a〕。

このように，骨角製の複合釣針がカツオなどを対象とした擬餌針と類似し，カツオが集中的に出土した遺跡からも見つかっていることから，黒潮に乗って回遊するカツオなどの外洋性回遊魚を追う移動性の高い海人集団の存在が指摘されてきた〔久保 1999b，冨加見 2012・2013〕。

古代におけるカツオ研究の一致と不一致

以上をまとめると，荷札木簡や堝形土器，骨角製釣針の研究は，ともに古墳時代後期〜古代に本州太平洋側でカツオ利用が活発化したことを指摘し，その背景に国家的な統制を想定することが一致している。

しかし，本州太平洋側における各資料の分布地域は必ずしも一致してはいない。荷札木簡や堝形土器が駿河湾沿岸や伊豆諸島を中心として分布するのに対し（図4），骨角製釣針は駿河湾沿岸ではなく，紀伊半島・志摩半島・伊豆半島・三浦半島・房総半島といった半島の先端部に集中する（図5）。

荷札木簡や堝形土器の研究からみると，骨角製釣針によるカツオ研究は「外洋のカツオ漁」であり，駿河湾沿岸における「沿岸のカツオ漁」がほとんど議論されていないことに気づかされる。

骨角製釣針がカツオの獲得段階，荷札木簡や堝形土器がカツオの加工段階を示しているならば，カツオの獲得と加工の場は異なっていた可能性が生じてくる。駿河湾沿岸で集中的に生産された堅魚製品の原料となったカツオが，①外洋で漁獲したカツオを運搬してきたのか，あるいは②沿岸でも多くのカツオを漁獲することができたのか，という問題は古代のカツオ利用を考えるうえで非常に重要な論点となる。

2　駿河湾沿岸におけるカツオ漁の検討

カツオの生態と分布

カツオは，インド・太平洋を中心として温帯～熱帯海域の表面水温 18℃ 以上の水域に広く分布し，沿岸～沖合の表層で群れをなして遊泳する。日本近海では主に南日本に分布するが，索餌（さくじ）のために，北海道以南の太平洋側各地や九州西岸へ季節的に来遊する〔川崎 1965，落合・田中 1998〕。

水深の浅い湾では，カツオは湾内まで来遊してこない。明治時代の『東京湾漁場調査』〔農商務省水産局 1898・1900・1901〕には，カツオの餌となるマイワシ（いわし）やカタクチイワシ（ひしこ）が「内湾マデ来遊スルモノ」であるのに対し，カツオ（かつを）は「内湾ニ来遊セザルモノ」に分類されている。カツオは，「明金崎（みようがねざき）ヨリ浮ヶ島附近又ハ下浦，館山湾内水深十五六尋（ひろ）ノ所迄来游スルコトアリ」と記され，東京湾口部の水深約 27～29 m までしか入ってきていないことがわかる。東京湾の平均水深は約 17 m で，湾奥から湾口にむかって海底が傾斜しており，湾口部の水深は 70 m に達する〔松本 1985〕。東京

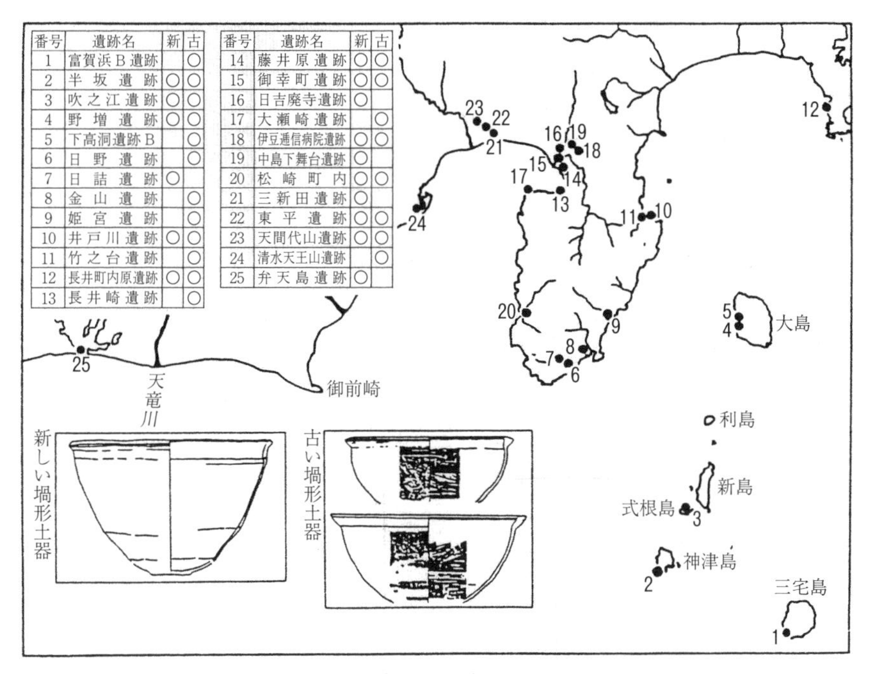

番号	遺跡名	新	古
1	富賀浜Ｂ遺跡		○
2	半坂遺跡	○	○
3	吹之江遺跡	○	○
4	野増遺跡	○	○
5	下高洞遺跡Ｂ		○
6	日野遺跡		○
7	日詰遺跡	○	
8	金山遺跡		○
9	姫宮遺跡		○
10	井戸川遺跡	○	○
11	竹之台遺跡		○
12	長井町内原遺跡	○	○
13	長井崎遺跡		○
14	藤井原遺跡	○	○
15	御幸町遺跡	○	○
16	日吉廃寺遺跡	○	
17	大瀬崎遺跡		○
18	伊豆逓信病院遺跡	○	○
19	中島下舞台遺跡	○	
20	松崎町内	○	○
21	三新田遺跡	○	
22	東平遺跡	○	○
23	天間代山遺跡	○	○
24	清水天王山遺跡		○
25	弁天島遺跡	○	

図４　坩形土器の分布〔橋口 1991〕

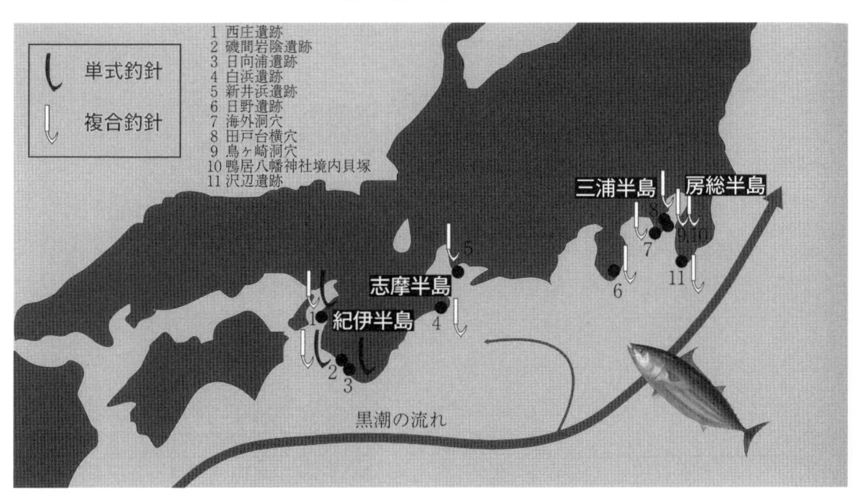

図５　骨角製釣針の分布〔和歌山県立紀伊風土記の丘編 2018〕

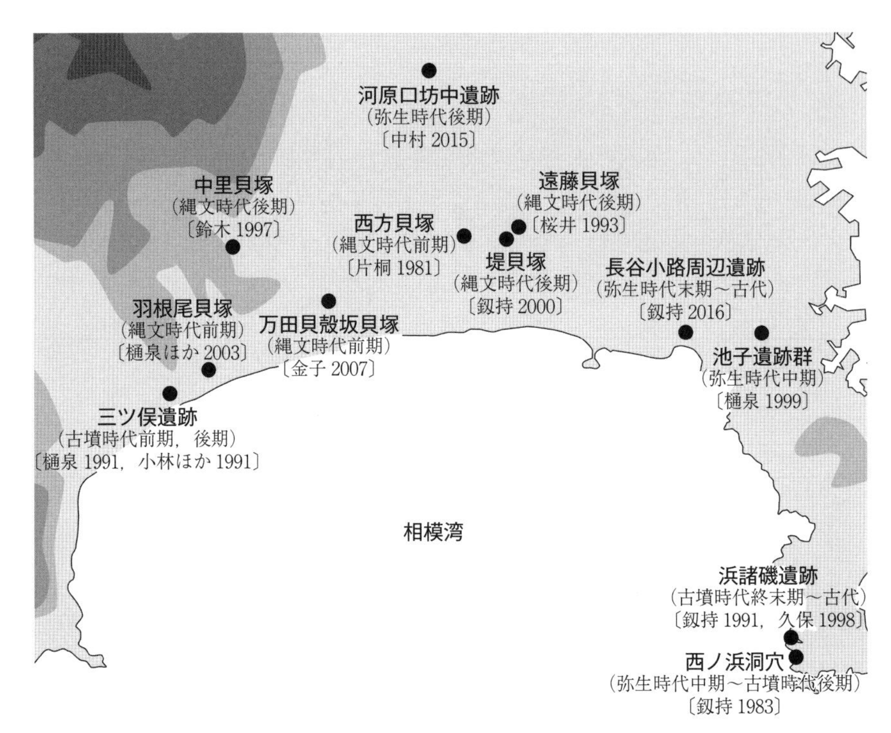

図６　相模湾沿岸におけるカツオの出土遺跡

湾は水深が浅いために，餌となるイワシが湾内に入ってきたとしても，カツオは追ってこなかったと考えられる。

カツオの分布には水深が影響すると推測されることから，水深の深い湾であれば，カツオは岸近くにまで寄ってくる可能性が生じてくる。それが深海湾と呼ばれる相模湾や駿河湾である。伊豆半島を挟む２つの湾は，大部分が 200m より深く，最深部の水深は約 1,500m 以上になる〔茂木 1977〕。そこで，相模湾や駿河湾におけるカツオ漁を検討してみたい。

漁船動力化前のカツオ漁

相模湾では，明治頃まで沿岸付近にカツオの群れが押し寄せることがあり，海岸の岩場からカツオを釣ることもあったという〔田辺 1975〕。実際に，縄文時代～古代にかけて相模湾沿岸の多数の遺跡からカツオが出土しており（図

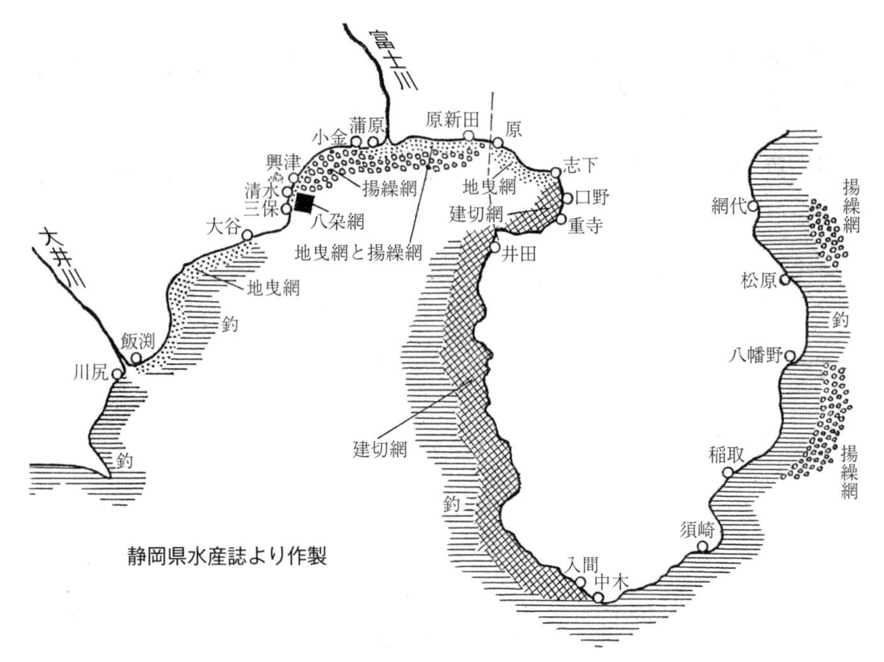

図７　明治時代における駿河湾沿岸のカツオ漁〔伊豆川 1958〕

6)，相模湾沿岸までカツオが回遊していた可能性が高い。

明治時代中期の駿河湾においても，海底が砂地で平坦な駿河湾奥部で地曳網，リアス式海岸が続く駿河湾東岸で建切網(たてきりあみ)が発達しており，当時は回遊するカツオの群れが駿河湾沿岸に接岸していたことがわかる（図7）〔静岡県漁業組合取締所編 1984〕。遺跡出土資料では，鹿角製の複合釣針とカツオの骨が出土したことで知られる伊豆諸島先端の日野遺跡（古墳時代中期）だけではなく，駿河湾沿岸の長崎遺跡（弥生時代後期）や宮之腰遺跡（古墳時代中期）からもカツオの骨が出土している（図8）。

漁船動力化後のカツオ漁

明治時代末頃に動力漁船が導入されると，カツオ漁の漁場は沿岸から沖合・遠洋へと移った〔山口 1957，二野瓶 1999〕。カツオは経済性が高い魚であるため，沿岸まで回遊してくるのを待つのではなく，ほかの村やほかの船に先駆け

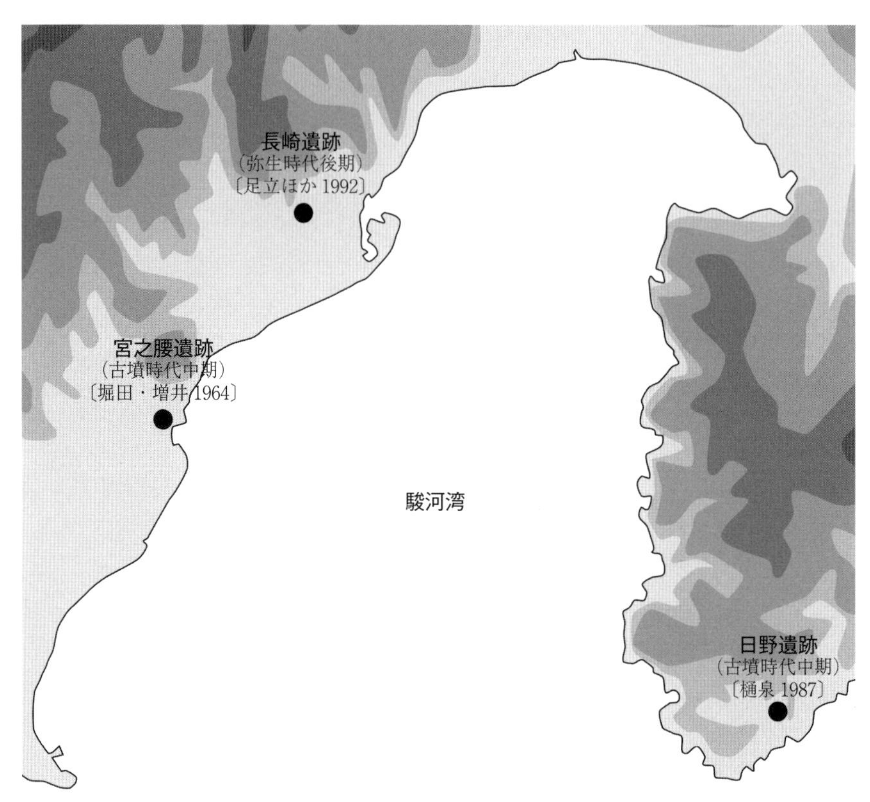

図８　駿河湾沿岸におけるカツオの出土遺跡

てより早く，より多く漁獲するために，積極的に魚群を沖合へ求めるようになった〔田辺 1975〕。漁船の動力化によって，カツオ漁業は沖合漁業として発展し，駿河湾沿岸におけるカツオの網漁は衰退していく。

古代における駿河湾沿岸のカツオ漁

骨角製釣針の研究で言及されてきた「沖合で魚群を追う攻めのカツオ漁」は，漁船動力化後の近現代的なカツオ漁のイメージに大きく影響を受けていると思われる。現在ではほとんどみられないが，水深の深い駿河湾ではカツオが湾奥部まで来遊しており，古代には沿岸でカツオを漁獲できた可能性が高い。つまり，駿河国や伊豆国で大量の堅魚製品を生産する際に，沖合まで出漁する必要も，伊豆半島先端や伊豆諸島からカツオを運んでくる必要もなかったと考えられる。

3　カツオの骨から議論できること

駿河湾沿岸以外のカツオ漁

律令国家成立に伴う宮都の需要に対応して，駿河国や伊豆国では大量の堅魚製品が生産されていた。ここまで駿河湾沿岸におけるカツオ漁を検討してきたが，研究史で触れたように駿河湾沿岸以外でも盛んにカツオ漁をしていた集落がある。

前述した千葉県の沢辺遺跡では，6世紀後葉～7世紀前葉にカツオを対象とした選択性の高い釣漁をしており，令制以前におけるカツオ漁の実態がうかがえる。出土したカツオの歯骨を計測して，堤俊夫氏らの推定式〔堤ほか 1982〕から算出すると，体長（尾叉長）が約45～55 cmと推定される個体が多い。

また、神奈川県の浜諸磯遺跡でも7世紀後半～8世紀中葉にカツオが集中的に出土し，自家消費ではなく，供給のためのカツオ漁であったことが示唆される。推定体長（尾叉長）は約50～55 cmの個体が多く，カツオの椎骨（ついこつ）に刃物で身をおろした際に付いたと考えられる痕跡が認められた〔久保 1999a〕。相模国からは堅魚製品の荷札木簡が出土していないことから，中央への貢進ではなく，在地で煮堅魚（にかたうお）や荒堅魚（あらかつお）のような切り身が流通していた可能性を指摘できる。

内陸部からもカツオの骨が出土している。武蔵国の幡羅郡家（はらぐうけ）である埼玉県幡羅遺跡では，館の廃棄土坑から7世紀後半～8世紀前半の動物遺存体が見つかり，ハマグリやアカニシといった海産貝類・コイ科やギギ科・アユなどの淡水魚類とともに，ニシン科・タイ科・アジ科・サバ属・カツオ・スズキ属・サヨリ科といった多様な海産魚類も含まれていた〔阿部・江田 2009〕。カツオは，頭部（前上顎骨・主上顎骨）と胴部（尾椎）の骨がともに出土している。

古代におけるカツオ利用のモデル

古代の遺跡からは，カツオ利用に関わるさまざまな遺物が見つかっている。今後の議論の深化に資することを目的として，文字資料にある堅魚製品ごと

表　古代におけるカツオ利用のモデル

堅魚製品	カツオの形状	生　産　地	消　費　地
荒堅魚・煮堅魚	切り身	・堝形土器 ・頭部と胴部の骨	・荷札木簡
堅魚煎汁	液体～半固形	・壺G ・頭部と胴部の骨	・壺G ・荷札木簡
生堅魚？	全身（一尾丸ごと）	—	・荷札木簡 ・頭部と胴部の骨

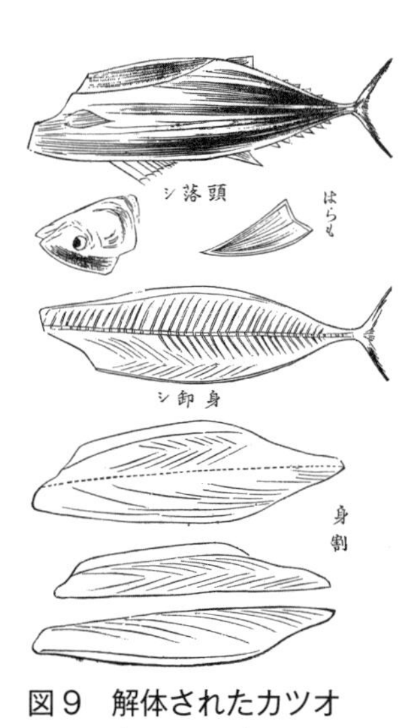

図9　解体されたカツオ
〔石田 1910〕

図10　奈良県西橘遺跡から出土したカツオの骨
〔山崎 2024〕

に，生産地と消費地でどのような遺物が出土する可能性があるのかをまとめてみたい（表）。

「荒堅魚」や「煮堅魚」は，加工方法や製作工程に関して議論があるものの，長期保存が可能となるように切り身を加工したものと考えられる〔橋口 1987，岡本 1989，瀬川・小池 1990，瀬川 1993・1997，三舟・中村 2019〕。生産地にはカツオを煮るための堝形土器，消費地には堅魚製品に付けられた荷札木簡の出土が想定される。骨に着目すると，荒堅魚や煮堅魚を生産する際にカツオの頭を切り落として，身をおろす作業が実施されることから，生産地ではカツオの頭部と胴部の骨が捨てられる。加工された切り身だけが運搬されれば，消費地へカツオの骨が運ばれることはない。

「堅魚煎汁（かつおいろり）」は，カツオの煮汁を煮詰めたものと考えられる〔瀬川 1997，三舟・中村 2019〕。壺Gが堅魚煎汁の容器であれば〔巽 1991〕，生産地や消費地には壺Gの出土が想定される。くわえて，堅魚煎汁に付けられた荷札木簡が消費地から見つかる可能性がある。骨に着目すると，生産地にカツオの頭部や胴部の骨が捨てられ，カツオの煮汁だけが運搬されれば，消費地へ骨が運ばれることはない。

このように，「荒堅魚」「煮堅魚」「堅魚煎汁」といった堅魚製品は，生産地でカツオをさばいて加工するため，消費地にカツオの骨が運ばれる可能性は低い。しかし，埼玉県の幡羅遺跡からはカツオの頭部や胴部の骨が出土しており，頭部を含むカツオの全身が内陸部まで運ばれていた。ここで注目されるのは，藤原宮跡（奈良国立文化財研究所『藤原宮木簡』3-1259）や平城宮跡（奈良国立文化財研究所『平城宮木簡』1-354）から見つかっている「生堅魚」と書かれた木簡で，近国から貢進された可能性が指摘されている〔樋口 1989，竹内 2006，三舟・中村 2019〕。奈良県の西橘遺跡からは7世紀後半のカツオの尾椎が出土しており，保存の効く堅魚製品とは異なる骨付きのカツオが大和盆地へ運ばれていたことが明らかになっている〔山崎 2024〕。

おわりに

カツオが岸近くまで寄ってくる地域は少ないため，カツオの漁法は主に釣漁である〔農商務省水産局 1983〕。ただし，駿河湾沿岸は，カツオが接岸する数少ない地域の一つであり，釣漁とともに網漁も盛んにおこなわれていた。

明治末頃の漁船動力化によって，カツオ漁業は沿岸漁業から沖合漁業へと発展していく。私たちのイメージする 「沖合で魚群を追う攻めのカツオ漁」は，近現代のカツオ漁に大きく影響を受けた可能性が高く，過去のカツオ漁へ単純に投影させることはできない。近世における内浦湾沿岸（駿河湾北東最奥部）の漁業を研究する高橋美貴は，湾内に回遊してきたカツオ・マグロ・ソウダガツオなどの魚群を対象とする建切網漁を「典型的な「待ち」の漁業」と表現する〔高橋 2018〕。

神に供えられる神饌品目として重要な魚であったカツオとサケの貢納国は，地域的な補完関係にある〔馬場 2021〕。河川を群れで遡上してくるサケも，（深い湾では）沿岸近くまで群れで回遊してくるカツオも，毎年決まった時期に安定的な供給量を見込める水産資源という共通点が認められる。

参考文献

足立順司・矢田勝・落合高志・佐藤達雄 1992『長崎遺跡Ⅱ（遺構編）本文編』静岡県埋蔵文化財調査研究所調査報告 39，静岡県埋蔵文化財調査研究所

阿部常樹・江田真毅 2009「幡羅遺跡出土の動物遺体」『幡羅遺跡Ⅳ』埼玉県深谷市埋蔵文化財発掘調査報告書 104

石田鉄郎 1910『改訂水産製造論　全』国光印刷

伊豆川淺吉 1958『日本鰹漁業史』日本常民文化研究所

猪熊樹人 2007「複合釣針の変遷について」『古墳時代の海人集団を再検討する―「海の生産用具」から 20 年―』第 56 回埋蔵文化財研究集会発表要旨集，埋蔵文化財研究会・第 56 回埋蔵文化財研究集会

岡本勇・中村勉・諸橋千鶴子編 1991『浜諸磯遺跡』三浦市埋蔵文化財調査報告書 1，三浦市教育委員会

岡本範之 1989「律令期における煮堅魚生産の沿革―駿河国を中心として―」『山梨考古学論集Ⅱ―山梨県考古学協会 10 周年記念論文集―』山梨県考古学協会

落合明・田中克 1998「カツオ類」『新版魚類学（下）』改訂版，恒星社厚生閣

片桐一子 1981「自然遺物」『茅ヶ崎の遺跡』茅ヶ崎市文化財資料集 8（初出 1964）

金子浩昌 2007「動物遺体」『万田貝殻坂貝塚（万田遺跡第 9 地点）発掘調査報告書』平塚市

亀谷弘明 2011「駿河国・伊豆国の荷札木簡と堅魚貢納」『古代木簡と地域社会の研究』校倉書房（初出 1997）

川崎健 1965『カツオの生態と資源―分類および分布，生態論―』Ⅰ・Ⅱ，水産研究叢書 8-1・2，日本水産資源保護協会

鬼頭清明 2000「都城出土の木簡が語る古代の東国」『古代木簡と都城の研究』塙書房（初出 1993）

釼持輝久 1983「自然遺物」『三浦市西ノ浜洞穴』神奈川県土木部・西ノ浜海蝕洞穴発掘調査団

釼持輝久 1991「動物遺存体」『浜諸磯遺跡』三浦市埋蔵文化財調査報告書 1，三浦市教育委員会

釼持輝久 2000「堤（西）貝塚出土の脊椎動物遺体」『堤貝塚』茅ヶ崎市文化財資料集 13，茅ヶ崎市教育委員会

釼持輝久 2016「長谷小路周辺遺跡出土の脊椎動物遺体」『長谷小路周辺遺跡発掘調査報告書』斉藤建設埋蔵文化財調査部

久保和士 1999a「古墳時代の製塩遺跡における生産活動—紀伊西庄遺跡を事例として—」『動物と人間の考古学』真陽社（初出 1997）
久保和士 1999b「古代海浜集落の漁撈活動—神奈川県浜諸磯遺跡の動物遺体—」『動物と人間の考古学』真陽社（初出 1998）
小林公治・吉川純子・樋泉岳二 1991「三ツ俣遺跡出土の動植物遺体とその考古学的コンテクスト」『神奈川考古』27
桜井準也 1993「遠藤貝塚から出土した動物遺存体」『遠藤貝塚（西部 217 地点）』藤沢市開発経営公社・藤沢市西部開発事務所
笹生衛 2012「房総半島における擬餌針の系譜—考古資料からのアプローチ—」『日本古代の祭祀考古学』吉川弘文館（初出 2004）
静岡県漁業組合取締所編 1984『静岡県水産誌』静岡県図書館協会
渋沢敬三 1992a「式内水産物需要試考」『渋沢敬三著作集』1，平凡社（初出 1941・1942）
渋沢敬三 1992b「『延喜式』内水産神饌に関する考察若干」『渋沢敬三著作集』1，平凡社（初出 1943）
上代文献を読む会編 2006『高橋氏文注釈』翰林書房
神野信編 2003『青木松山遺跡・沢辺遺跡発掘調査報告書』総南文化財センター調査報告 46，千葉県館山土地改良事務所・白浜町・総南文化財センター
鈴木茂 1997「中里遺跡の獣骨分析」『中里遺跡（No. 31）西大竹上原遺跡（No. 32）』かながわ考古学財団調査報告 30，かながわ考古学財団
瀬川裕市郎 1980「藤井原の大鉢—律令時代堝形土器の変遷—」『沼津市歴史民俗資料館紀要』4
瀬川裕市郎 1993「煮堅魚と堝形土器・覚え書き 3」『沼津市博物館紀要』17
瀬川裕市郎 1997「堅魚木簡に見られる堅魚などの実態について」『沼津市博物館紀要』21
瀬川裕市郎・小池裕子 1990「煮堅魚と堝形土器・覚え書き」『沼津市博物館紀要』14
高橋美貴 2018「近世における海洋回遊資源の資源変動と地域の自然資源利用—豆州内浦湾沿岸地域を主な事例として—」『日本史研究』672
竹内亮 2006「古代の堅魚木簡」『高橋氏文注釈』翰林書房
巽淳一郎 1991「都の焼物の特質とその変容」『近畿Ⅱ』新版古代の日本 6，角川書店
田辺悟 1975『相州の鰹漁』神奈川県民俗シリーズ 12
堤俊夫・川島卓・浜田勘太 1982「三浦市大浦山海蝕洞穴より出土した魚骨の種属判

定と体長の推定」『京急油壺マリンパーク水族館年報』11
樋泉岳二 1987「日野遺跡出土の骨角器と動物遺体」『日野遺跡発掘調査報告書』南伊豆町教育委員会
樋泉岳二 1991「相模湾沿岸域における古代漁撈活動の動物考古学的検討—三ツ俣遺跡における魚類資源の獲得様式とその特質—」『史観』125
樋泉岳二 1999「池子遺跡群 No. 1-A 地点における魚類遺体と弥生時代の漁撈活動」『池子遺跡群 X 第 4 分冊』かながわ考古学財団調査報告 46，かながわ考古学財団
樋泉岳二 2003「魚類遺体」『青木松山遺跡・沢辺遺跡発掘調査報告書』総南文化財センター調査報告 46，千葉県館山土地改良事務所・白浜町・総南文化財センター
樋泉岳二・姉崎智子・江田真毅・鵜澤和宏 2003「羽根尾貝塚の動物遺体群」『羽根尾貝塚』玉川文化財研究所
中村勉 1993「「角」とよばれる釣針について—三浦半島出土の資料を中心として—」『考古学研究』40-2
中村若枝 2015「河原口坊中遺跡（第 2 次調査）出土骨角器および動物遺存体について」『河原口坊中遺跡第 2 次調査』かながわ考古学財団調査報告 307，かながわ考古学財団
仁藤敦史 1996「駿河・伊豆の堅魚貢進」『東海道交通史の研究』清文堂出版
二野瓶徳夫 1999『日本漁業近代史』平凡社
農商務省水産局 1898『東京湾漁場調査報告』前編，水産調査報告 7-2
農商務省水産局 1900『東京湾漁場調査報告』後編 1，水産調査報告 8-2
農商務省水産局 1901『東京湾漁場調査報告』後編 2，水産調査報告 9-1
農商務省水産局編 1983『日本水産捕採誌』復刻版，岩崎美術社（初出 1912）
橋口尚武 1987「伊豆諸島からみた律令体制の地域的展開—堝形土器を中心として—」『考古学研究』33-4
橋口尚武 1991「伊豆諸島のカツオ漁と塩配—その歴史と民俗—」『民俗文化』3
馬場基 2021「鮭と古代国家」『古代の食を再現する—みえてきた食事と生活習慣病—』吉川弘文館
樋口知志 1989「律令制下の贄について（下）」『東北大学附属図書館研究年報』22
冨加見泰彦 2012「漁場と製塩」『時代を支えた生産と技術』古墳時代の考古学 5，同成社
冨加見泰彦 2013「紀伊半島のカツオ釣り針について」『郵政考古紀要』56

堀田美桜男・増井義己 1964『宮之腰遺跡』焼津市教育委員会
松本英二 1985「地質（東京湾）」『日本全国沿岸海洋誌』東海大学出版会
三舟隆之・中村絢子 2019「古代の堅魚製品の復元—堅魚煎汁を中心として—」『国立歴史民俗博物館研究報告』218
茂木昭夫 1977『日本近海海底地形誌—海底俯瞰図集』東京大学出版会
諸橋千鶴子編 1998『浜諸磯遺跡—E 地点の発掘調査報告書—』浜諸磯遺跡調査団
山口和雄 1957『日本漁業史』東京大学出版会
山崎健 2024「西橘遺跡から出土した動物遺存体」『西橘遺跡発掘調査報告書』明日香村教育委員会
和歌山県立紀伊風土記の丘編 2018『黒潮の海に糧をもとめて—古墳時代の海の民とその社会—』平成 30 年度秋期特別展図録

付記：最新の釈文については，木簡データベース「木簡庫」（https://mokkanko.nabunken.go.jp）を参照した。また，沢辺遺跡から出土したカツオの資料調査にあたっては，南房総市教育委員会の酒匂喜洋氏に大変お世話になりました。記して謝意を表します。

4　堝形土器の考古生化学的分析からわかること

村上夏希・庄田慎矢

はじめに

筆者らは，地域の研究者らの助力を得て，7〜9世紀の駿河湾沿岸の集落遺跡から出土した堝形土器を対象に残存脂質分析をおこなった。その目的は，以前から指摘されていたようなこの土器群とカツオの煮炊きとの関連性を検討するためである。分析の結果，堝形土器は「海産物の加工に用いられた可能性が高い」ことが判明した〔Murakami et al. 投稿中〕。では，なぜそのような結論に至ったのか，残存脂質分析における海産資源の同定方法について述べていきたい。

1　残存脂質分析とカツオへの道

残存脂質分析は，遺物の内部に残された脂質を中心とする有機物から，その遺物がどのような資源を加工するために用いられていたのかを調べる方法である。英国を中心として主に海外で盛んに研究がおこなわれているが，日本でもその概要は紹介されている〔堀内ほか 2007，堀内・宮田 2013，庄田・クレイグ 2017，庄田 2019〕。遺物中に残存している化合物の中には，特定の生物資源との対応関係が明らかな物質（バイオマーカー）の存在が知られており，分析によってそのような化合物が検出されれば，具体的な資源の内容を明らかにできる。しかし現在までに認識されているバイオマーカーは，人類が長い期間にわたって利用してきた膨大な資源に比べるとごくわずかである。例えば，現段階での残存脂質分析の技術では，海産資源である（可能性が高い）かどうかの判断は可能であるが，それ以上の種レベルでの同定は難しいため，この方法だけ

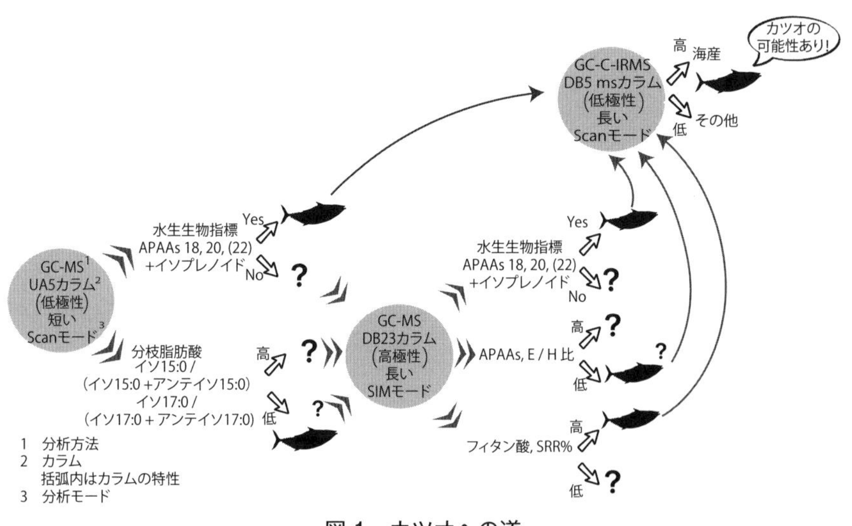

図１　カツオへの道

では残念ながらカツオ（*Katsuwonus pelamis* L.）をズバリ同定することはできない。

しかし，遺跡のおかれた状況や出土遺物などから，そこで利用されていた海産資源がカツオである可能性が高い場合であれば，この分析を用いることには一定の意味が認められるであろう。あるいは，分析によって海産資源とはまったく異なる脂質が検出されれば，これまでの議論に大きな一石を投じることになるであろう。

残存脂質分析で海産資源をどのように判断をしていくのかについて図１に示す。本図の一連の道筋はあくまでも海産資源であるかを検討するものではあるが，将来的にはカツオを明らかにしたいという希望を込めて，以下では「カツオへの道」と呼びたいと思う。では，この図をたよりにカツオへの道を辿っていこう。

2　カツオへの道１――水生生物指標の検出――

分析の手順は図２に示す通りである。はじめに試料の調整をする。今回は土器内面側の胎土に残る有機物を調査するわけだが，サンプリングしてすぐに分

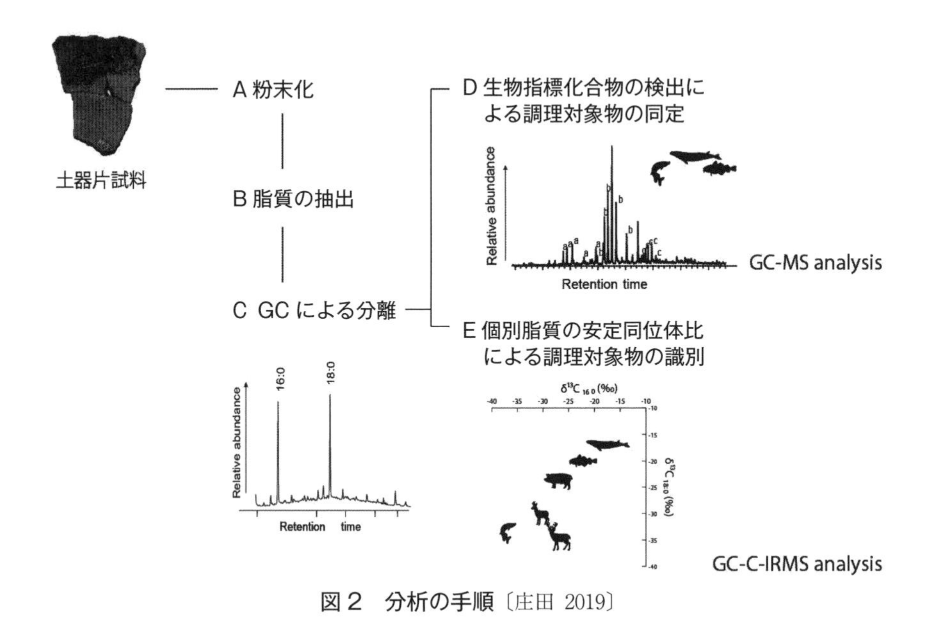

図２　分析の手順〔庄田 2019〕

析できるわけではない。まずは遺物が使われなくなってからさまざまな有機物に接した可能性のある表面を，電動ドリルを使って削り落とす。その後，土器内面からおよそ1gの土器胎土を粉末状にして採取する。これに有機溶媒などの化学薬品を加えて，土器に残された有機物を抽出する。一度の移行作業ですべての有機物が抽出できるわけではないので，何度かこの作業を繰り返し，できる限り回収をする。得られた液を濃縮し，最終的には100〜200 μl（1 μlは1 mlの1,000分の1）というわずかな量の抽出液が分析に供されることとなる。この抽出液を誘導体化し，試料を気化させ，ガスクロマトグラフ（GC）で成分ごとに分離し，質量分析計（MS）によってGCで分離させた成分をイオン化し質量情報を得る。分析結果はクロマトグラムと呼ばれるピークの列として出力され，このピークや，それに対応するマススペクトルという化学的な指紋を詳しく調べていくことで，試料にどのような有機物が残っていたのか調べることが可能となる。

カツオへの道においてはじめに確認したいのは，水生生物指標を構成する炭素数18・20・22のアルキルフェニルアルカン酸（APAAs）とイソプレノイド

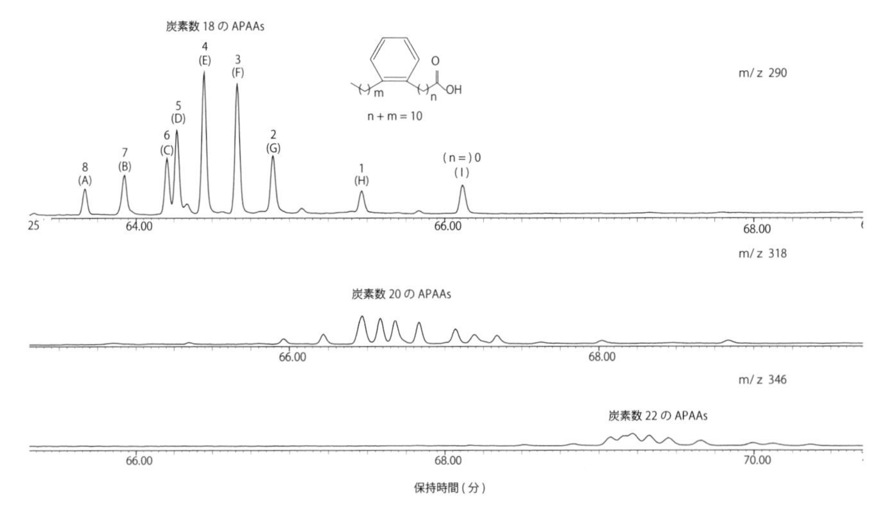

図 3　水生生物のバイオマーカー（APAAs）**DB23 カラムを用いた SIM モードによる選択イオンクロマトグラム**（試料は縄文時代中期の土器）

脂肪酸の有無である（図 3）。多くの現生試料や実験研究にもとづき，この一連のアルキルフェニルアルカン酸とイソプレノイド類がセットで認められた場合に，水生生物由来と判定している〔Evershed et al. 2008〕。では，これらの化合物は一体どのようなものなのであろうか。

APAAs は自然界には存在せず，一価および多価不飽和脂肪酸を一定以上加熱することで生成されることから，「加熱の指標」化合物でもある。熱変成前の不飽和脂肪酸の種類に応じて炭素数が変わり，炭素数が 20 未満の APAAs であれば，あらゆる生物に含まれる不飽和脂肪酸の加熱によって生成される。一方で，炭素数が 20 以上のものは水生生物に優位に存在する EPA や DHA といった ω（オメガ）-3（n-3）系脂肪酸の加熱変成によるものである（ω-3 系脂肪酸は，サバやイワシなどの青魚に多く含まれ，血液の流れをスムーズにするなど脳や神経の機能維持に必要とされているので，サプリメントなどにも活用されているのは周知の通りである）。そのため，炭素数 20 以上の APAAs が認められた場合，それは水生生物由来の可能性があるものと判断される（検出の難しい炭素数 22 の APAAs はあることが望ましいとされる場合もある）。

イソプレノイド脂肪酸（プリスタン酸・フィタン酸・トリメチルトリデカン酸〈TMTD〉）はクロロフィルの構成成分であるフィトールから合成される脂質の一種である〔Ackman and Hooper 1968, Cramp and Evershed 2014〕。水生生物におけるイソプレノイド類は，動物プランクトンや魚類によって消化されるクロロフィルを含む藻類や植物プランクトンに由来する。特にイソプレノイド類の中でもTMTDが検出された場合，その起源は水生生物を起源とする可能性が高いと解釈されている〔Evershed et al. 2008, Cramp and Evershed 2014〕。しかし，イソプレノイド類は陸上生物にも存在し水生生物だけに含まれているわけではない。例えば反芻動物の芻胃でも生成される。TMTDに関してもわずかながら水生生物とは異なる生物源から生成される可能性がある。そのため，プリスタン酸やフィタン酸といったそのほかのイソプレノイド類とあわせて検出されることが条件となる〔Bondetti 2021〕。

以上，簡単に説明をしたが，一点の試料に対してここまでの検討をするには，分析条件やカラム（試料を成分ごとに分離するための長細い配管）の変更など，非常に手の込んだ作業が必要となる（図1）。

では，これら一連の化合物が見つからない場合はどうするのか。リュキャンらは，イソプレノイド脂肪酸のうちフィタン酸について，2つの異性体――3S,7R,11R,15-フィタン（SRR）と3S,7R,11R,15フィタン（RRR）――の比率が，水生生物同定の補完ツールとして使用できること指摘している〔Lucquin et al. 2016〕。図4はリュキャンらの示した箱ひげ図である。箱ひげ図はデータのばらつきを可視化するグラフの一つで，真ん中の四角は「箱」と呼ばれるデータの中央50%が含まれる範囲である。この箱の上下に伸びる線は「ひげ」と呼ばれ，最小値から最大値までのデータの広がりを示す。グラフを見ると水生生物のSRR異性体の割合はRRR異性体よりも高い傾向にあることがわかる。この特徴からSRR%＞76%（相対存在量）の場合は水生生物の可能性が高いと解釈される〔Lucquin et al. 2016〕。ただしこの図が示すように，水生生物は反芻動物と比較すると数値がばらつく傾向にあり，反芻動物の値よりも低い位置にプロットされるデータもある。そのため反芻動物より高い値を示せば水生生物の可能性が高いとはいえるが，低いからといって水生生物であることを否定するものではない点には注意が必要である。

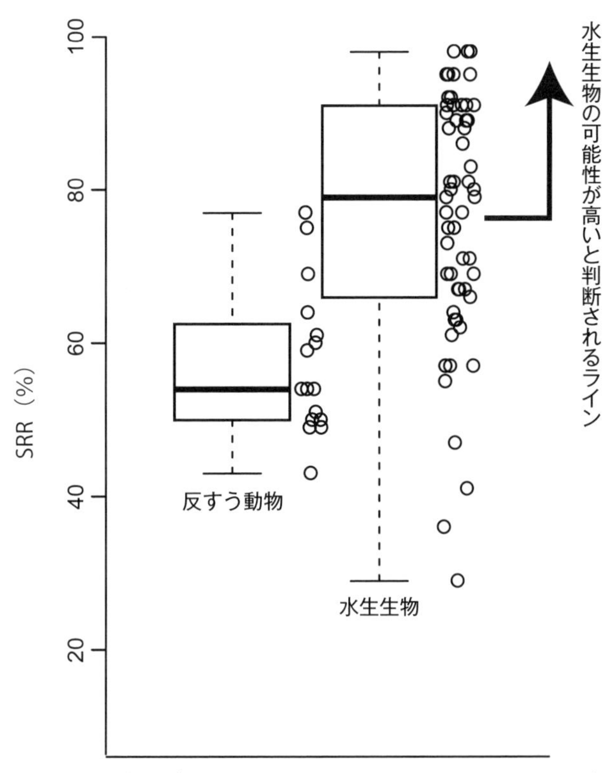

図４　フィタン酸のSRR%（参照データは Lucquin et al. 2016）

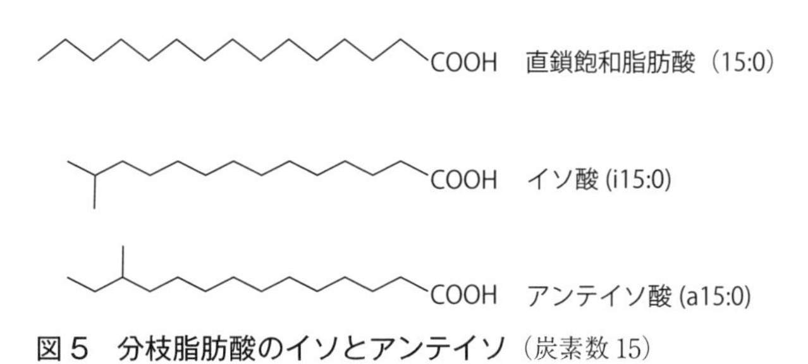

図５　分枝脂肪酸のイソとアンテイソ（炭素数 15）

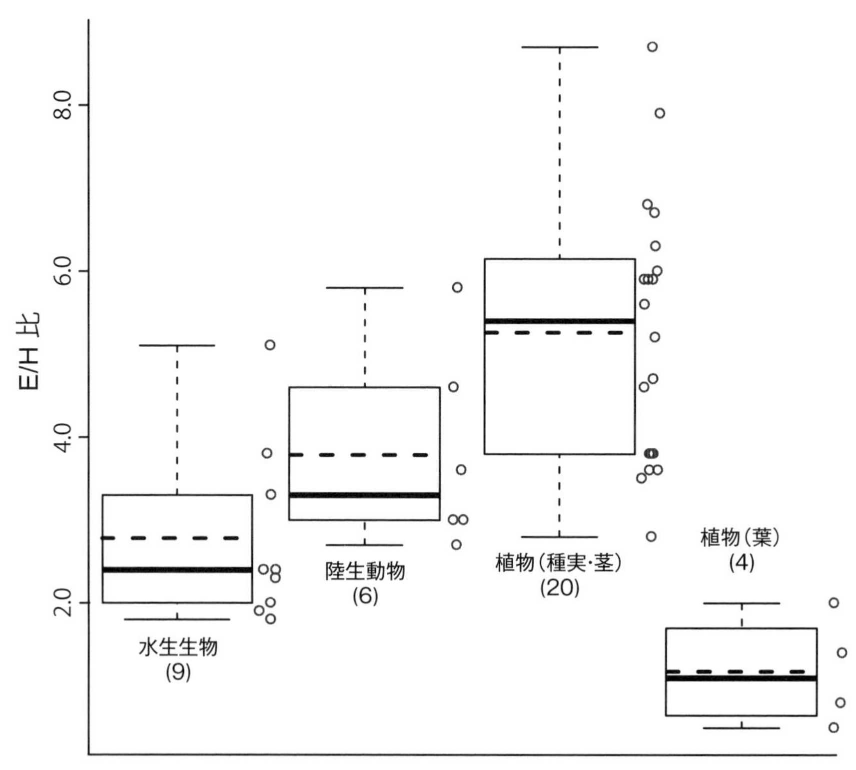

図６　現生標本から抽出した炭素数 18 の ω-アルキルフェニルアルカン酸の E/H 比の箱ひげ図（参照データは Bondetti et al. 2021，庄田ほか 2021。横線実線は中央値，横線点線は平均値をあらわす）

別の補完ツールとして，炭素数 15・17 の分枝脂肪酸（ぶんししぼうさん）を紹介したい。分枝脂肪酸とは脂肪酸の持つ炭素の連なりが直線的でなく枝分かれしている構造を持つ脂肪酸のことである（図 5）。分岐の位置が異なるイソ酸とアンテイソ酸が大半を占めるが，炭素数 15・17 のイソ酸とアンテイソ酸の比率は水生生物と反芻動物の間では異なる傾向があることが知られている。そこで各分枝脂肪酸のイソ酸とアンテイソ酸の相対量を算出し，水生生物である可能性を検討する研究もある〔Demirci et al. 2021, Hauff and Vetter 2010〕。

さらに炭素数 18 の APAAs の異性体のうち n=4 と n=1 の比（図 3 のように右端のピークから順にアルファベットをつけた場合，E と H の比率を求めることからE/H比といわれる）が，動物，植物の葉，植物の種実・茎で有意に異なることが報告されている〔Bondetti et al. 2021〕。庄田らはボンデッティらの結果のうち動物を水生と陸生に分け，水生生物が陸生生物よりも高い値を示すことを示している（図6）〔庄田ほか 2021〕。

このほか一価不飽和脂肪酸（いつかふほうわしぼうさん）である $C_{17:1}$ と $C_{19:1}$ が同時に存在することを，水生生物指標として利用することが提案されている〔Baeten et al. 2013〕。ただしこの二つの不飽和脂肪酸は埋蔵環境下で酸化しやすいため，考古遺物から見つかることはきわめてまれである〔Evershed et al. 1991〕。

以上，代表的な水生生物指標や，水生生物の寄与を検討するための異性体について紹介した。ここまでの話について勘のいい読者ならば疑問に思ったのではなかろうか。「水生生物には海の生物もいれば淡水の生物もいる。これで海産資源といえるのか」と。実は，上記の方法では海産資源とまで断定することはできない。カツオへの道はまだ遠い。次のステップとして，個別脂肪酸の安定炭素同位体を調べていこう。

3　カツオへの道2——個別脂肪酸の安定炭素同位体分析——

すべての物質は非常に小さな粒子の集合体である。この物質を構成する粒子を「原子」と呼び，原子は原子核を構成する陽子・中性子と，原子核の周りを飛び回る電子で出来ている。原子のなかには，陽子の数は同一であるが中性子の数が異なるため，全体の重さ（質量）が異なる原子がある。これが「同位体」である。さらに，同位体には安定的に存在する「安定同位体」と不安定で時間が経つと崩壊してしまう「放射性同位体」とがある。炭素の場合，^{12}C（質量数12の炭素の同位体のことをこう表す），^{13}C の安定同位体と，^{14}C の放射性同位体が存在する。放射性同位体である ^{14}C が一定の時間経過で半減する性質を利用して年代を調べる方法（炭素14年代測定法）はさまざまな学問分野で広く使われているが，ここでは安定同位体である ^{12}C，^{13}C に着目する。

脂肪酸を構成する炭素の安定同位体の組成比（$^{13}C_{16:0}$（‰），$^{13}C_{18:0}$（‰））は一様ではなく，種ごとに特有の生合成や代謝のプロセスを反映している。さらに埋蔵環境下においてもその比は安定であることが確認されている。そこで脂

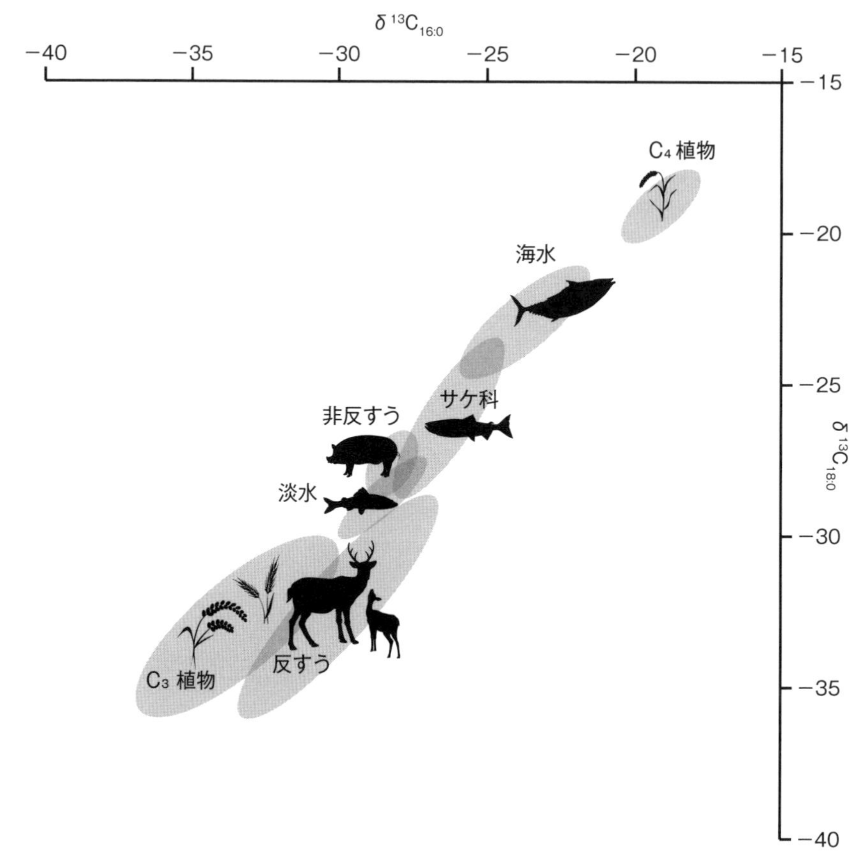

図7　個別脂肪酸の安定炭素同位体比

肪酸のなかでも一般的で，あらゆる資源に広く含まれるパルミチン酸（$C_{16:0}$）とステアリン酸（$C_{18:0}$）の安定炭素同位体比を調べることで，脂肪酸の由来となる資源の種を推定する方法が，個別脂肪酸の安定炭素同位体分析である。

実際の図をみてみよう（図7）。楕円はレファレンスをもとに作成した確率楕円である。確率楕円は正規分布の中心からデータの散らばる範囲を表示しており，1σ（シグマ）は68％のデータを含む楕円として描かれる。この確率楕円をみると海産資源は淡水資源よりも高い位置にあることがわかる。したがって未知の試料がある場合，どちらの範囲にプロットされるかで海水産か淡水産かを推測することが可能となる。ただし確率楕円はあくまでも統計的なものである。楕円内に含まれることが海水産であると保証するものではないため，水産資源のバイオマーカーとあわせて考える必要がある。また複数食材が混合された場合はそれぞれの影響を受けた値になる点にも留意が必要である。このような場合を想定して，混合曲線を用いたり〔Murakami et al. 2022，庄田・鈴木 2023〕，ベイズ統計による複雑なモデルを用いたりする研究〔Shoda et al. 2020〕もおこなわれている。

4　分析試料の検討

これまでに示したカツオへの道を参考に，今回の堝形土器の分析結果を検討する。分析対象としたのは，沼津市中原遺跡（7 世紀）・御幸町（みゆきちょう）遺跡（8〜9 世紀）・藤井原遺跡（8〜9 世紀）および富士市沢東 A 遺跡（7 世紀）・三新田遺跡（8〜9 世紀）・柏原遺跡（8〜9 世紀）の 6 遺跡から出土した，合計 39 点の堝形土器片である。うち分析に適する最低値の目安である 5 μg g^{-1}〔Craig et al. 2013〕以上の有機物が残存する試料（中原遺跡では 10 点中 6 点，御幸町遺跡では 10 点中 7 点，藤井原遺跡では 10 点中 5 点，沢東 A 遺跡では 4 点中 4 点，三新田遺跡では 3 点中 3 点，柏原遺跡では 2 点中 2 点）を対象に検討した。

はじめに水生生物指標を探していく。APAAs について，藤井原遺跡（3 点）および御幸町遺跡（2 点）の試料から炭素数 18 の APAAs が検出された。しかし炭素数 20 や 22 の APAAs は確認されなかった。続いてイソプレノイド脂肪酸についてみてみる。プリスタン酸・フィタン酸・TMTD の一連のセット関係が認められたのは，中原遺跡では 6 点中 2 点，御幸町遺跡では 7 点中 3 点，藤井原遺跡では 5 点中 5 点，沢東 A 遺跡では 4 点中 0 点，三新田遺跡では 3 点中 1 点，柏原遺跡では 2 点中 1 点である。どれか一つだけでもイソプレノイド脂肪酸が確認された事例は，各遺跡でさらに数が増える（図 8）。

補完ツールである各種化合物の異性体比の計算について，炭素数 15・17 のイソ酸とアンテイソ酸の比率はイソ 15:0/(イソ 15:0＋アンテイソ 15:0)＝0.58±0.14，イソ 17:0/(イソ 17:0＋アンテイソ 17:0)＝0.59±0.15 であり，これらの値は先行研究で報告された水生生物の値とおおむね一致している。一方，フ

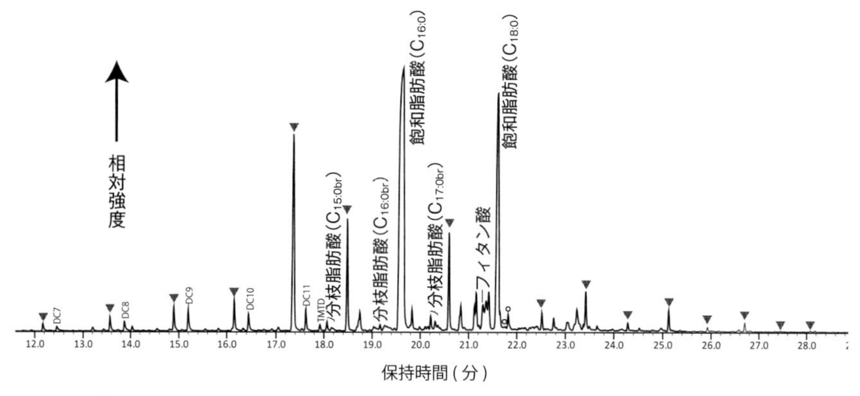

図８　分析結果１　分析試料の部分クロマトグラム▼は飽和脂肪酸，○は炭素数18のAPAAs，DCはジヒドロキシ脂肪酸（カッコ内の数字は炭素数）

ィタン酸のSRR%については低い値をとることが多い傾向が示された（図9）。また，APAAsのE/H比については，強度が低すぎたために計算できなかった。

最後に個別脂肪酸の安定炭素同位体分析について，測定できたサンプルのほとんどは海洋生物の確率楕円内に納まった（図10）。海産物は高い値を示す位置にまとまるため，ほかの資源が混合された場合は，高い値を示すキビやアワなどのC_4植物を除いて，プロットの位置が値の低いほう，すなわちグラフの左下へと移動することが予測される。それにもかかわらず分析試料が総じて海産生物の値を示していることは，これらがさまざまな食材の混合である蓋然性を低めるものといえる。ただし，油脂を多く含む食材とそうでない食材では同量含まれていたとしても同位体比への影響は大きく変わるため，海産生物以外の寄与がまったくないのかについては慎重に議論する必要がある〔庄田・鈴木2023〕。

以上をまとめると，一連の水生生物のバイオマーカーが揃って検出された試料は認められなかったが，個別脂肪酸の安定炭素同位体分析は測定できたほぼすべての試料が海産資源の可能性を強く示した。さらに，APAAsの存在により一定以上の加熱を受けたことも想定される。得られた抽出液の濃度が低く考察対象とできなかった試料や一連の化合物が認められなかった試料もあるため

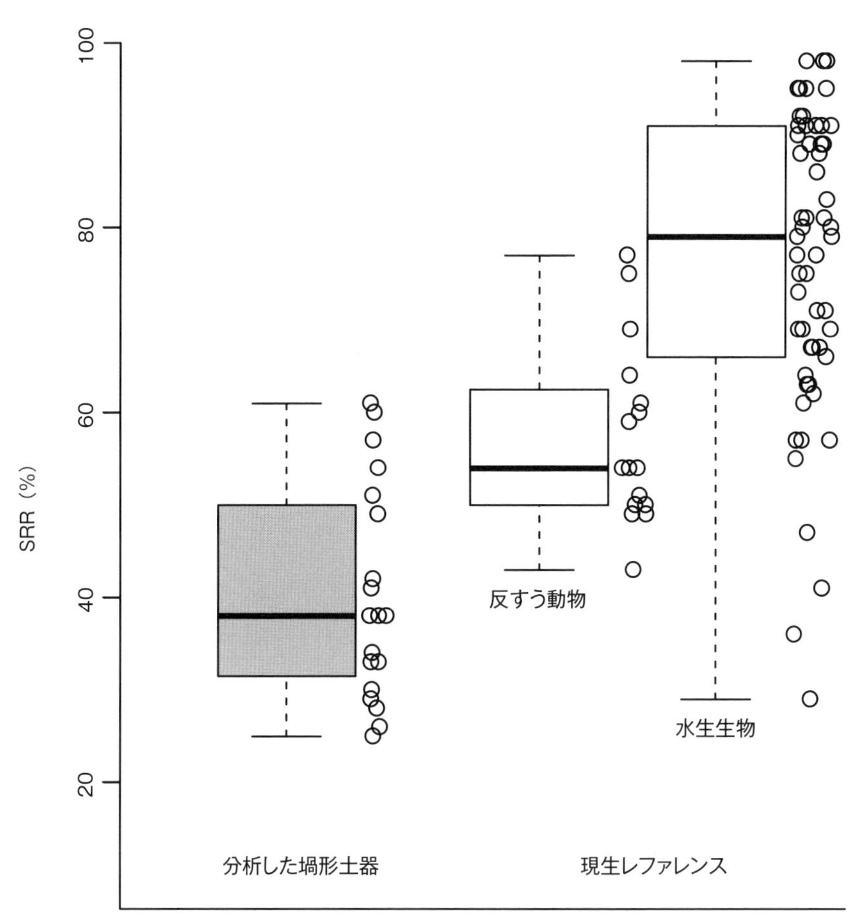

図９　分析結果２　フィタン酸の SRR%

今後さらなる検討は必要だが，以上の分析結果より，堝形土器は「海産資源の加工に用いられた可能性がきわめて高い」と結論づけた。

おわりに

過去の研究では，土器に残る脂肪酸やステロールの分析がおこなわれ，堝形土器が回遊性魚類の加工に使用された可能性を示唆するという，かなり踏み込

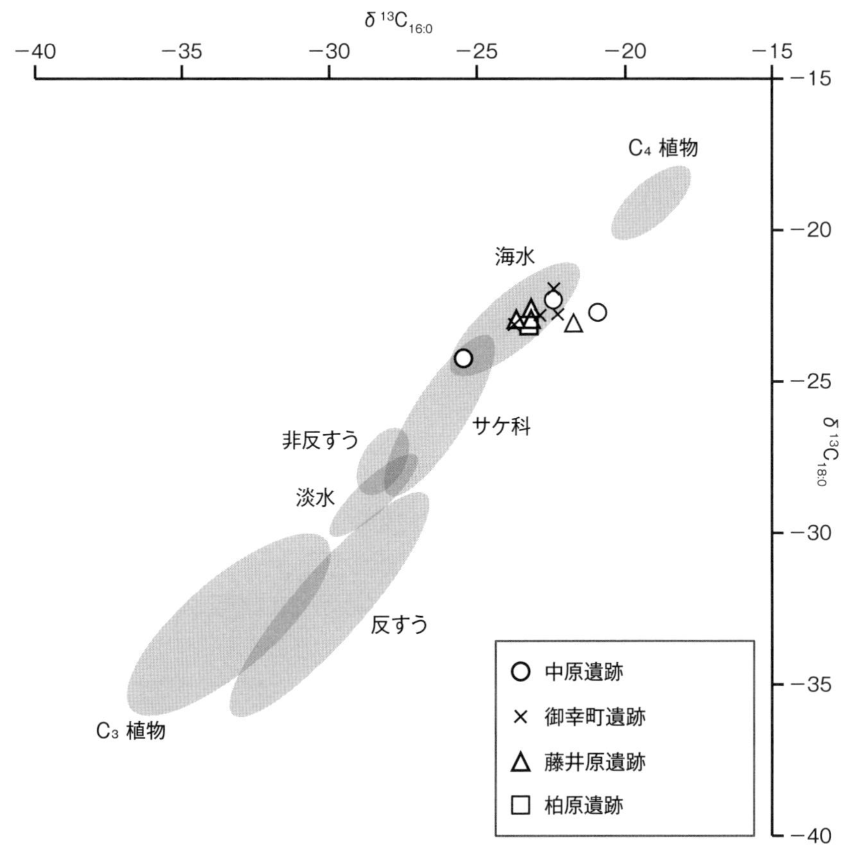

図10 分析結果3 個別脂肪酸の安定炭素同位体比分析

んだ議論がなされたこともある〔瀬川・小池 1990〕。もしこの分析結果をそのまま受け入れることができるのであれば，我々がこの分析に取り組んだ意味はあまり大きくないものとなるが，この分析結果は90年代という時代の限界のなかで得られたものであって，現代的な視点からの再検証が必要であった。

まず，この研究で魚類に由来するとされた脂肪酸の同定はFID（水素炎イオン化検出器）を用いた標本試料との比較によっているものの，その標本試料の保持時間と未知試料の保持時間との対応関係が記載されていないため分析結果の検証ができない。さらに，遊離脂肪酸（ゆうりしぼうさん）$C_{20:4}$（エイコサテトラエン酸），$C_{22:6}$

（ドコサヘキサエン酸）などが報告されているが，30年間の研究の蓄積というアドバンテージを持つ筆者らには，酸化・分解しやすいこれらの多価不飽和脂肪酸が考古遺物から検出される可能性がきわめて低いことが気にかかるのである。より確からしい分析結果を得るためには，続成作用による影響を十分に把握できない遊離脂肪酸の組成を頼りにするのではなく，むしろAPAAsやイソプレノイド脂肪酸など，考古資料からこれまで多く確認され，かつ水性生物と直接的に結びつけられる化合物の検出とMS（質量分析計）を用いた直接的同定が必要と考えられる。それに加えて海水産か淡水産かを区別することのできる個別脂肪酸の安定炭素同位体比の測定が有効であることは本論で示した通りである。しかしそれでも，種レベルの同定をおこなうことは，現段階の残存脂質分析の技術では原理的に難しく，カツオへの道には十分ではない。今後さらなる検討をおこなうことで，カツオ利用の歴史を考古生化学的に明らかにしたい。

参考文献

Ackman, R. G., & Hooper, S. N. 1968 “Examination of isoprenoid fatty acids as distinguishing characteristics of specific marine oils with particular reference to whale oils.” *Comparative biochemistry and physiology,* 24（2）, pp 549–565

Baeten, J., Jervis, B., De Vos, D., Waelkens, M. 2013 “Molecular evidence for the mixing of Meat, Fish and Vegetables in Anglo-Saxon coarseware from Hamwic,” UK. *Archaeometry,* 55, pp 1150–1174

Bondetti, M. 2021 *Is there an‘aquatic’ Neolithic?: New insights from organic residue analysis of early Holocene pottery from European Russia and Siberia.* University of Groningen and University of York, PhD thesis

Bondetti, M., Scott, E., Courel, B., Lucquin, A., Shoda, S., Lundy, J., Labra-Odde, C., Drieu, L. and Craig, O. E. 2020 “Investigating the formation and diagnostic value of ω-（o-alkylphenyl）alkanoic acids in ancient pottery.” *Archaeometry,* 63（3）, pp 594–608

Demirci, Ö., Lucquin, A., Çakırlar, C., Craig, O. E. & Raemaekers, D. C. M. 2021. “Lipid residue analysis on Swifterbant pottery（c. 5000–3800 cal BC）in the Lower Rhine-Meuse area（the Netherlands）and its implications for human-animal interactions in relation to the Neolithisation process." *Journal of Archaeological Science: Reports*, 36, p 102812

Cramp, L. J., & Evershed, R. P. 2014. "Reconstructing aquatic resource exploitation in human prehistory using lipid biomarkers and stable isotopes". *Treatise on geochemistry archaeology and anthropology*, pp 319-339

Evershed, R. P., Heron, C., Charters, S., Goad, L.J. 1991 "The survival of food residues: new methods of analysis, interpretation and application". *Proceedings of the British Academy,* 77, pp 187-208

Evershed, R. P., Copley, M. S., Dickson, L. & Hansel, F. A. 2008 "Experimental Evidence For The Processing Of Marine Animal Products And Other Commodities Containing Polyunsaturated Fatty Acids In Pottery Vessels." *Archaeometry,* 50 (1), pp 101-113

Hauff, S. & Vetter, W. 2010 "Quantification of branched chain fatty acids in polar and neutral lipids of cheese and fish samples." *Journal of Agricultural and Food Chemistry,* 58 (2), pp 707-712

Lucquin, A., Gibbs, K., Uchiyama, J., Saul, H., Ajimoto, M., Eley, Y., Radini, A., Heron, C. P., Shoda, S., Nishida, Y., Lundy, J., Jordan, P., Isaksson, S. & Craig, O. E. 2016 "Ancient lipids document continuity in the use of early hunter-gatherer pottery through 9,000 years of Japanese prehistory." *Proceedings of the National Academy of Sciences of the United States of America* 113, (15), pp 3991-3996.

Murakami, N., Onggaruly, A., Rakhimzhanova, S., Standall, E. A., Talbot, H. M., Lucquin, A., Suzuki, M., Karimagambetov, A., Nuskabay, A., Nam, S., Craig, O. E. & Shoda, S. 2022. "Lipid residues in ancient pastoralist pottery from Kazakhstan reveal regional differences in cooking practices". *Frontiers in Ecology and Evolution*, 10, 1032637.

Murakami, N., Lucquin, A., Fujimura, S., Kosaki, S., Oda, Y., Suzuki, M., Baba, H., Craig, O. E., Mifune, T. & Shinya Shoda（投稿中）"Pottery Lipids Demonstrate the Ancient Tribute Bonito Broth Production in Japan".

Shoda, S., Lucquin, A., Yanshina, O., Kuzmin, Y., Shevkomud, I., Medvedev, V., Derevianko, E., Lapshina, Z., Craig, O. E. & Jordan, P. 2020. "Late Glacial hunter-gatherer pottery in the Russian Far East: Indications of diversity in origins and use". *Quaternary Science Reviews*, 229, 106124.

庄田慎矢・クレイグ＝オリヴァー 2017「土器残存脂質分析の成果と日本考古学への応用可能性」『Journal of the Japanese Archaeological Association』(43), pp 79-89
庄田慎矢 2019「土器で煮炊きされた植物を見つけ出す考古生化学的試み」同編『アフロ・ユーラシアの考古植物学』クバプロ，pp 220-233
庄田慎矢・新里貴之・鈴木美穂・高宮広土・タルボット＝ヘレン・クレイグ＝オリヴァー 2021「土器残存脂質による貝塚文化北限地域における動植物資源利用の復元」『文化財科学』83，pp 55-76
庄田慎矢・鈴木美穂 2023「混合モデルを用いた土器残存脂質における植物質食料の寄与度の評価」中村慎一編『中国新石器時代文明の探求』六一書房，pp 293-305
瀬川裕市郎・小池裕子 1990「煮堅魚と堝形土器・覚え書」『沼津市博物館紀要』14，pp 1-19
堀内晶子・高木彰子・山根知子・武石奈津枝・押川克彦 2007「土器モデル系を用いた考古学試料の脂肪酸分析の限界解明と有機物分析の展望」『考古学と自然科学』56，pp 13-26
堀内晶子・宮田佳樹 2013「古代土器から見つかった予想外の物質：残留有機物分析の課題」『考古学と自然科学』65，pp 27-34

付記：本研究を遂行するにあたり，貴重なサンプルをご提供くださった，沼津市教育委員会ならびに富士市教育委員会に厚く御礼申しあげます。

5　駿豆産の須恵器長頸瓶と「堅魚煎汁の容器」説

森　川　　実

はじめに

律令期の土器研究では，土師器・須恵器の貢納制度や，官人社会で用いられた特異な食器の様式に関する議論が盛んであった。その反面，土器の用途や用法に関する議論は，どちらかといえば低調であったといえる。駿河国や伊豆国で作られた須恵器長頸瓶の一種が堅魚煎汁（カツオの煮汁）を運ぶのに用いられた，という解釈も，もともとは古代の土器と調納制とを結びつけることで生まれたのであった。この見方は古代のうま味調味料としての堅魚煎汁を掘り下げるものではなかったが，その後たびたび引き合いに出されるのは，土器からみた古代の食文化という，じつに興味深い論点を含んでいるからであろう。しかしこの説に対しては，その後いくつかの反論が現れた。容器説の命脈は，すでに絶たれたのであろうか。

そこで本稿では，既往の論説を参考にしつつ，堅魚煎汁の容器と考えられた須恵器壺が，実際そのように用いられた可能性を検証し，古代の堅魚煎汁がいかなる調味料であったかにも検討をくわえたい。

1　「堅魚煎汁の容器」説

容器説の登場

『延喜式』主計式によれば，煮堅魚は駿河国の特産品である。また，その煮汁をさらに煮詰めたものが堅魚煎汁で，その貢納国も駿河・伊豆の２ヶ国に限られていた。堅魚煎汁は液体であったと考えられる。このため，その運搬には何らかの容器が不可欠となる。そしてあるとき，堅魚煎汁の運京には駿豆産の須恵器壺が用いられたという説が，巽淳一郎氏によってはじめて唱えられた。以下，その部分を抜き出しておこう。

> 以上の焼物類とは別に，税物を入れた容器として運ばれてきた焼物がある。油・漆・堅魚煎汁など，液状の物質は容器に入れて運搬する必要があり，主として須恵器の壺類が考えられる。中身はすでに失われほとんど痕跡をとどめないので，内容物を決めるのはむずかしい。現在，収納物資と産地が推定できるものとして，（中略）長頸瓶がある。この種の壺は，八世紀末から九世紀中ごろまで流行し，都城のみならず，関東・北陸地方でも発見されている。しかし，この壺は政府が指定する須恵器の貢進国では生産されていない。産地が確認されているのは，駿河国（東笠子）と伊豆国（花坂島橋窯）の二国である。「主計式」の規定や調の荷札木簡によってこの二国が堅魚煎汁の貢進国であることが明らかであり，煎汁の容器として運ばれてきたことが想定できる。なお，中男作物として貢進される堅魚煎汁の荷札では一升を単位に荷造りされている〔巽 1991，275 頁〕。

このとき巽氏は，駿河・伊豆産の特異な須恵器壺，あるいは長頸瓶は，その特産である堅魚煎汁の容器である，と確かに述べている。陶器貢納国でない駿河国産の須恵器と，やはり同国の特産である堅魚煎汁とを結びつけることで，前者には何が入っていたかを首尾よく説明しているのである。本当かどうかはまだわからないが，その論理には単純な説得力がある。そこでこの主張を，ここでは「堅魚煎汁の容器」説（略して容器説）と呼ぼう。

さて，巽説では須恵器長頸瓶を堅魚煎汁の容器に見立てたが，奈良文化財研究所の器種分類名ではこれを「須恵器壺 G」と呼んでいる。この器種は平城宮・京で出土する細身・細頸の壺を指し，器高は 16.0〜23.0 cm で，頸部までの容量は 150〜600 mℓ におさまる個体が多い。その胴部から頸部にかけては顕著なロクロ目が残る。頸部は喇叭（らっぱ）形を呈し，小さな底部には糸切痕をとどめるものが多い（図 1）。頸部を一部欠くものの，胴部が完存する個体は少なくない。

しかしこの容器説は，平城京に運ばれた土器のうち，その中身が税物であったと考えうる一事例として，産地が駿豆地域に限られる須恵器壺 G を挙げたものにすぎない。そしてそのゆえか，この説は肯定するにも否定に回るにして

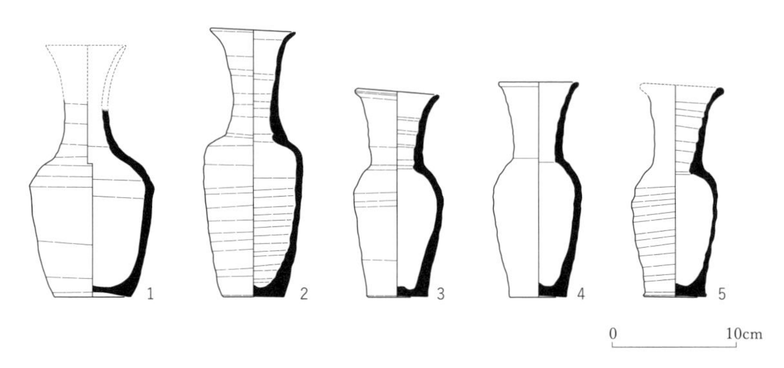

1 平城京 SD6400，2 平城京 右京三条三坊五坪，3 平城宮 SK238，4 平城京 SD650A，5 平城宮 SE311B

図 1　平城宮・京出土の須恵器壺 G（1：6）

も，何か捉えどころがない。その言説が資料の提示および論理・論法の構築といった，一般的な意味での学説のようには構造化されていないからである。これにくわえて，土器の中身は何であったかを考えるという，用途論そのものが難問でもある。むろん，この興味深いアイデアを生み出したのは巽氏にちがいないが，これが広く受容される学説になりうるかは，巽説に関心を寄せる誰かが，どのように検証をおこない，補強するかにかかっているのである。

したがって本稿は，巽氏が最初に唱えた容器説の正否を問いながら，その肉付けが可能かを模索するという，仮説検証型の展開で書き進めてゆくことになる。興味深い着想だが，いくつかの弱点を抱えた容器説は，命脈を保つことができるのであろうか？

容器説への異論

ここで巽説への疑義と，論者それぞれの主張を整理しておこう。瀬川裕市郎氏は鹿児島県でつくられている「煎脂（せんじ）」の製法と歴史とについて詳しく述べ，吐噶喇列島（とかられっとう）で製造されている七島煎脂がゼリー状を呈していること[(1)]と，煎脂の製法が明治・大正になってから静岡県の焼津（やいづ）に移転した可能性を述べたうえで，古代の堅魚煎汁も木製容器で運ばれたと考えた。租税としての煎脂が，明治期の薩摩では樽や小桶で納められていたからである。さらに瀬川氏は，平城宮出土の壺Gが堅魚煎汁の貢納に関わる木簡の年紀とも合わない点を指摘している。そしてその結果，「この壺Gを堅魚煎汁の容器とする立場もあるが，

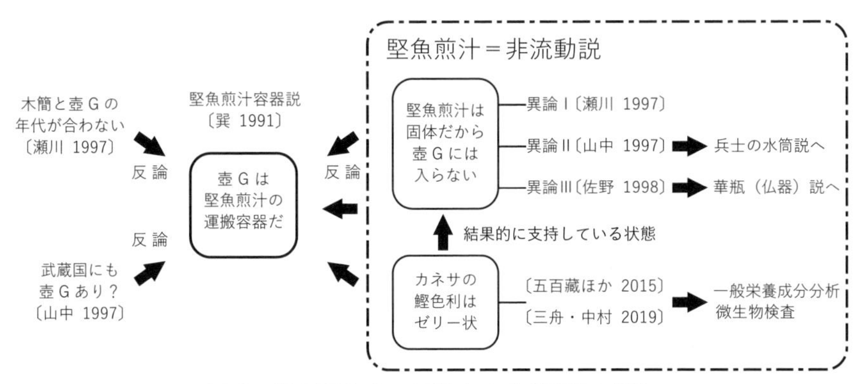

図２　須恵器壺Ｇの用途をめぐる議論の構造

現在確認できている堅魚煎汁の木簡にこだわれば，壺Ｇをその容器とする結論には，そぐわないところもありそうである」と，慎重な言い回しで容器説を排している〔瀬川 1997〕。

山中章氏は，須恵器壺Ｇを「東国からの衛士(えじ)の必需品（水筒）として長岡京へ，一方で東国から徴発された兵士の携帯用水筒として東北へ，また中央からの命令を伝える官人の携帯品として各国府へ」搬入された器物であり，また「律令国家の命令によって，東国で大量かつ短期間のうちに生産され，宮都及び東北城柵，東国の国府へ搬入された」と説いた〔山中 1997，59-62 頁〕。つまり，山中説は「兵士の水筒」説であり，最近になってこれに追従する論説も出てきている〔大川 2021〕。山中氏は①太形の壺Ｇが平城京からほとんど出土しない，②堅魚煎汁は固体であるから，壺Ｇはその運搬容器に不適，③壺Ｇは内陸部の武蔵国でも生産されていた可能性があると畳みかけ，容器説の否定を試みている。ことに②では，堅魚煎汁を自製したところ，「ガム状の固体の煎汁」ができ，これが腐敗しなかったと述べている。堅魚煎汁は固体であるという認識は，先の瀬川説を参考にしたもので，巽説の「不合理」を衝く有力な反証材料とされたわけである。

山中説のつぎに登場したのが，佐野五十三氏が唱える華瓶(けびょう)説である。これは須恵器壺Ｇの形態が，仏像が手にしている華瓶に類似していることから着想を得た論説〔佐野 1998〕であって，壺Ｇを仏具の一種とする見方が独特である。佐野氏は容器説に対して「否定的な感想」を抱いていたと語るのみであって，その問題点を明らかにしていない。しかし瀬川説を参考にしつつも，「ペースト状の物質とか液体とかを入れ，遠距離の運搬容器として使用するのは陶器類では不都合が多すぎるのであろう」とも述べている。この論法は，瀬川説と山中説とが，液体の容器である壺Gに固化した堅魚煎汁は入らない，と主張しているのとはかなり異なっており，壊れやすい陶器を運搬容器に見立てることを特に疑問視しているわけである。

議論の構造

佐野説を別にしても，堅魚煎汁は固体であるという認識は根強い。何といっても，鹿児島県の煎脂を調べ上げた瀬川説には十分な説得力がある。ところがこれらの反論にすっかり感化されて，容器説の支持者が一人もいなくなったわけではない[(2)]。そこで須恵器壺Gの用途をめぐる応酬の，議論の構造を整理しておこう。

水筒説にしても華瓶説にしても，それらは容器説を棄却し，独自の論法で自説を構築してゆくことで成立している。しかし容器説への反論が，この説を覆すほどの効力を具(そな)えていたかは，やはり問うてみたい。つまり彼らが，容器説の否定に果たして成功したかを考えてみよう。

上にも述べたように，巽氏は構えて容器説を主張しているわけでなく，土器を用いた貢納の一例として，駿豆産の長頸瓶と堅魚煎汁とを挙げたにすぎない。したがってその説は，反論に対してもともと無防備である。

その人物と同様に多くを語らない巽説への反論は，論法が共通している。第一は，須恵器壺Gの年代と，平城京で出土した堅魚煎汁の荷札木簡（おもに天平年間〈729～749〉）との年代とが合致しないこと。第二は，須恵器壺Gは武蔵国でも作られていた可能性があり，そのすべてが駿豆産かがわからないことである。確かにこの二つの論拠によると，駿豆産以外を含むすべての須恵器壺Gが堅魚煎汁の専用容器であったとはいえなくなり，そのうえ奈良時代前半には，堅魚煎汁をどのように運搬したかも謎のままである。しかしこれらの事実だけでは，駿豆産の須恵器壺Gが，8世紀後半から9世紀前半にかけて，実際そのように用いられた可能性を否定し去ることはできない。論理的に考えると，どうしてもそういう帰結になる。

そこで結局，容器説を排斥するうえでもっとも強力なのが，「堅魚煎汁は液体ではない」という第三の「事実」であろう。これが本当なら，確かに容器説は成立しえない。しかし，古代の堅魚煎汁が「ゼリー状」や「ガム状の固体」などと形容されるような半固形ではなく，ある程度流動する液状であったならば，話は違ってくる。異説への反論では，堅魚煎汁には流動性がないと断定しているが，そうでない可能性を完全に斥けた形跡はみえない。つまり反対論者は，容器説の完全な否定に失敗している。旗色がよくない容器説の活路は，まさにここに残されているといえるのではないか。

容器説をあえて擁護する筆者の狙いは，水筒説や華瓶説の否定ではない。容器説の不完全性を認めつつ，しかしそれへの反論にも論理的な隙があると指摘することで，須恵器壺Gの用途に関する議論を長引かせることにある。その難点さえ克服できれば，容器説は須恵器壺Gの用途について，もっとも多くを説明できる仮説になりうる。だから筆者は，容器説に加担するのである。

「壺」と「瓶」

議論を進めてゆく前に，少し考えておくことがある。それは「須恵器壺G」が，古代における「壺」のカテゴリに果たして含まれていたのか，である。壺と瓶とのちがいを，まず分明にしなければならない。

古代の器物分類と考古学上の器種分類とでは，そもそも分類基準が異なっている。したがって考古学上の「壺」が，古代においてもそう呼ばれていたとはかぎらない。前者のなかには，古代の「瓶（かめ）」が含まれている。荒井秀規によれば，『延喜式』の瓶は「頸が長く口が小さい器で用途として「いれる・たくわえる」のほかに「そそぐ」がある器」で，水・酒・油・酢などの液体を容れるものとしている〔荒井 2004〕[(3)]。また，その器形は「口頸部の長い「かめ」で，考古学で言う長頸壺に当たる。（中略）堅魚煎汁を容れた「つぼ」としてよく知られる「壺」も瓶に当たろう」とし，件の須恵器壺Gが古代の「瓶」に含まれることを指摘している。本稿でも荒井にしたがい，ここからは須恵器壺Gという名称に代えて，その名前を「須恵器長頸瓶」と呼ぶことにしよう。

瓶の器形は，液体物の運搬や保管に適している。頸を細長く，開口部を小さ

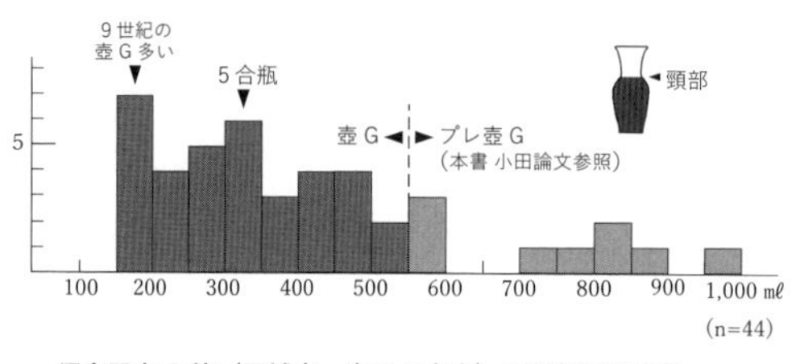

須恵器壺G等（平城宮・京ほか出土）の頸部以下容量

『延喜式』大膳式 平野雑給料の堅魚煎汁

図3　須恵器壺Gの容量と平野祭の五合瓶

くすることで，内容物（液体）の漏れや蒸発を防いでいると考えられるからである。そして現代人も，この器形の機能的意味を感覚的に察知できるのであって，それが液体物の容器であることは，須恵器壺Gをめぐる諸説においては自明の前提なのである。したがって以下の議論でも，これ以外の可能性は検討しない。それはやはり，液体物の保存容器なのである。

瓶で数えた堅魚煎汁

ここで問題の核心に迫ろう。古代の堅魚煎汁は，本当に固形だったのであろうか？

じつに興味深いことに，器物としての瓶は必ず「口」で数えるのに対し，その内容物は「瓶」という単位で量ることがある。『延喜式』大膳式の平野雑給料〔虎尾編 2017，194-196頁〕では，平野夏祭のときに用いる堅魚煎汁を「七瓶」としており，それが瓶に容れてあったことがうかがえる。夏祭のときは5合入りの瓶で7本分だから，合わせて3升5合になる。同じく冬祭のときは「冬加二三瓶一」とあるから，10本で5升を消費したことがわかる。古代量の1合を約70 mℓと見積もる場合，5合は約350 mℓとなる。平城宮・京出土の須恵器壺Gは，頸部以下の容量が300〜350 mℓに集中するから，その多くが5合入の瓶にあたると考えられる（図3）。須恵器壺Gは，その容量からも堅魚煎汁の容器に適しているのである。この計算法にしたがえば，平野夏祭のときに用いた堅魚煎汁は約2,500 mℓ，冬祭のときは約3,600 mℓとなる。

『延喜式』のなかで堅魚煎汁は13ヶ所にみえるが，それが瓶に容れてあったことがわかるのはこの平野祭のときに限られる(4)。しかしこの記事により，古代の堅魚煎汁は瓶に流し込める液体であったことが知られるのである。この事実には，容器説への反論を無効にするだけの説得力がある。次節で古代の堅魚煎汁について考えるときにも，必ず参考になるはずである。また，堅魚煎汁を容れていた瓶が考古学上のどの器種にあたるかは，須恵器壺・瓶類の容量を詳しく調べる必要があるが，壺Gはその候補になりうる（第Ⅱ部第6章小田論文を参照）。

2　堅魚煎汁の再現実験

現代の「鰹色利」

古代の堅魚煎汁に類する商品を製造している鰹節の製造元が，静岡県に実在する。カネサ鰹節商店（賀茂郡西伊豆町）での聴き取りによれば，「鰹色利（かつおいろり）(5)」はカツオの身と頭・アラを5日間，寸胴鍋で煮込んで・濾してを繰り返したうえで，最後にはフライパンで煮詰めて作るという。その煮汁は煮込むほどに濃くなり，ある時点から粘性を帯びるようになる。最終的には水分を極力「飛ばし」，見た目も粘性も，「溶かしたチョコレート」のような状態にいたってようやく完成である。製品は冷めると固化し，カツオから作った膠（にかわ）のような状態になる。古代の堅魚煎汁も，カツオの煮汁をとことん煮込んで作られたと考えられるから，「鰹色利」はその再現を試みた一例とみて差し支えない。

その一般栄養成分分析と，20日間以上にわたる微生物検査をおこなった報告例〔五百藏ほか 2015〕によれば，「鰹色利」の保存性が高いことも明らかになった。この研究では，堅魚煎汁は保存が利くうま味調味料であったと考えられている。これに続く古代堅魚製品の復元実験で，三舟隆之氏らが再現した堅魚煎汁は，「冷めると煮凝りのように固まった」という〔三舟・中村 2019，457頁〕。さらに堅魚煎汁は「煮詰めるとゼリー状になるので，このような壺が容器として相応しいかどうか，疑問も残る」とも述べている〔三舟・中村 2019，450頁〕。つまり，筆者が属しているこの研究グループの中でも，「堅魚煎汁はゼリー状」であるため，須恵器壺Gはその容器ではない，と考えられてきた。

このような事実や観念は，容器説にとってはまったく不利にしか作用しないようにみえる。しかし本当に，堅魚煎汁は半固形だから瓶には入らないのだろうか？　自ら追試をおこなわずに，この推断をそのまま信じるわけにはいかない。堅魚煎汁は，平野祭のときには瓶に入っていたのである。ここは反対に容器の側から，古代における堅魚煎汁の状態を考えてみよう。換言すると，容器説はどのような条件下で成立するであろうか。

古代の堅魚煎汁が須恵器の長頸瓶に流し込めたかどうかを明らかにするためには，「鰹色利」の製造現場に立ち会い，粘性試験に供するサンプルを少しだけ分けてもらう必要がある。古代の堅魚煎汁が，どの段階で完成とされたかはわからないから，煮詰め中の「鰹色利」がチョコレート状にいたるまでの過程で，さまざまな状態の試料を，多段階的に採取したい。こうした実験の目的と計画とをご説明したところ，カネサ鰹節商店のご厚意で，「鰹色利」を実際に製造していただけることになった[(6)]。

「鰹色利」の製造実験

「鰹色利」の再現実験は，2023年1月18日・19日の両日にかけて実施した。実験の条件や経過は，表に掲げるとおりであるが，このときはおもに時間の制約により，三つの段階に分けて速成することとした。「鰹色利」を実際に製造する作業は，カネサ鰹節商店の製造担当者がおこない，筆者は経過の記録や試料採取に専念した。なお，実験の進め方や試料採取のタイミングは，製造担当者と意見交換し，その現場で決定した。第1～第3段階の概要はつぎのとおりである。また，実験時の条件はまったく同じではないが，同年10月5日に第3段階の追加実験も実施している。

〈第1段階〉　アルミ製の寸胴鍋（内径50×深さ50 cm：100ℓ入）でカツオの頭部を煮込んでゆく（写真①）。原材料はカツオの頭部55 kg，真水38ℓである。1日目は10時30分に着火し，強火にて沸騰状態を2時間10分にわたり維持したうえで，15時20分に消火。寸胴鍋の煮汁から立ち込める魚臭が，強く鼻を突く。この間に適宜，試料No. 1～3を採取した。その後1時間放置して自然に冷却してから，アラを金網で掬い除去（写真②）。終業時に寸胴鍋を冷蔵庫に入れて保管した。

〈第2段階〉　前日用いた寸胴鍋の表層に浮かんだ油脂を除去し，中層部分の

15ℓ分をステンレス製の寸胴鍋（内径30×深さ30 cm：20ℓ入）に移したうえで，強火で煮沸。沸騰状態を1時間30分にわたり維持し（写真③），11時47分に消火した。煮汁は7ℓまで減り，着火時の約半分まで煮詰まった。喫水は当初，寸胴鍋の口縁部から10 cm下方であったが，最後には20 cmまで低下し，鍋の側面には泥質のリング（粘性高く焦げ付きやすい）が生成された。この間に採取したのは試料No. 4・5の二つである。ここまでに採取した煮汁はすべて，カフェオレのような色調を呈する。

〈第3段階〉　煮詰まった煮汁が，液体から「溶かしたチョコレート状」へと急速に変化する段階である。前段階で濃縮した煮汁を500 mℓずつ小分けし，それぞれフライパンに入れて，強火で加熱しつつヘラで攪拌する。第2段階までに濃縮した煮汁はすぐに煮詰まり，目を離すと焦げ付くおそれがある（写真④）。そこで加熱時間は4分・6分・8分とし，粘性が異なる3つの試料を得た（6a～6c）。このうち，8分の場合（No. 6a，写真⑤）は製造担当者が完成とみなす状態で，4分（No. 6c）・6分（No. 6b）の場合はこれよりもやや粘性が低い。

〈追加実験〉　上記実験の結果をふまえ，その補足実験を2023年10月5日に実施した。その目的は，No. 6aよりもさらに煮詰まった，流動状態から固形状態へと急速に遷移するタイミングの試料を多段階的に採取することであった。この実験では，流動性を失う直前のNo. 7a・7bと，その少し手前のNo. 7cとの3試料を得た。これらは1月時と同様に，55 kgのアラを約40ℓの真水で約6時間煮込んだ煮汁から，およそ3ℓ分を漉し取り，さらにフライパンで煮詰めたものであるが，煮詰め時間を分単位で計ることはせず，担当者の意見をよく聞いたうえで，経験的にみて，相当煮詰まった状態で火を止めることにした。しかし実験時には，No. 6aよりも高濃度で，かつ高粘度のサンプルが採取できたという確証は得られなかった。業務用のガスコンロとフライパンとを用いた煮詰め工程の最終局面では，煎汁の状態変化がかなり急激に進行するため，着火時からの計時による，煎汁の濃度および粘弾性の制御が非常に難しいからである。ともあれ，このようにして限界まで煮詰めたNo. 7aであるが，紙コップに移して少し冷ましてからでも，試料採取用のペットボトルに流し込むには何ら支障がなかった。ただし，取り分けに用いた紙コップに残留した煎汁は，冷えると固化し，ほとんど流動しなかった。

表　「鰹色利」製造工程の経過と試料採取のタイミング

段階		時刻	実験の経過と状況	煮沸用具	試料	煮汁の推定量	試料の状態
1日目	1	10:30	カツオ頭部55 kg・真水38ℓを寸胴鍋に投入し着火。	寸胴鍋（大）100ℓ入		約38ℓ	
		11:45	沸騰にいたらないまま消火。（昼休みのため1時間冷却）				
		12:45	着火し加熱。				
		13:15	沸騰状態に移る。				
		13:43	カツオ頭部崩れはじめる。		No. 1		サラサラで魚臭強い。油脂浮かぶ。
		14:10	カツオ頭部完全に崩れる。		No. 2		サラサラで魚臭強い。魚肉片あり。
		14:55	コンロ元栓を全開にし，強火へ。				
		15:22	消火。アラを除去するために冷却へ。（約1時間自然冷却）		No. 33		サラサラで魚臭強い。
		16:20	アラを金網で掬い除去。コンテナ2箱分を捨てるが，鍋底には泥質の沈殿物が残る。			約39ℓ	
		17:00	アラを除去し終え，ほぼ煮汁だけにしてから冷蔵庫で保管。				
2日目	2	10:00	前日の寸胴鍋から煮汁の中層部分のみを汲み出し，強火で加熱。	寸胴鍋（小）20ℓ入		約15ℓ	
		10:20	沸騰状態に移る。		No. 4		サラサラの状態。
		11:20	煮汁の水位が1時間で10 cm低下する。			約10ℓ	
		11:47	消火。鍋の側面に「色利」状のリングが生成する。（昼休みのため1時間冷却）		No. 5	約7ℓ	サラサラだがやや煮詰まった感じ。
	3	13:00〜13:10	煮汁約7ℓから500 mℓを取り分けて強火にかけ，沸騰後8分で火を止める。「鰹色利」の完成状態で，冷めると固化し始める。	フライパン口径30 cm	No. 6a		溶かしたチョコレート状で，ボトルを傾けると緩慢に流動する。
		13:24〜13:30	500 mℓを取り分けて強火にかけ，沸騰後6分（全体が泡立った瞬間）で火を止める。「鰹色利」の完成手前の状態。	同上	No. 6b		溶かしたチョコレート状で，6aと6cとの中間。
		13:42〜13:46	500 mℓを取り分けて強火にかけ，沸騰後4分で火を止める。全体に泡立つにはいたらず。6a・6bよりも粘性が低い状態。	同上	No. 6c		溶かしたチョコレート状だが，比較的流動しやすい。

写真① カツオ煮汁の煮詰め工程（1日目）

写真② 取り出したアラ

写真③ カツオ煮汁の煮詰め工程（2日目）

写真④ 「鰹色利」の煮詰め工程（No. 6a）

写真⑤ 試料 No. 6a（完成時）

写真⑥ 採取試料（2日目）

図4 実験のようす

流動する堅魚煎汁

「鰹色利」に対する粘性試験の結果は，この後の「鰹色利の粘性」〔第Ⅲ部第5章峰村論文〕に譲るとして，ここでは実験計画を立案し，実際の再現実験にも立ち会った観察者としての所見を述べておこう。

結論からいえば，今回製造した「鰹色利」を長頸瓶に注入することは可能である。なぜなら，もっとも煮詰めた試料No. 7a・7bが，採取容器に用いたペットボトルに難なく注ぎ込めたからである。火から外したばかりの，まだ温かい「鰹色利」は流動的で，掬い取ると重力で自然に流下するくらいの粘り気である。これを「溶かしたチョコレート」と表現した製造担当者は言い得て妙，ただし冷蔵すると固化し，流動性は失われる。古代の堅魚煎汁が，今回再現した「鰹色利」と同じような性質を有していたとしても，それゆえに長頸瓶には注入できない，とはいえない。この結論は，須恵器壺Gの用途をこれから再考するにあたり，必ず参考にできるはずである。

本実験の限界――堅魚煎汁は「ゼリー状」だったか？――

今回の「鰹色利」再現実験と粘性試験とは，控え目にいっても容器説を否定するものではなく，むしろそれへの異論に反駁するものであった，といえる。この点において，今回の再現実験は一定の成果を得た。しかしながら，堅魚煎汁の再現実験はこれで終わりではない。

上で引用したように，瀬川裕市郎氏は鹿児島県産の煎脂と，試作した堅魚煎汁を「ゲル状」「ゼリー状」と形容している。また山中章氏も，自作のそれを「ガム状の固体」と評した。そして筆者らの実験でも，アラを長く煮詰めることによって，「溶かしたチョコレート」状の煎汁を得たのである。おそらくこのようにして，両氏が再現したのと同様の煎汁を筆者らは作りだしたはずだが[(7)]，この結果からいえるのは，その生成物は瓶形容器に注入できる，ということにすぎない。今回の実験だけでは，古代の堅魚煎汁も粘性が高かった，ということまではいえないのである。つまり筆者らの実験は，瀬川・山中説への反証にはなるが，堅魚煎汁の再現という点では，なお不完全である。まだ試していないレシピを，これから実験的に確かめる必要があろう。

古代の駿河国・伊豆国で作られ，都城に運ばれたそれらは，本当にゼリー状だったのか？　須恵器壺Gの用途をめぐる議論のなかで，堅魚煎汁はそのようなものとしてつねに想起されてきたが，この「常識」自体も疑うべきである。第1節で述べたような議論からの脱却が，駿豆産の須恵器長頸瓶をよりよく理解するための道筋[(8)]であるといえよう。

おわりに

上述の実験レポートは，古代の堅魚煎汁が高粘度の「ゼリー状」であっても，駿豆産の須恵器長頸瓶はその容器になりえた，ということを意味している。この実験により，須恵器壺Gの用途をめぐる議論の前提が一つ固まったことになる。しかし，上で示した実験の経過が，そのまま古代のレシピであるとは限らない。繰り返すように，ここまでの実験だけで古代の堅魚煎汁が再現できたと判断するのはまだ早い。

追試も含めて二度にわたり，カツオのアラを煮詰めることで高粘度の煎汁を試作したものの，これで古代の堅魚煎汁が再現できたとは筆者には思えなかった。アラを極限の粘り気まで煮詰めてゆけるのは，豚骨スープが作れてしまうアルミ製の寸胴鍋や，テフロン加工のフライパンを用いているからである。土師器の堝形土器では，同じものは到底作りえないことも容易に想像できる。今回の実験は，その諸条件の一つがあまりにも現代的すぎた，といえる。

そこで対照実験として，カツオの煮汁のみをさらに煮詰めてゆくという条件のもと，煎汁の試作実験をおこなったところ，想像以上の好結果を得た。そのレシピは今後，追試を重ねることで改良を加える余地があるが，カツオのうま味と，保存も利く適度な塩分濃度とを両立させた，まさに煎汁（煮堅魚の煮汁をさらに煮詰めた液汁）というべき液体を製造できる見通しをすでに得ている。今後もさまざまな方々のご協力を受けながら，堅魚煎汁をうま味の強い液体調味料として再現してゆきたい。これから試みる実験のほうが，きっと重要であるにちがいない。堅魚煎汁の研究は，これからが本番である。

註

(1)　瀬川裕市郎氏が詳しく述べているように，現代における堅魚煎汁の有力産地は鹿児島県である。現地ではこれを「煎脂（煎汁とも）」という。現在，鹿児島県内で販売されている煎脂には「煮込んだ堅魚汁が多少の弾性と堅さを持ってゼリー状に固まった」七島煎脂〔瀬川 1997，13頁〕もあるが，「枕崎や鹿児島市内のものは島嶼部のものに比べて，柔(ママ)らかく流動性に富んでいる」，という〔同，15頁〕。つまり，煎脂の流動性には硬軟2種がある，ということである。このちがいはカツオの煮汁にその頭を入れるかどうかに起因しているようで，これを加えた薩摩七島産はゼリー状になり，加えずに煮汁のみを煮詰めた枕崎産には多少の流動性がある，と読める。この場合，品質が良いのは前者のほうで，七島産のほうが有名であったようである。

(2) 例えば柴垣勇夫氏は，藤枝市助宗古窯の歴史的位置に関連した講演録のなかで，須恵器壺Gがカツオの煮汁の容器であった説を紹介し，「この容器が助宗窯で大量に焼かれていた」と述べている〔柴垣 2003〕。この言説は瀬川説や山中説などより新しく，しかも容器説を説得力ある学説として推す内容となっている。また『藤枝市史』通史編上も容器説を紹介し，これ以外の学説には触れていない〔藤枝市史編さん委員会 2010〕。

(3) 『延喜式』主計式などにみえる瓶には水瓶・酒瓶・酢瓶・油瓶や，負瓶・筥瓶・平瓶（ひらかめ・ひたいかめ）などがあり，前四者が液体物や油を容れていたのは明らかである。

(4) 平野神社は大和国から平安京に遷した神社であるから，平野祭は平安時代に降るものと考えられる。

(5) 以下では，カネサ鰹節商店が製造している，カツオ煮汁を原材料とする商品を「鰹色利」とし，古代の調味料である堅魚煎汁とは区別しておく。

(6) 現在の当主である芹沢安久氏にうかがった話によると，「鰹色利」は10年くらい前から製造しているものの，その古い製法が伝わっているわけではなく，試行錯誤を経てレシピを考案したものである。また，鹿児島県の「煎脂」製造元との技術的交流はない（2023年1月19日聴き取り）。

(7) 瀬川氏や山中氏がおこなった堅魚煎汁の再現実験は，その追試ができない。実験の条件（原材料や煮汁の量）や経過（用いた調理器具や煮詰め時間の記録）が明らかでないためである。また，彼らの実験は全体に小規模であったために，煎汁がすぐに煮詰まって「ゼリー状」になった可能性も否定できない。堅魚煎汁の再現実験には，十分量の材料を確保し，業務用の設備を用いることが必要条件である。そうしないと再現性が低い実験結果にもとづき，「煎汁は流動しない」という，間違った結論を下すことになる。須恵器長頸瓶の用途をめぐるこれまでの議論は，的外れなまま空転していたという可能性もある。

(8)　仮に須恵器壺Gが堅魚煎汁の容器になりえたとしても，この見方を否定することで成立していた山中説（水筒説）や佐野説（華瓶説）が，その意義を失うことはない。むしろこれからは，これら学説をさらに洗練させ，かつ容器説との共存を図りつつ，須恵器壺Gの有用性や，そのライフ・ヒストリーを余すところなく説明できる総合説の確立を目指すことになろう。

参考文献

荒井秀規 2004「延喜主計式の土器について（上）」『延喜式研究』20

五百藏良・西念幸江・三舟隆之 2015「古代の調味料としての鰹色利—鰹色利における保存性—」『東京医療保健大学紀要』10-1

大川勝宏 2021「謎のやきもの　須恵器壺G」『陶説』818

佐野五十三 1998「須恵器花瓶の成立—仏の手から娑婆の世界へ—」『静岡県考古学研究』30

柴垣勇夫 2003「平成13年度市史学習会　古代助宗古窯の歴史的位置」『藤枝市史研究』4

瀬川裕市郎 1997「堅魚木簡に見える堅魚などの実態について」『沼津市博物館紀要』21

巽淳一郎 1991「都の焼物の特質とその変容」町田章・鬼頭清明編『新版　古代の日本6　近畿Ⅱ』角川書店

虎尾俊哉編 2017『延喜式』下，集英社

藤枝市史編さん委員会 2010「古代の藤枝地域」『藤枝市史』通史編上

三舟隆之・中村絢子 2019「古代の堅魚製品の復元　堅魚煎汁を中心として」『国立歴史民俗博物館研究報告』218

宮下章 2000『ものと人間の文化史97　鰹節』法政大学出版局

山中章 1997「桓武朝の新流通構造—壺Gの生産と流通—」『古代文化』49-11

付記：今回再現した「鰹色利」は，カネサ鰹節商店の店主である芹沢安久氏の多大なるご協力のもと，「ロクさん」こと鈴木剛氏の手によって製造された。また，煮堅魚および堅魚煎汁の再現に関しては，山崎資之氏（静岡県水産・海洋技術研究所）から多くの示唆を得た。各氏のご厚意とご教示に感謝の意を申し上げたい。

6　須恵器壺Gとはどのような容器か？

小田裕樹

はじめに

須恵器壺Gとは，奈良時代後半から平安時代前半にかけて都城と駿河・伊豆地域を中心に分布する容器である。奈良文化財研究所の器種分類によると「細長い体部に，太くて長い頸部を付す形態で，轆轤(ろくろ)水挽き成形で作られる」と説明される〔神野・森川 2010〕。

壺Gの用途については本書第Ⅱ部第5章の森川論文で整理されているように，堅魚煎汁(いろり)容器説・水筒説・華瓶説がある。しかし，これらの諸説では，「煎汁」の性質が議論の焦点となっており，その基礎となる壺Gそのものの考古学的所見については，研究の初期に提示された認識から変わっていない。

そこで本報告では，壺Gの考古学的特徴を再度整理し，壺Gの容器としての特質や成立過程について検討したい。これらの検討を通じて，壺Gが「堅魚煎汁の容器」たりうるのか，についての手掛かりを得たい。

1　研究史と問題の所在

研究史

壺Gは『平城宮発掘調査報告Ⅶ』の器種分類の際に設定された〔奈良国立文化財研究所 1976〕。ここでは，「縦長の器体に，太く長い口頸部をのせたもの」，「ロクロ上で器体から口頸部までを一気に挽いて作っており，内外全面にロクロ痕跡が明瞭に残っている」とされ，器種分類表で実測図が提示される。

巽淳一郎氏は概説書のなかで壺Gを取り上げ，①8世紀末～9世紀中頃に存続し，②駿河・伊豆地域で生産されたこと，③都城ほかで出土する，という特

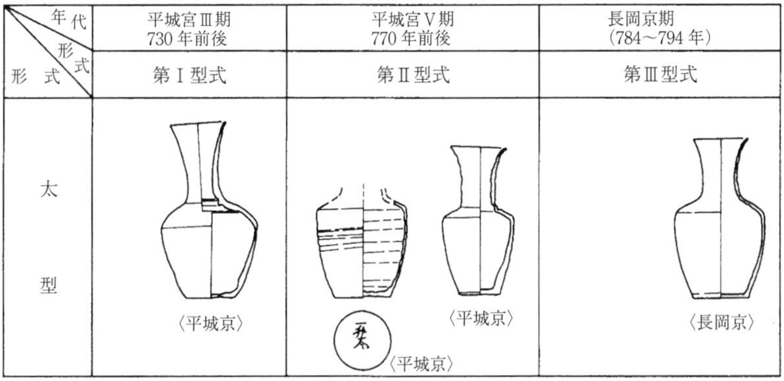

年代／形式	平城宮Ⅲ期 730年前後	平城宮Ⅴ期 770年前後	長岡京期 （784～794年）
形式	第Ⅰ型式	第Ⅱ型式	第Ⅲ型式
太型	〈平城京〉	〈平城京〉 〈平城京〉	〈長岡京〉

壺G太型の型式変化

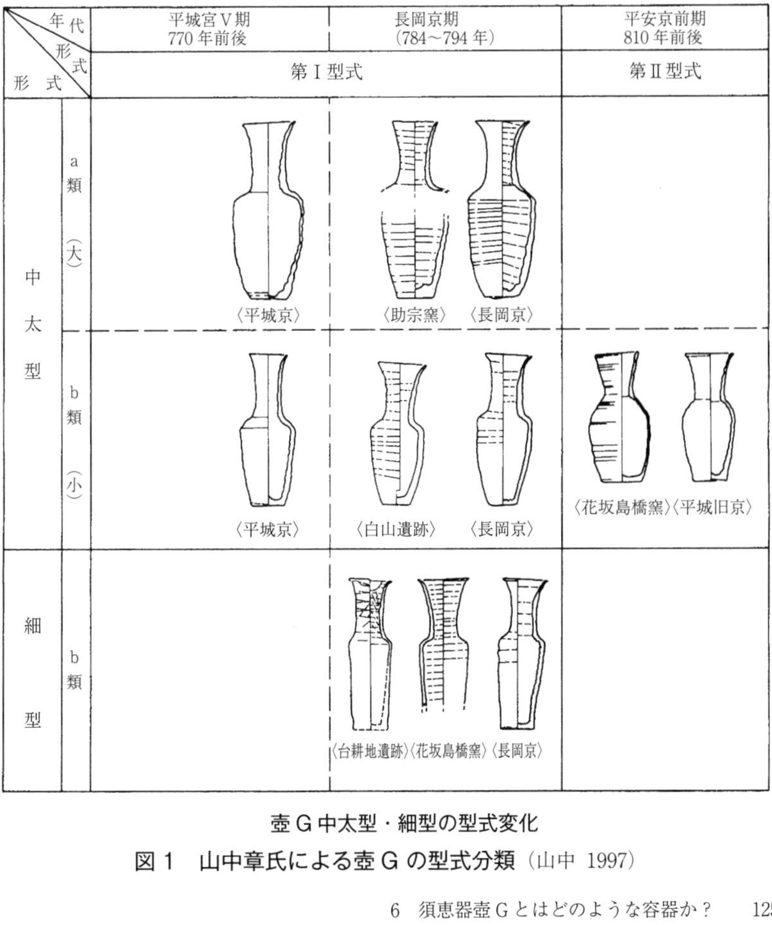

形式		平城宮Ⅴ期 770年前後	長岡京期 （784～794年）	平安京前期 810年前後
		第Ⅰ型式		第Ⅱ型式
中太型	a類（大）	〈平城京〉	〈助宗窯〉〈長岡京〉	
中太型	b類（小）	〈平城京〉	〈白山遺跡〉〈長岡京〉	〈花坂島橋窯〉〈平城旧京〉
細型	b類		〈台耕地遺跡〉〈花坂島橋窯〉〈長岡京〉	

壺G中太型・細型の型式変化

図1　山中章氏による壺Gの型式分類（山中 1997）

徴を挙げ，駿河・伊豆国からの貢納品である「堅魚煎汁」の容器である可能性（以下，煎汁容器説と呼ぶ）にはじめて言及した〔巽 1991a〕。秋山浩三氏は長岡京出土須恵器の胎土分析の所見を整理するなかで壺Gについても言及し，壺Gを胎土から4群に分類した〔秋山 1992〕。山中章氏は壺Gについて都城出土壺Gを集成し，太型・中細型・細型に型式分類し，変遷と年代観を整理した〔山中 1997〕（図1）。また山中氏は壺Gの用途について，自作した堅魚煎汁の所見をもとに，煎汁容器説に疑問を呈し，壺Gの盛行年代が長岡京期であること，関東・東北地方からも壺Gが出土すること，武蔵産とみられる壺Gが存在することを根拠に，桓武（かんむ）朝における東北政策と関連づけ，征夷軍兵士の水筒として用いられた可能性を提起した。佐野五十三氏は山中章氏の型式分類を踏襲しつつ，壺Gの全国集成をおこない，分布について整理した〔佐野 1998・1999〕。そして，壺Gの用途について，仏器の一つである華瓶とみる説を展開した。

問題の所在

以上の各説をみると，壺Gの用途をめぐる議論に対して，その基礎となる壺Gの考古学的特徴を論じたものは多くない。そのなかで，壺Gが①奈良時代後半から平安時代前半まで存続する，②駿河・伊豆地域の須恵器窯で生産され都城を中心に分布する，③関東・東北地方にも分布が広がる，という点は共通認識といえ，この認識のうえで壺Gの用途論が展開されている。

壺Gの考古学的な分析としては，山中章氏の所見と型式分類がもっとも詳しくかつ踏襲されている。ただし，山中氏は時期的に古いと見た「太型」の壺Gについて，平城京出土例は少ないこと，長岡京・平安京から出土する壺Gと違いが多く別形式の可能性もあることを指摘したが，詳細な検討はおこなっていない。

しかしながら，天平年間の荷札木簡より奈良時代中頃に駿河・伊豆両国から堅魚煎汁を運んだことは確実であり，その運搬容器を追究することは重要である。その候補となりうる平城京出土の「太型」の壺Gについてはさらなる検討が必要と考える。

以上の問題意識から，本稿ではまず消費地・生産地出土の代表的な壺Gの観察・分析を通じて「典型的な壺G」の考古学的特徴を明らかにし，容器としての特性をまとめたい。そして，平城京出土の「壺G」を見直し，壺Gがどのような過程を経て成立したかについてほかの器種も含めて検討する。この過程で，壺Gが「堅魚煎汁の容器」となりうるか，についても解決の見通しが得られるものと考える。

2　資料と方法

対 象 資 料

平城宮・京出土壺Gについては，奈良文化財研究所が報告・所蔵している資料を，駿河・伊豆地域出土壺Gについては，藤枝市助宗窯(すけむねよう)・御子ヶ谷(みこがや)遺跡〔柴垣 2007，佐野 1999〕および伊豆の国市花坂島橋(はなさかしまはし)窯〔秋本 1976，伊豆長岡町教育委員会 1994〕出土資料を観察・分析対象とした。

また，容量・形態の比較のために，奈良文化財研究所が報告・所蔵している平城宮・京出土壺K・壺M・壺Lも対象に加えた。壺Kとは「細長い頸部と肩が張り稜角を持つ体部からなる長頸壺。平底で高台を付す例が多い」器種であり，壺Mは「平底の丸い体部に外反する頸部を付す小型の器である。高台を付す例もある。轆轤水挽成形で作られる」，壺Lは「卵形の体部に外反する頸部をもつ。口縁端部は丸くおさめるものと外面に面を持つものがある。高台を付す例がある」と説明されている〔神野・森川 2010〕。

研究の方法

各資料について実見観察をおこない，考古学的特徴を抽出した。特に，製作技法に関わる痕跡に注目し，壺Gの製作工程の復元を目指した。

また，貯蔵容器としての壺Gの特質を知るために容量分析をおこなった。これは，平城宮・京出土資料を対象とし，砂を入れての計量と図上計算の2種の方法を用いた。

砂を入れての計量では，体部最上位（頸部内面下端）まで砂を入れ，メスシリンダーで容量を量った。また図上計算では，実測図断面の内径（半径）を高さ5mm単位で読み，上下の内径の平均値を半径とする円筒の積み重ねとみ

図２　壺Ｇの製作痕跡（藤枝市郷土博物館所蔵，筆者撮影）

て[1]，体部最上位までの総和を算出した。実測図の性格上，完全な円筒形とはならない実物に砂を入れる計量方法との間に誤差が生じることは認識しているが，容量分布の傾向を把握する目的のもと，分析資料数を増やすための次善の策として併用することとした。

3　分　　析——壺Ｇの考古学的特徴——

壺Ｇの製作工程

壺Ｇの製作にかかわる痕跡として，以下のものが重要と考える。

・体部内外面に凹凸ができ（図２-③），粘土紐の接合痕跡は確認できない。
　このことから，体部は円盤状粘土からの轆轤水挽きにより成形されたとみ

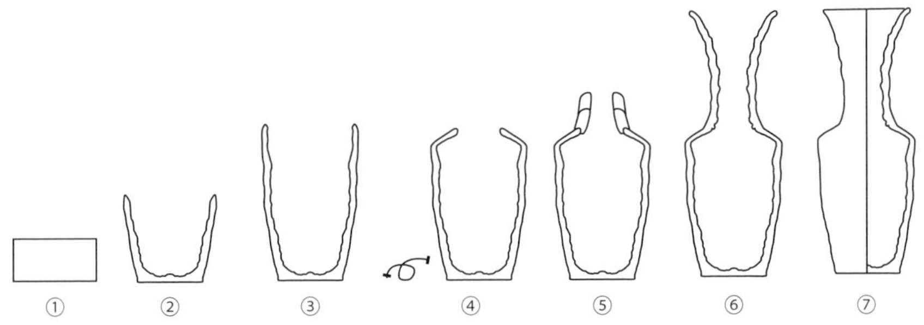

図３ 壺Ｇの製作工程復元案

られる。

・助宗窯資料のなかに肩部上面が擬口縁状を呈する破片（図2-①）や，体部粘土と口頸部粘土の色調が明らかに異なる破片（図2-②）がある。これは体部～肩部までを成形したあとに乾燥を挟み，その後，肩部上面に口頸部粘土を貼り付け，口頸部を成形したことを示している。(2)

・底部外面に静止状態での糸切り痕跡が残る（図2-④）。これは成形後，糸切りにより底部円盤を轆轤台から切り離したことを示す。また，糸切り後に底部側面（体部最下部）にヘラケズリを施す資料があるが，これは助宗窯資料に多い。一方，花坂窯資料ではヘラケズリをおこなわずに，切り離したままもしくは軽くナデ調整を施したものがみられる。

以上の観察の結果，壺Ｇの製作工程について，以下の過程が復元できる（図3）。

すなわち，轆轤台に粘土円盤を設置する（①）→体部水挽き（②）→肩部まで引き上げ（③）→糸切りによる切り離しと乾燥（④）→口頸部粘土貼り付け（⑤）→口頸部引き上げ（⑥）の工程を経て製作されている。

この画一的な工程が壺Ｇ製作の特徴といえ，この方法により細長くラッパ状に開く口頸部と，肩部が張らないスリムな形態を製作していたとみられる。ただし，口頸部の成形方法や底部切り離し後の体部側面下部の調整手法に細かな違いもみられ，助宗窯および花坂窯の製作工人の違いや時期差を表している可能性が考えられる。

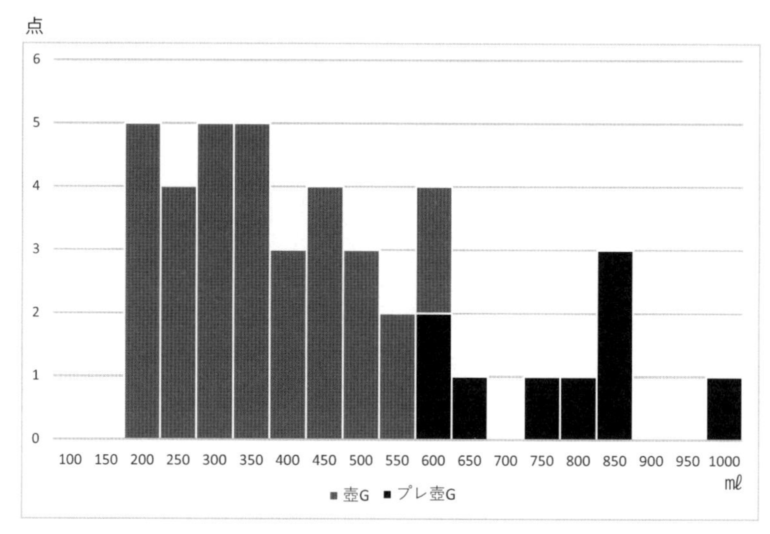

図４　壺Ｇ・プレ壺Ｇの容量（mℓ・cm^3）

また，この製作工程では成形後，器面を整える最低限のナデ調整を施すのみで，長頸壺（壺Ｋ）などに多くみられる頸部や体部への沈線などの装飾が施されない点も特徴といえる。壺Ｇの製作にあたっては徹底的に効率化・省力化が図られており，容器としての量産志向を読み取ることができる。

壺Ｇの容量

計量・計算結果をヒストグラムで示した（図４）。これをみると，平城京出土壺Ｇの容量は200～450 mℓにピークがあり，700 mℓを超える大型の一群とは分かれる可能性がある。また長岡京期や平安時代前半の壺Ｇはすべて200～350 mℓに属し，大型の一群は奈良時代中頃～後半に属する。ここから，壺Ｇは時期によって小型化していたことが読み取れる。

小　　結――壺Ｇの考古学的特徴――

壺Ｇの観察と容量の分析から，①画一的な製作工程により細長い形態を作り出す，②容量は200～450 mℓが中心で，小型化する傾向があることを確認した。また，③装飾を施さず粗雑な作りからみて，壺Ｇは容器そのものよりも内容物が重視されていたことがうかがえる。さらに，④生産地から離れた都城などの消費地で出土することから，運搬容器として使用されたことが考えられる。

これらの考古学的特徴から，須恵器壺Gを「小容量の内容物の貯蔵・運搬に適した容器」と位置づける。この容器としての特性を活かすためにもっとも適した形態と製作技法が選択されたと考えられる。この典型的な壺Gは平城京の奈良時代後半以降の遺構や長岡京から出土しており，8世紀後半代には定型化していたものと考えられる。

以上のように，壺Gの考古学的特徴と小容量の貯蔵・運搬容器としての特性を見出した。では，この「典型的な壺G」がどのような過程を経て成立したのかがつぎの課題となる。

4　壺Gの成立過程

平城京出土の「プレ壺G」

平城宮・京出土資料の中に特徴的な壺が存在する。

〈二条大路SD5100出土例〉

SD5100からは多量の木簡が出土しており，紀年木簡は天平7・8 年（735・736）前後のものが特に多い。またこの木簡群のなかに堅魚煎汁の荷札木簡も含まれている。当該資料は壺Xとして報告されたが，すでに壺Gと似ること〔玉田 1995〕，壺Gの祖形となる可能性が高いこと〔金田 2001〕が指摘されている。砂による計量で843 mℓである〔奈良国立文化財研究所 1995〕（図6-2）。

〈左京三条一坊一坪SE9650出土例〉

SE9650は平城宮朱雀門南西の広場に設けられた井戸で，奈良時代中頃に廃絶したものと考えられている。壺の底部に「川津郷／□部⬜⬜／□〔瓱ヵ〕一口／⬜⬜三□」の墨書がある。砂による計量で963 mℓである〔大林・神野・諫早ほか 2012〕（図6-3）。

これらの壺は奈良時代中頃に帰属する出土遺構の時期からみて，典型的な壺Gに先行する。また，すでに山中章氏により「太型」の壺Gとして分類されていた型式〔山中 1997〕に位置づけられると考えるが，当時は出土例が少な

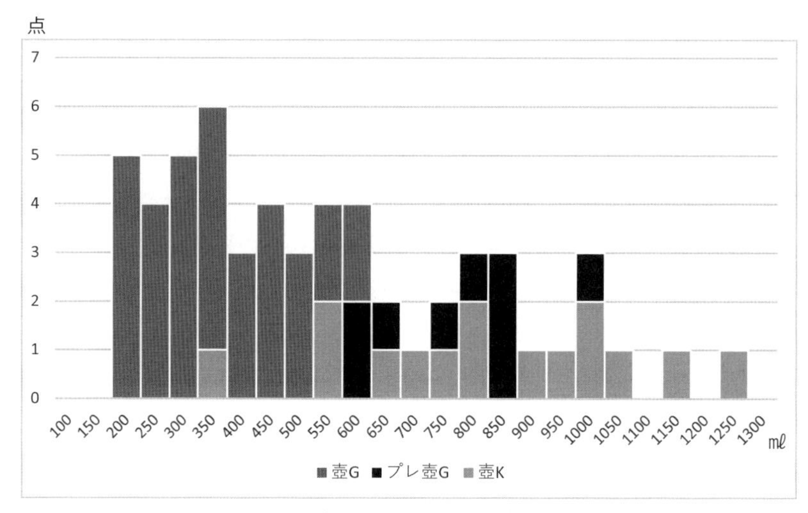

図5　壺G・プレ壺G・壺Kの容量（mℓ・cm³）

く，詳細な検討はおこなわれていなかった。

しかし，近年の調査例も含めて資料を見直すと，平城宮・京から一定量出土していることが判明した。これらの一群を「プレ壺G」と仮称してまとめたい[(3)]（図6-2〜4）。

プレ壺Gの形態的特徴は以下のとおりである。

・肩部が張り，稜角をもつことも多い。

・風船技法を用いた三段構成となる。

・高台が付かない。

・底径が広く，底部切り離しは糸切りとヘラ切りの両者がある。

・容量は600 mℓ以上である。

これらの特徴は，壺Gと共通点が多いが，一方で形態・製作技法からみて壺K（長頸壺）とも共通する諸特徴を有している。ここから，プレ壺Gは壺Kと壺Gの中間的な特徴を持つ形式として位置づけたい。これは先にみた容量分析で容量の大きい壺Gとした一群であり（図4），容量からも壺Kと壺Gの中間に位置づけられる（図5）。

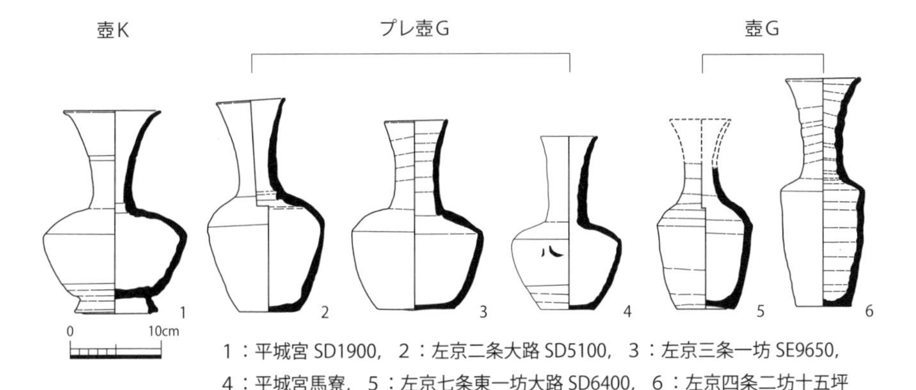

図６　平城宮・京出土の壺Ｋ・プレ壺Ｇ・壺Ｇ　1：8

壺Ｇの成立過程

壺Ｋは古墳時代後期の台付長頸壺の系譜上にあり，奈良時代前半代まで普遍的な貯蔵・運搬容器であった。奈良時代中頃からみられるプレ壺Ｇは壺Ｋと同様の製作技法であるが，高台を付けずに平底とする点，底部糸切り技法や容量が小さい点が特徴である。また，奈良時代後半に定型化する壺Ｇは壺Ｋ・プレ壺Ｇに比べ，さらに容量が小さく，細長くラッパ状に開く口頸部と肩部が張らないスリムな形態が特徴である。

このことから壺Ｋ・プレ壺Ｇ・壺Ｇを連続的に捉えることができ（図6），汎用性の高い貯蔵・運搬容器のなかから小容量の内容物の貯蔵・運搬に適した形態として壺Ｇが分化しており，この形態を得るために製作工程が最適化されていたと解することが可能である。

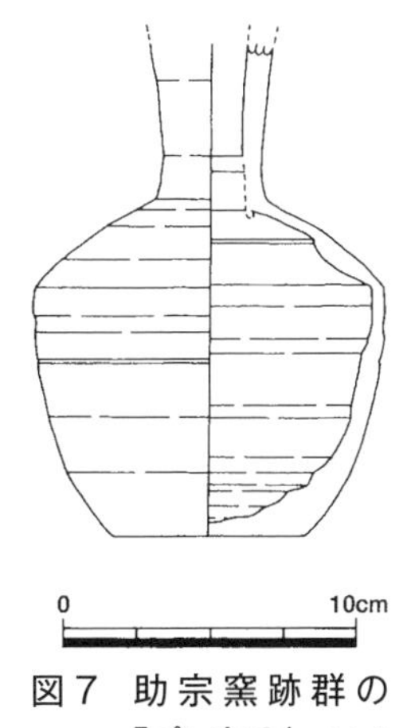

図７　助宗窯跡群の「プレ壺Ｇ」　1：4

奈良時代中頃から後半にかけて貯蔵用器種の分化・再編が生じていた可能性があり〔巽 1991b，金田 2001〕，壺Ｇもその分化・再編の流れのなかで成立した新たな小型貯蔵・運搬容器として位置づけられる可能性がある。

なお，生産地では藤枝市助宗窯からプレ壺Ｇとみられる壺が出土しており（図7），駿河地域においてプレ壺Gが生産され，次いで壺Gが成立した可能性が推測できる。ただし，助宗窯の窯および製品の技術的関連性が深い遠江地域など東海地方全体の須恵器生産の動向を視野に入れる必要があり〔柴垣 2003，鈴木 2023〕，プレ壺G・壺Gの成立過程については引き続き検討したい。(4)

5　壺Gの用途について

最後に壺Gの用途をめぐる議論について見通しを示したい。

煎汁容器説に対する批判の主な根拠として，①「堅魚煎汁」は個体・ゼリー状で壺Gには入らない，②堅魚煎汁の荷札木簡の年代（主に天平年間）と壺Gの存続時期（奈良時代後半〜平安時代前半）が合わない，③壺Gは駿河・伊豆地域だけでなく内陸の武蔵国域の須恵器窯でも生産されている，④壺Gは都城だけでなく，関東・東北地方の一般集落からも出土する，の4点がある。

このうち本報告の検討結果からは，②の批判に対して，壺G成立以前の時期の堅魚煎汁が壺Kや「プレ壺G」に容れて運搬されていた可能性を提示したい。

また，③，④の批判については，壺Gが小型の貯蔵・運搬容器として堅牢かつ運びやすい形態であったため，同容量の貯蔵・運搬に適した容器として他地域でも生産され，使用された結果と解することもできる。(5)筆者は，壺Gの用途について煎汁容器説と水筒説は対立するものではなく，煎汁運搬用の新型容器として壺Gが生まれたのち，水筒など他用途に使用可能な容器として他地域で生産された可能性を考える。一方で，製作工程の効率化・省力化が図られ，最低限の調整のみで装飾を施さない壺Gの考古学的特徴は，単なる容器以上に仏教用具としての意味を重視する華瓶説に対して不利な要素である。

煎汁容器説を採る場合，典型的な壺Gの成立は生産にコストのかかる堅魚煎汁の稀少性に対応して，運搬時の破損リスクの低下と運搬効率の向上のための改良の結果であった，との位置づけを与えうる。堅魚煎汁の粘度など性状と対応させたプレ壺G・壺Gの機能的な意味については，本科研で取り組んでいる煎汁の再現結果をふまえつつ，今後の検討課題としたい。

おわりに

本稿では，須恵器壺Gの観察・分析をおこなった。その結果，壺Gとは「小容量の内容物の貯蔵・運搬に適した容器」であり，①奈良時代後半に定型化し平安時代前半まで存続する，②駿河・伊豆の須恵器窯で生産され都城を中心に分布する，③画一的な製作技法により細長い形態を作り出す，④容量は200〜450 mℓが中心である，との特徴を抽出した。

また平城京出土資料のなかに，典型的な壺Gに先行する「プレ壺G」として設定可能な一群が存在することを指摘した。これらの一群は形態・製作技法・容量からみて，奈良時代以前からの普遍的な貯蔵・運搬容器である壺K（長頸壺）と壺Gの中間タイプに位置づけられる。ここから，壺Gは壺Kから分化し，奈良時代中頃のプレ壺G段階の試行錯誤を経て奈良時代後半に成立した新型容器であった，との見通しを得た。

従来，堅魚煎汁の荷札木簡の年代と壺Gの存続時期が異なる点が問題となっていたが，この時期の堅魚煎汁は壺Kや「プレ壺G」に容れて運搬されていた可能性が考えられる。

壺Gは堅魚煎汁を貯蔵・運搬するための容器を改良する過程で成立した新型容器であったとの見通しを得た。しかしながら，プレ壺G・壺Gの成立過程や他地域で出土する背景については十分な検討ができていない。今後，平城宮・京出土の壺K・プレ壺Gの実態を明らかにするとともに，駿河・伊豆における壺G出現以前の貯蔵容器の生産・流通についても検討を深めたい。

註

(1) 高さ0.5 cmとなる一つの円筒の容積を｛(上の内径a＋下の内径b）/2｝^{2}×3.14×0.5で算出した。

(2) ただし，花坂窯出土資料や平安時代に属する平城京SD650出土資料にみられる「なで肩」の形態を呈する壺Gでは粘土の接合痕跡が明確でない資料が多く，これらは肩部・口縁部を一連で成形していた可能性は残る。

(3) プレ壺Gについては現在も集成を進めており，詳細については別稿で論じたい。

(4) 小型の貯蔵・運搬容器を用いて運ぶべき物品が多々あるなかで，なぜ駿河・伊豆で「小容量の貯蔵・運搬容器」として新たに壺Gが生まれたのか，という点についても考究を深める必要がある。

(5) ただし武蔵産の根拠とみられる鳩山町小谷A遺跡出土壺Gは窯内部や灰原からの出土ではなく，5号住居の堆積層から1点のみ出土した資料である〔鳩山窯跡群遺跡調査会・鳩山町教育委員会 1991〕。確実に鳩山窯跡群内で生産されたというには躊躇する資料である。一方で，栃木県寂光沢窯跡の灰原から壺Gが出土しており〔とちぎ生涯学習文化財団埋蔵文化財センター 2011〕，これは窯跡で生産された資料の可能性が高い。また，消費地出土例として熊本県二本木遺跡から壺Gが出土していることを知った〔熊本県教育委員会 2010〕。藤野一之氏・滝澤誠氏・山元瞭平氏のご教示を得た。

参考文献

秋本真澄 1976「伊豆長岡町花坂島橋窯址発掘調査報告」『駿豆の遺跡研究 2』

秋山浩三 1992「長岡京土器の蛍光X線分析と産地推定」『長岡京古文化論叢Ⅱ』

伊豆長岡町教育委員会 1994『花坂島橋古窯址発掘調査報告書』

大林潤・神野恵・諫早直人ほか 2012「左京三条一坊一・二坪の調査」『奈良文化財研究所紀要 2012』

金田明大 2001「宮都出土須恵器の製作技法」古代の土器研究会編刊『古代の土器研究―律令的土器様式の西・東 6　須恵器の製作技法とその転換』

熊本県教育委員会 2010『二本木遺跡群Ⅲ』

佐野五十三 1998「須恵器花瓶の成立」『静岡県考古学研究』30

佐野五十三 1999「壺Gの成立と伝播」『静岡県考古学研究』31

柴垣勇夫 2003「古代助宗古窯の歴史的位置」『藤枝市史研究』4

柴垣勇夫 2007「助宗窯跡群」『藤枝市史　資料編 1 考古』

神野恵・森川実 2010「1. 土器類」奈良文化財研究所編『図説平城京事典』柊風舎

鈴木敏則 2023「清ヶ谷古窯跡群を中心とした遠江・駿河・伊豆の窯業生産」『東海の古代官衙・寺院と窯業生産』地域と考古学の会

瀬川裕市郎 1997「堅魚木簡に見られる堅魚などの実態について」『沼津市博物館紀要』21

巽淳一郎 1991a「都の焼物の特質とその変容」町田章・鬼頭清明編『新版　古代の日本 6　近畿Ⅱ』角川書店

巽淳一郎 1991b「土器」『平城宮発掘調査報告 XIII』奈良国立文化研究所
玉田芳英 1995「SD5100 出土土器と特殊土製品」『平城京左京二条二坊・三条二坊発掘調査報告』
壺 G を見る会 1996「壺 G の生産と流通―静岡県の場合（その 1）」『静岡県考古学研究』28
とちぎ生涯学習文化財団埋蔵文化財センター 2011『寂光沢窯跡』
奈良国立文化財研究所 1976『平城宮発掘調査報告Ⅶ』
奈良国立文化財研究所 1995『平城京左京二条二坊・三条二坊発掘調査報告』
鳩山窯跡群遺跡調査会・鳩山町教育委員会 1991『鳩山窯跡群Ⅲ』
山中章 1997「桓武朝の新流通構造」『古代文化』49-11

付記：本研究にあたり，共同研究メンバーおよび下記の機関・方々のご協力を得た。
伊豆の国市文化財課，カネサ鰹節商店，奈良文化財研究所，鳩山町教育委員会，藤枝市郷土博物館，池谷初恵，岩木智恵，勝又直人，小崎晋，佐藤祐樹，神野恵，鈴木剛，芹沢安久，滝澤誠，仁科実華，藤村翔，藤野一之，山元瞭平。

Ⅲ　古代の堅魚製品再現への挑戦

1　古代堅魚製品の再現実験
――「荒堅魚」と「煮堅魚」――

三舟隆之・馬場　基

はじめに

古代律令国家，ひいては日本列島の基層文化を考えるうえで，カツオは重要なカギを握る。カツオのなかでも，古代国家において供給・消費量で最大であった「荒堅魚」の解明は，重要な課題であると考える。しかし，現在想定している「荒堅魚」の生産方法が妥当であるとするならば，その痕跡を考古学的調査から見出すことは非常に困難である。そこで，再現実験を通じて仮説の妥当性や，問題点を抽出する方法が有効であると考える（第Ⅰ部第1章馬場論文参照）。一方，カツオ漁とその加工品の生産体制という点からは，「煮堅魚」や「堅魚煎汁」の生産も視野に入れる必要が生じる。

こうした問題意識から，「荒堅魚」「煮堅魚」に求められる「条件」を整理して再現実験を実施し，データを蓄積してその実態に迫ることを試みた。

1　古代堅魚製品再現実験の研究史

平城宮跡などの都城遺跡出土の木簡には，「煮堅魚」「麁（荒）堅魚」（以下，「荒堅魚」）「堅魚煎汁」などのカツオの加工品名がみられる。「煮堅魚」や「堅魚煎汁」は，駿河・伊豆国などから宮都へ税として納められていたが，『延喜式』によると駿河・伊豆国からでは，運搬におおよそ20日間ほどかかる。そのためには保存性が高くなくてはならないが，その製品の実態はほとんど明らかになっていない。

律令期のカツオについて岡本範之氏は「堅魚」も「麁堅魚」「荒堅魚」も同じものを指し，それに対し「煮堅魚」については正税帳の例や賦役令の正丁の貢納量から,「煮堅魚」が「荒堅魚」などよりも高価であることを指摘している。[1]

そこでその保存性について実証しようという研究があり,瀬川裕市郎氏は『延喜式』や木簡にみえる「堅魚」について,実際にカツオで「煮堅魚」の再現実験をおこなった。それによれば,カツオをただ煮た「なまり節」は日持ちが悪く,『延喜式』にみえる都までの運搬日数では途中で腐敗する可能性があるという。また,「煮堅魚」はカツオを茹でて火乾して日干ししたもの,「堅魚」「荒堅魚」は火で炙らず日干ししたもので,「堅魚」と「荒堅魚」の双方が納められている木簡の例があるのでこれを別物とし,カツオの種類(マガツオ・マルソウダなど)が異なる可能性も指摘している。[2]宮下章氏も同様の指摘をおこない,「煮堅魚」は現在の鰹節の原型で,煮て干したものと解釈している。[3]

三舟隆之・中村絢子氏も瀬川氏と同様に,実際に「荒堅魚」「煮堅魚」に加えて「堅魚煎汁」の再現実験を実施した。まずカツオを3枚におろしたうえで,さらに一切れ100gに切り分けた。これは,木簡の記載から,「煮堅魚」・「荒堅魚」の1片が100g前後だと計算したことによる。そして①カツオを煮て干したもの,②カツオを煮て塩漬けにして干したもの,③海水とほぼ同じ3.4%の食塩水で煮たもの,④生カツオを塩漬けにしたものの4試料を作成した。「煮堅魚」については,蒸留水を2ℓ入れてカツオの切り身を中心温度が80℃になるまで煮た。その後それぞれを1ヶ月間,屋外の風通しの良いところで干し,一般細菌・大腸菌群の微生物検査をおこなった。その結果,加熱したものや天日干ししたものからは一般細菌は検出されなかったが,生カツオからは一般細菌が検出されている。この実験の結果から,煮たカツオに塩漬けして干したもの,あるいは海水で煮て天日干ししたものが「堅魚」「麁堅魚」に該当し,「煮堅魚」は煮て天日干ししたものの可能性が考えられると結論づけた。[4]

一方,「堅魚煎汁」の再現実験では,アラを入れたものと入れないものの2種類の煮汁を煮詰めた。その結果,アラを入れて煮詰めた煮汁の塩分濃度は11.4%であり,アラを入れない煮汁の塩分濃度4.8%に比べて,その保存性が高いことがわかった。

これらの実験は,具体的に堅魚製品を再現して微生物検査や成分分析をおこなうなど，データを丁寧に追ってその整合性を問う，という方法を古代食研究に新たに持ち込んだ点が評価されている。三舟・中村氏の研究によって再現実験の有効性が確認され，新たな史料の見直し，漁業状況の検討にまで踏み込むことができ，また古代堅魚製品に対するかなり高精度の見通しを得ることができた。

ただし，課題も残った。木簡などの史料からは「堅魚」「荒堅魚」と「煮堅魚」では大きく製品の量や価格が違い，「煮堅魚」の方が価値は高い。三舟・中村氏の想定する工程では，両者の製造にかかる工数はそれほど変わらず，むしろ「荒堅魚」の方が工数は多くなる可能性も想定される。また，「荒堅魚」「煮堅魚」の重量について，加工前の重量で考えるべきか，加工後の重量で考えるべきか，切り分けの形状や方法，カツオ漁の特性をふまえた場合に，こうした手間のかかる加工が生産地で実際に実現できるか，などの課題も残された。

一方，木簡の詳細な分析をふまえて，「荒堅魚」についてあらたな仮説が提示された（第Ⅰ部第1章）。そこでは，つまり，「煮堅魚」と「荒堅魚」という呼び分けの中核は，煮るという行為の有無にあるとした。そこで，「煮る」の工程をおこなわない「荒堅魚」と，改めて「煮堅魚」の再現とその比較・分析が必要となった。

2 「荒堅魚」の再現実験

実験の目的

『静岡県水産誌』における漁期と漁場から，古代の田子地区では，まず土用以後の季節に沿岸に近づいてきたカツオを追い込み漁で追い込み（第Ⅱ部第3章山崎論文参照），網を使って捕獲して解体・洗浄し，桶などに海水を入れて切り身としたカツオを海水に漬けたと思われる。およそ水産物を保存するには，発酵させるか乾燥させるか塩漬けするしかない。しかし西伊豆地方では製塩土器が見られないところから，塩漬けという方法は想定できない。とすれば，「荒堅魚」は塩漬けでもなれ鮨でもなく，保存が利き，大量のカツオを火を使わずに効率よく加工できる保存法は，現在知られている「潮鰹」こそが，「荒堅魚」の加工法のなかでもっともふさわしいのではないかと考えた。

海水の塩分濃度は約3.4%程度であるが，漬け込み回数や水分の蒸発などで塩分濃度は上がると推定される。その後，天日干しして乾燥させれば，都まで運搬できるほどの加工品となるのではないかという仮説を立てた。そこで西伊豆町で伝統的な加工法を受け継ぐカネサ鰹節商店の「潮鰹」を参考にし，新たに海水に漬け込む加工法による再現実験をおこない，以下の問題点について調査・検討をおこなった。

問題点1：木簡の貢納の時期は10月が多く，脂の多い戻りカツオでは脂やけなどの酸化の問題が生じ，保存には適さない。6月頃に獲れたカツオを海水に漬けた場合，果たして夏を越せるのか，土用以降のカツオで10月頃までに「荒堅魚」が作れるかという問題がまず挙げられる。その場合，長期間漬け込むことはよる問題が生じるのか。

問題点2：9月末以降の西伊豆に吹く西風の力を借りずに，堅魚製品を十分乾燥させることができるのか。

問題点3：海水を濃縮することで，十分保存できるのか。

問題点4：木簡などの史料によれば，古代の堅魚製品は「十一斤十両」という重量の規定がある。そこから考えると古代の堅魚製品は大体現在の約92gに相当する。この場合，切り身の段階では何グラム程度に切り分けるのが好ましいのか，またそうするためにカツオの大きさは，3枚におろして半身にしたあと，さらに1／4にカットし，最終的には1／8以下まで煮切る必要があるのか。またその場合，1／8までおろすのは技術的に難しく，作業効率は低下する可能性があるのではないか。

問題点5：加工法によって重量や保存性は変わるのか。例えば皮を除去してから漬けるのか，皮のまま漬けるのか。また皮を除去してからカットするのか，皮のままでカットするのか，どちらの方が身崩れは起きにくいのか，など，いろいろな条件で試す必要があるのではないか。

以上の問題点を検討するため，条件を想定・設定し，さらにカネサ鰹節商店の「潮鰹」についても分析して，海水に漬け込む加工法による古代の堅魚製品の諸問題を明らかにする。

実験方法

〈予備実験〉

6月に地元のカツオ漁最盛期に，アラ（頭部・内臓ほか）を処理した3kg前後のカツオ2〜3匹を3枚におろし，さらに縦に4分割・8分割し，「楚割（すわやり）」のように乾燥しやすいように加工する。その後，現在のカネサ鰹節商店の「潮鰹」の漬け汁（塩分濃度16% 以上）に漬け[5]，天日干しをおこなう。

この実験により，まず加工段階で作業効率について見通しを得ることができ，塩に漬け込んで干した場合の，漬け込みに要する時間，塩分の吸収状況，乾燥状況（時間・乾燥度），重量変化，作成中の劣化，保存性，季節的影響，およびそれらに身の大きさがもたらす影響のデータを得ることができると想定した。つまり，問題点1〜4についてほぼ網羅的に情報が得られると考えた。

〈第1回「荒堅魚」再現実験（7月7日）〉

そこで2023年7月7日にまず1回目の「荒堅魚」の再現実験をおこなった。試料（カツオ）は，千葉沖で漁獲された近海産のもの5尾を使用した。カツオ5尾の重量の平均は2.6kgで，まず半身と，半身を2等分したもの（1／4身），その1／4身をさらに2等分にしたもの（1／8身）の3種類を試料とした。半身の各重量の平均は0.80kgで，1／4身の各重量の平均は0.38kg，1／8身の各重量は平均0.23kgであった。

カツオの切り方については，カネサ鰹節商店の芹沢安久氏の協力を得た。その所見として，3枚おろしにした半身と1／4身まではカツオを切るのも楽で，それぞれの重量もあまり差はなかった。しかし1／4身をさらに半分にして1／8身に切る工程では，腹身と背では重量にばらつきが出た。一方，干すとある程度カツオの表面が堅くなるため，干してからカツオの身を切るのは比較的容易であるとのことであった。そこで細く切る理由が乾燥であれば，半身または1／4身で漬け込んで1日程度そのまま乾燥し，乾燥を早めるため順次さらに半分にした可能性も考えられるのでは，と考えた。

西伊豆地方では製塩土器はあまりみられないので，高価な結晶塩を使用するのではなく，海水を使用した可能性が高い。そこでまず塩水の漬け汁に漬け込むのであるが，漬け込む液はカネサ鰹節商店で潮鰹を製造する際に使用している，塩分濃度19% の漬け汁を使用させてもらった。それぞれをプラスチック製の容器に一緒に入れ，漬け汁を注いだあと木蓋を乗せ，さらに石を重石とした。カネサ鰹節商店の倉庫内の暗所にて保管した。その際漬け汁の微生物分析は，金田一秀氏に依頼した（第Ⅲ部第2章参照のこと）。

2週間漬け込んだあとの7月20日に1／4身の4本と1／8身の8本は天日干しをし，残りは9月に漬け汁から出して日干しした。半身のものは，1週間後1日干した後に1／4身1本と1／8身の2本にカットした。

天日干しは製品を竹の籠に並べ，晴天日を選んでおこなった。ある程度乾燥したら1本1本紐で結び，風通しのよい日陰で保管した。塩蔵の期間中，湿気ることや天日干しによる酸化のリスクは，あまりみられなかった。塩分濃度の高さから，動物や鳥（カラス）などによる害は少なく，ハエも寄らなかった。「煮堅魚」は籠などに入れて煮ないと煮崩れする可能性があるが，それに比べると想定される「荒堅魚」は塩水に漬けて天日干しするだけでできるので，労働の負担は「煮堅魚」に比べ少ないのではと考えられる。

〈第2回「荒堅魚」再現実験（9月21日）〉

2回目の実験は9月21日におこない，試料のカツオは三崎港水揚げの近海もので，1尾総重量3,060 gを用いた。3枚におろし，それぞれ半身の重量は1,060 g・1,035 gで，それぞれ塩分濃度25%のカネサ鰹節商店の漬け汁に漬け込んだ。10月5日に漬け汁から取り出し，漬け込み後重量を測定するとそれぞれ955 g・985 gで，これを1／8身にカットした。骨はなるべく取って漬けた方が水分は抜け，やや切りやすいようであった。各パーツの重量測定の平均は，最大265 g，最小85 gで，平均211 gであった。それぞれ天日干しの乾燥を1日おこなったあと，翌日に皮ありのままのものと皮を除去したものに分けた。その後約1ヶ月間，11月9日まで天日干しをおこなった。

今回の実験では，カツオを3枚におろした切り身を塩水を濃縮した漬け汁に漬けたが，生のカツオを平均的に切り分けるのは技術的に難しい面もあることが判明した。そこで別の実験として，カツオを半身のままで漬け汁に漬けてからカットする方法も試してみた。

〈第3回「荒堅魚」再現実験（10月6日）〉

10月6日に3回目の再現実験をおこなった。今回はまず秋口の戻りカツオを用いて，さまざまな保存方法を実証した。前回の実験では切ってから漬け汁に漬け込んだが，今回は各カツオの重量を揃えるため，漬け汁に漬けてから1日後にカットすることを試みた。そして1日漬けたカツオを皮ありのものと皮なしのものに分け，1ヶ月天日干しした。11月9日に測定した皮ありの平均重量は145g，皮なしの平均重量は99gであった。

結果と考察

以上のように，濃縮した海水に漬けたものが「荒堅魚」であるという仮説のもとにさまざまな実験をおこなった。漬け汁に漬け込んでからカットしたほうが作業は楽，とのことであったが，それでも重量を平均させるのは難しさが残った。また皮は除去するのが好ましいということも判明した。切ってから漬けるか，漬けてから切るか，皮をいつ除去するか，それらの問題はまだ課題が残ると考える。一方，保存法については，煮なくても天日干しをおこなうことで保存は可能という結論に達した。したがって，「荒堅魚」は濃縮した海水に漬けて天日干ししたものである，というところまでは明らかになったのではないかと考える。

3 「煮堅魚」の再現実験

実験の目的

2023年度は，現在の潮鰹の製法を参考にして「荒堅魚」を再現する際の有効性を実証する実験を中心におこなったが，「煮堅魚」についても再現実験をおこなった。

「煮堅魚」については，「カツオを煮たもの」という解釈では「なまり節」になり，保存は難しい。従来から伊豆半島の沿岸地域に多く出土する堝形(なべがた)土器が，カツオを煮るのに使用されたといわれており[(6)]，これを使って海水で煮た可能性が考えられる。そこで今回はカツオを海水で煮たあと，天日干しをおこなった。ただカツオの皮を除去したものは煮崩れしやすい可能性があるため，9月21日に予備実験として，まずカツオの皮を除去したものとそのままのものを比較するための実験をおこなった。皮を除去した際に，身が湾曲するかどうかを確認するのが目的である。そのため皮ありのものも比較するため，同様に煮た。

実験方法

〈予備実験（9月21日）〉

総重量2,945 gのカツオを3枚におろし，990 gとなった半身をさらに1／8身にカットした（平均重量：約248 g）。一方，940 gの試料の皮を除去したところ840 gになり，その半身も1／8身にカットした（平均重量：約208 g）。それぞれ海水を60℃に熱した鍋にカツオを全量投入し，その後80〜90℃で1時間煮た。煮たあとの重量は，皮ありでは平均825 g，皮を除去したものは，平均169 gになった。

その結果，80〜90℃では沸騰しないので皮を除去しても煮崩れは起きず，皮あり・なしの影響はなかった。その後，いったん竹編み籠で陰干しし，翌日から1ヶ月間天日干しをした。当初は若干腐敗臭があったものの，天日干しを続けるうちに解消した。カツオの身に白いカビ状のものが付着したが，金田一秀氏による微生物分析では，腐敗に影響するものではないという結果だった。天日干しした身は十分固いが，皮を除去しなかった方は脂が付着し，酸化が見られた。10月5日に天日干し乾燥後の重量測定をおこなったところ，皮ありは平均81 gで，皮を除去したものは平均約61 gであった。どちらも木簡の「十一斤十両」に近い数値となった。

〈本実験（10月5・6日）〉

予備実験では皮がなくても煮崩れはせず，皮のあるなしは影響がないことが判明した。そこで10月5日に煮堅魚の再現実験をおこなった。前回の実験では，カツオを最初の段階で1／8身にすると重量が一定にならないため，いったん半身で煮たあとカットする方法を試した。まず総重量2,890 gと3,000 gの2尾をそれぞれ3枚におろし，半身の重量を測定した。そのうちの半身（940 g）を皮ありのまま海水で80〜90℃で1時間煮た。また皮なしの半身（800 g）も海水で80〜90℃まで熱して1時間煮た後，翌10月6日に皮ありの1／8身にカットした。その際皮も除去した。

また800 gの半身は，皮を除去せず，1／8身にカットしたもの4本（平均重量：約224 g）と，皮を除去したもの4本（平均重量：約201 g）を海水で80〜

90℃まで熱して1時間煮た。翌10月6日に皮ありの半身の皮を除去して1／8身にカットして天日干しし，1ヶ月干した。その際，海水で煮たカツオの煮汁10ℓを東京医療保健大学へ運び，冷凍保存した。11月9日に重量の測定をおこなったところ，皮ありのものの平均重量は74g，皮を除去したものの平均重量は67gであった。

一方，カツオを漬け汁に浸けた「潮鰹」を煮るという実験もおこなった。9月21日に総重量3,030gのカツオを3枚におろし，それぞれ1,010g・1,040gの半身とした。その後，カネサ鰹節商店の漬け汁に2週間漬け込んだ。10月5日に漬け汁から取り出し重量を測定したところ，それぞれ970g・1,000gであった。その後80〜90℃の温度で1時間ほど海水で煮て取り出し，半身の重量を測定したところ，それぞれ685g・730gであった。煮たあと1時間冷まして半身を1／8身にカットし，重量を測定したところ4本の平均重量は162gであったが，煮たあとのカットは身がもろく崩れやすく，この方法は適さないと考えた。その後1ヶ月間天日干しをし，11月9日に重量を測定したところ，皮ありのものは平均重量157g，皮を除去したものの平均重量は約90gであった。

結果と考察

これらの各実験結果からは，カツオは皮を除去しないと脂が多くべたつきが認められ，酸化しやすいと考えられる。「煮堅魚」は加熱することで保存性は高まり，さらに天日干しも有効である。したがってカツオを3枚におろし内臓などのアラを除去した後皮も除去し，さらに海水で煮た後天日干しをすることで，「煮堅魚」はより保存性が高まると思われる。一方，皮を除去して濃縮した塩水に浸けた「荒堅魚」も，天日干しをすることで十分保存に耐えられると考えられる。

残った課題は，さまざまな実験で試したにもかかわらず，カットの切り身の重量の不揃いは避けられないこと，もっともシンプルに塩分濃度約3.4%程度の海水で漬けて，その後天日干しをおこなって保存が可能かどうかということである。これについては今後も実験を継続していきたい。

4　調の貢納と保存

製造と貢納

製造した「荒堅魚」や「煮堅魚」などの堅魚製品であるが，西伊豆地方のカツオの漁期は3〜8・9月なので，干したものを保管するか，漬け込んだ状態で保管してから干すかという問題では，漬け込んでから干した方が作業はしやすかった。また干す作業では一定期間の晴れ間が必要である。とすれば，カツオ漁の最盛期から梅雨を越して秋の晴れ間が多い時期が，もっとも干す作業にはよい。いずれにせよ第Ⅰ部第1章の馬場論文の指摘のように，調庸の貢納は11月末までであるから，貢納の運搬日数を考えると，現在の9月末までには堅魚製品は完成させておかねばならない。特に伊豆半島では現在の11月には西風が強く吹くため，漁には出られない。また古代では陸路は厳しく海路を利用していたと考えられるが，西風が吹けばそれも閉ざされる。律令制の貢納時期は，伊豆半島にとっても運搬のギリギリの期限でもあったのである。

「荒堅魚」保存上の問題点

カツオ，特に戻りカツオは脂質が多いので脂やけ（脂の劣化）を起こしやすく，酸化して保存や品質に問題が起こりやすい。そのため，できるだけ脂のないカツオを使うか，煮て脂質を除去するかが考えられる。しかし戻りカツオは鰹節が堅くならないくらいの脂があり，塩も入り込まないため保存しにくい。また塩が湿度を吸収するので，湿度を避けるか塩をさらに増やす必要があることも考えられる。そのため，今回の再現実験では脂がのらない時期のカツオを漬け汁に長期浸ける方法を検証した。ただこの場合，漬け汁に漬け込む容器や施設は検証できていない。そのうえで天日干しの有効性と，あるいは竈などでさらに加熱・乾燥を加える必要があるのか，これも課題として残った。

おわりに――次の課題に向けて――

今回，『静岡県水産誌』における漁期と漁場を調べ，西伊豆地方の沿岸で追い込み漁によりカツオを捕っていたことが判明した。さらに周辺では堝形土器の出土も確認されているので，これから古代の伊豆地方でどのようにカツオを加工・保存し，それをどのように調や贄として貢納していたか，貢納単位まで推測することが可能であると考えられる。しかしさまざまな条件で再現実験をおこなっても，まだまだ課題は残っている。今回は2022年度のシンポジウムの成果報告であるため，途中経過報告で終わっている点もあるが，今後もさらに「荒堅魚」の保存性について再現実験を継続したい。

一方で貢納された古代の堅魚製品はどのようにして食されていたのか，その可能性も西念報告を参照しながら，考えていく必要がある。『延喜式』などでは神祭の際に必ず献上されているのが「堅魚」である。今後はその利用法についても，再現実験をおこなう必要があると考えている。

今回の実験は，西伊豆町田子のカネサ鰹節商店の芹沢安久氏の協力によっておこなうことができた。ここに謝意を表したい。

註

(1) 岡本範之「律令期における煮堅魚生産の沿革—駿河国を中心として—」『山梨考古学論集』Ⅱ，1989年。

(2) 瀬川裕市郎「堅魚木簡に見える堅魚などの実態について」『沼津市博物館紀要』21，1997年，同・小池裕子「煮堅魚と堝形土器・覚え書き」『沼津市博物館紀要』14，1990年，同「煮堅魚と堝形土器・覚え書き2」『沼津市博物館紀要』15，1991年。

(3) 宮下章「古代人のカツオ」『ものと人間の文化史97　鰹節』第3刷，法政大学出版局，2010年，150-151頁。

(4) 三舟隆之・中村絢子「古代堅魚製品の復元—堅魚煎汁を中心として—」『国立歴史民俗博物館研究報告』218，2019年。

(5) 比較のため，カネサ鰹節商店の「潮鰹」の塩分濃度に準じた。

(6) 橋口尚武「伊豆諸島からみた律令体制の地域的展開—堝形土器を中心として—」『考古学研究』132，1987年。

（はじめに・第1節は馬場，第2節〜おわりには三舟が執筆した）

2　塩カツオ漬け汁の微生物学的検査からみた塩カツオの保存性

金田一秀

はじめに

魚の塩蔵についての歴史は古く，日本でも1,000年以上前からおこなわれており，朝廷への貢ぎ物に塩蔵魚が使われていたとされている。保存方法は，きわめて単純で，大がかりな施設も必要としないことから，現在でも魚介類の保存方法として，広く用いられている。しかしながら，一般細菌が生育できないような高濃度の食塩を含む環境においても，生育する細菌が存在している。これら細菌は，海洋環境や海洋性魚介類から多く検出され，塩漬け肉や塩漬け野菜からも同様に検出される。微生物の塩分濃度耐性には，低度好塩性・中度好塩性・高度好塩性および耐塩性の微生物が定義されている〔Frazierほか1988〕。

・低度好塩性細菌

食塩濃度が2〜5%の培地でもっともよく生育する。海水や海産物から検出されるグラム陰性桿菌で運動性を有する一般の海洋性細菌，腸炎ビブリオ，シュードモナス属菌，アエロモナス属菌やアクロモバクター属菌などが知られており，生育に低温を好む好冷細菌に属するものが多いとされている。

・中度好塩細菌

食塩濃度が5〜20%の培地でもっともよく生育し，肉や魚の塩漬けから分離されるが，耐塩性細菌も多く存在し，食塩濃度依存性について詳細に検討されていないものも多い。ビブリオ属菌・クロモハロバクター属菌やミクロコッカス属菌などが知られている。通常培地に食塩を5〜10%添加したものを用いて，培養することができるとされている。

・高度好塩性細菌

食塩濃度が20% を超える肉や魚の塩漬けで赤変する現象がみられることがある。これは，赤色色素を産生する高度好塩菌によるものとされている。その最適生育に20〜30% の食塩を必要とし，ハロバクテリウム属やハロコッカス属などの古細菌（こさいきん），サルシナ属菌などが知られている。高度好塩菌の生育は一般的に遅く，分裂に時間を要するとされている。通常の培地に食塩を20% 添加したものを用いて，培養することができるとされている。

・耐 塩 性 菌

生育に食塩を必要としないものから高濃度の食塩濃度まで，幅広い濃度で生育できる細菌を耐塩性菌（たいえんせいきん）という。菌の種類によっては，10% 食塩濃度でも生育できるものが存在し，バチルス属菌，エンテロバクター属菌，ラクトバチルス属の乳酸菌やスタフィロコッカス属菌が知られている。

塩カツオ漬け汁の性状として，pH 5.5 前後の酸性かつ塩分濃度 19%〜26% であること，カツオ漬け汁に存在する微生物は，好塩性または耐塩性を示すことを報告している〔金田・三舟 2023〕。再現実験で得られたカツオ漬け中のカツオ漬け汁（B）と漬け終えた後カツオの身を取り出したカツオ漬け汁（A）を試料として用いて微生物学的検査をおこない，カツオ漬け汁からみた塩カツオの保存性について検討していきたい。

1　カツオ漬け汁試料と最適培養培地の検討

今回用いた試料は，馬場氏らが再現実験をおこなう過程で得られたカツオ漬け汁であり，カネサ鰹節商店からご提供いただいたものを使用した。試料は，暗所 4℃ で保存した。提供時点で濁っており，独特な魚臭を放っていた。当初，沈殿物は少なかったが，暗所 4℃ で保存していくと時間とともに沈殿物の量が増すことが観察された。

少なくともカツオ漬け汁（A）に存在する好塩性微生物の至適塩分濃度が 3.5% であることが判明〔金田・三舟 2023〕しているので，培地中の塩分濃度 3.5% 前後に調整した各種市販培地を用いて，カツオ漬け汁中の微生物の増殖性について検討する。

実験方法

実験に用いた各種培地本来の塩分濃度，調整した塩分濃度および一般的な培養対象となる微生物について，表1に示した。

①各種培地の塩分濃度を考慮して，培地の最終塩分濃度を3～3.5%になるように調整した（表1）。マンニット食塩寒天培地は，塩分濃度が7.5%であるのでそのまま実験に用いた。

②微生物は，動物や植物などの真核生物とは異なり，生育に酸素が必要な好気性菌，酸素の存在に関係なく生育可能な通性嫌気性菌と酸素があると死滅する偏性嫌気性菌が知られている。そこで，培養は，好気的条件と嫌気ジャーを用いた嫌気的条件下でそれぞれ25℃で7日間培養をおこなった。

表1　各種実験に用いた培地の種類と塩分濃度

培地名	最終塩分濃度（%）	市販培地※		
		食塩濃度（%）※	pH	一般的な培養用途
普通寒天培地	0	0	7.1	一般細菌用
3% 食塩加普通寒天培地	3			
3% 食塩加トリプトソイ寒天培地	3.5	0.5	7.3	一般細菌用 NAより発育性が高い
3% 食塩加ブレインハートインフュージョン寒天培地	3.5	0.5	7.2	栄養要求性のきびしい細菌・嫌気性菌用
1% 食塩加マリンブロス2216寒天培地	2.94	1.94	7.6	海洋性細菌
2% 食塩加TCBS寒天培地	3	1.0	8.8	海洋性細菌 特にビブリオ属
マンニット食塩寒天培地	7.5	7.5	7.4	黄色ブドウ球菌用
3% 食塩加ラクトバチルスMRS寒天培地	3	0	6.5	乳酸菌用 ラクトバチルス属
3% 食塩加BL寒天培地	3.1	0.1	7.2	嫌気性乳酸菌用 ビフィドバクテリウム属
3% 食塩加TOSプロピオン酸寒天培地	3	0	6.0～7.0	

※　培地製造メーカーの公表値

結　　果

各種培地における培養結果を表2と表3に示した。好気的ならびに嫌気的培養において，もっとも良好な生育がみられた培地は，カツオ漬け汁（B）とカツオ漬け汁（A）いずれも3% 食塩加ブレインハートインフュージョン寒天培地（3% NaCl-BHI 寒天培地）であり，食塩を添加していない標準寒天培地では，生育がみられなかった（表2）。

表2　好気的培養

培　　地	カツオ漬け汁（B）	カツオ漬け汁（A）
普通寒天培地	−	+
3% 食塩加普通寒天培地	+	−
1% 食塩加マリンブロス 2216 寒天培地	+	+
2% 食塩加 TCBS 寒天培地	−	−
3% 食塩加トリプトソイ寒天培地	++	+
3% 食塩加ブレインハートインフュージョン寒天培地	+++	++
マンニット食塩寒天培地	+	+
3% 食塩加 BL 寒天培地	+	+
3% 食塩加 TOS プロピオン酸寒天培地	−	−
3% 食塩加ラクトバチルス MRS 寒天培地	+	+

生育の度合い　良好　+++＞++＞+＞−　生育なし

表3　嫌気的培養

培　　地	カツオ漬け汁（B）	カツオ漬け汁（A）
普通寒天培地	++	+
3% 食塩加普通寒天培地	+	−
1% 食塩加マリンブロス 2216 寒天培地	+	+
2% 食塩加 TCBS 寒天培地	−	−
3% 食塩加トリプトソイ寒天培地	++	++
3% 食塩加ブレインハートインフュージョン寒天培地	+++	++
マンニット食塩寒天培地	++	+
3% 食塩加 BL 寒天培地	+	w+
3% 食塩加 TOS プロピオン酸寒天培地	−	−
3% 食塩加ラクトバチルス MRS 寒天培地	+++	++

生育の度合い　良好　+++＞++＞+＞w+＞−　生育なし

嫌気的培養では，3% NaCl-BHI 寒天培地に次いで 3% 食塩加ラクトバチルス MRS 寒天培地でも良好な生育が観察された（表 3）。

考　　察

好気的ならびに嫌気的培養において良好な生育がみられたのは，3% NaCl-BHI 寒天培地であった。ブレインハートインフュージョン寒天培地は，培養が比較的難しいとされる栄養要求性のきびしい細菌用培地として知られている。嫌気条件では，食塩を添加したラクトバチルス MRS 寒天培地においても生育がみられたことから，乳酸菌が存在する可能性が明らかとなった。

2　至適 pH の検討

溶液の酸性とアルカリ性は水素イオン濃度（pH）を用いて，酸性（pH 7 以下），中性（pH 7）ならびにアルカリ性（pH 7 以上）と表すことができる。今回用いたカツオ漬け汁の pH を測定したところ，カツオ漬け汁（B）とカツオ漬け汁（A）で，pH 5.4 と pH 5.7 であり，酸性から中性であった。カツオ漬け汁に存在する微生物の生育に最適な至適 pH を検討する。

実験方法

①もっともよい生育が認められた 3% 食塩加ブレインハートインフュージョン液体培地の pH を pH 2，pH 3，pH 4，pH 5，pH 6，pH 7，pH 8，pH 9 に調整・オートクレーブ滅菌した培地を用いて培養をおこなった。
②生育の度合いは，培地の濁り具合（濁度）を測定して判定した。

結　　果

好気的条件下におけるカツオ漬け汁の pH 依存的生育曲線を図 1（カツオ漬け汁（B））と図 2（カツオ漬け汁（A））に示した。カツオの漬け汁（B）とカツオ漬け汁（A）はともに，20 時間を過ぎたあたりから，濁度の上昇がみられた。

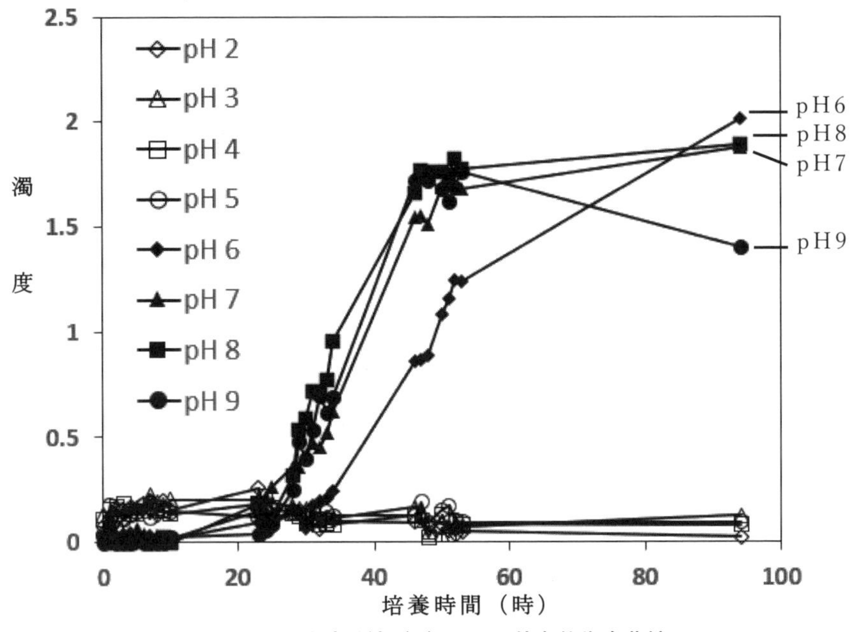

図1　カツオ漬け汁（B）の pH 依存的生育曲線

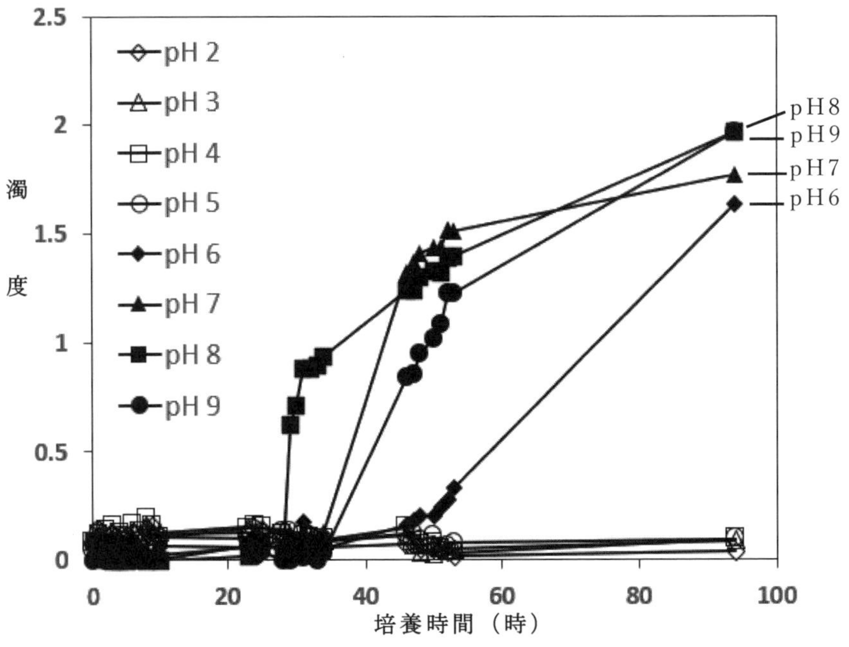

図2　カツオ漬け汁（A）の pH 依存的生育曲線

考　　察

増殖の開始は，ともに24時間を過ぎたあたりからみられ，なかでもpH 7とpH 8中性から弱アルカリ性において生育がみられ，遅れてpH 9でも生育がみられた。その一方で，pH 6については，pH 7，pH 8と比較して，生育に時間を要する結果となった。カツオ漬け汁（B）では，pH 9においては，50時間を過ぎたあたりから濁度の減少がみられた。

カツオ漬け汁中に存在する微生物は，おそらく海産魚類由来の海洋性細菌（至適塩濃度3.5% 前後）と予想され，積極的に増殖可能な環境ではなく，カツオ漬け汁内の微生物の至適pHは，pH 7〜pH 8の中性から弱アルカリ性であると考えられた。海洋性細菌において，至適塩分濃度は3%，至適pHは中性から弱アルカリ性を示す細菌として，ビブリオ属菌がよく知られているが，2% 食塩加TCBS培地やTCBS培地（未発表）における生育は観察されなかったことから，ビブリオ属以外の海洋細菌の可能性があると考えられた。さらに，カツオ漬け汁が酸性pH5.5前後である理由は，好塩性乳酸菌が存在しており，乳酸菌により産生された有機酸により，pHが酸性になっている可能性が考えられた。

このことは，栄養要求性のきびしい細菌用の培地（例　ブレインハートインフュージョン培地）かつ培養温度を25℃にすることで，良好な生育がみられる結果とも一致しており，生育条件によっては，再び増殖可能であることを明らかにすることができた。

3　カツオ漬け汁の腐敗

ある種の細菌は，栄養飢餓，低温，pHまたは塩分濃度の急激な変化，その他環境要因により，代謝的に活性を有して（生きては）いるが，培養ができない（viable but nonculturable; VBNCまたはVNC）状態，すなわちVNC状態に陥ることが明らかにされている〔Colwellほか 1985〕。カツオ漬け汁中の微生物が好塩性で特定の培地で増殖可能であることを明らかにできた。その一方で，カツオ漬け汁そのものの状態は，カツオ漬け汁中に存在する微生物の培養条件とは異なる環境（塩分濃度19% 以上かつ酸性）であることから，カツオ漬け汁に存在する微生物が生きてはいるが，増殖する状態ではないVNC状態である可能性が考えられる。そこで，これまでの培養培地を用いた実験ではなく，カツオ漬け汁自身における微生物の増殖性について検討することにした。カツオ漬け汁の増殖性を調べることにより，カツオ塩蔵による保存性について検討することができるものと予想される。通常微生物の培養では，雑菌の混入を防ぐために，培養容器に栓をするなどの閉鎖系でおこなうのが一般的ではあるが，閉鎖系（培養容器のキャップあり）に加えて，解放系（培養容器のキャップなし）についても観察する。

実験方法

①時間とともに沈殿がみられることから，カツオ漬け汁（B）とカツオ漬け汁（A）を高速遠心機にかけることにより，上清と沈澱物を分離した。上清液を2本の滅菌試験管にそれぞれ入れた。カツオ漬け汁（B）とカツオ漬け汁（A）の各2本ずつ計4本を無菌的に調製した。
②2本のうち，1本の試験管にシリコンキャップを無菌的に取り付けた（キャップ有）。
③カツオ漬け汁（B）のキャップ有とキャップ無ならびにカツオ漬け汁（A）のキャップ有とキャップ無の計4本の試験管を，実験室内で24時間室温放置した。
④その後25℃で115時間まで数時間ごとに濁度を測定した。

結　果

好気的振盪(しんとう)条件下にて，115時間（約5日間）までの濁度を測定し，カツオ漬け汁の振盪時間における濁度変化を図3に示した。その結果，カツオ漬け汁(B)（点線）の方が，カツオ漬け汁（A）（実線）よりも，濁度の上昇が早いことが明らかとなった。また，カツオ漬け汁（B）（実線）とカツオ漬け汁（A）（点線）において，キャップ無（□）の方が，キャップ有（●）よりも，わずかに濁度が高い傾向がみられた。

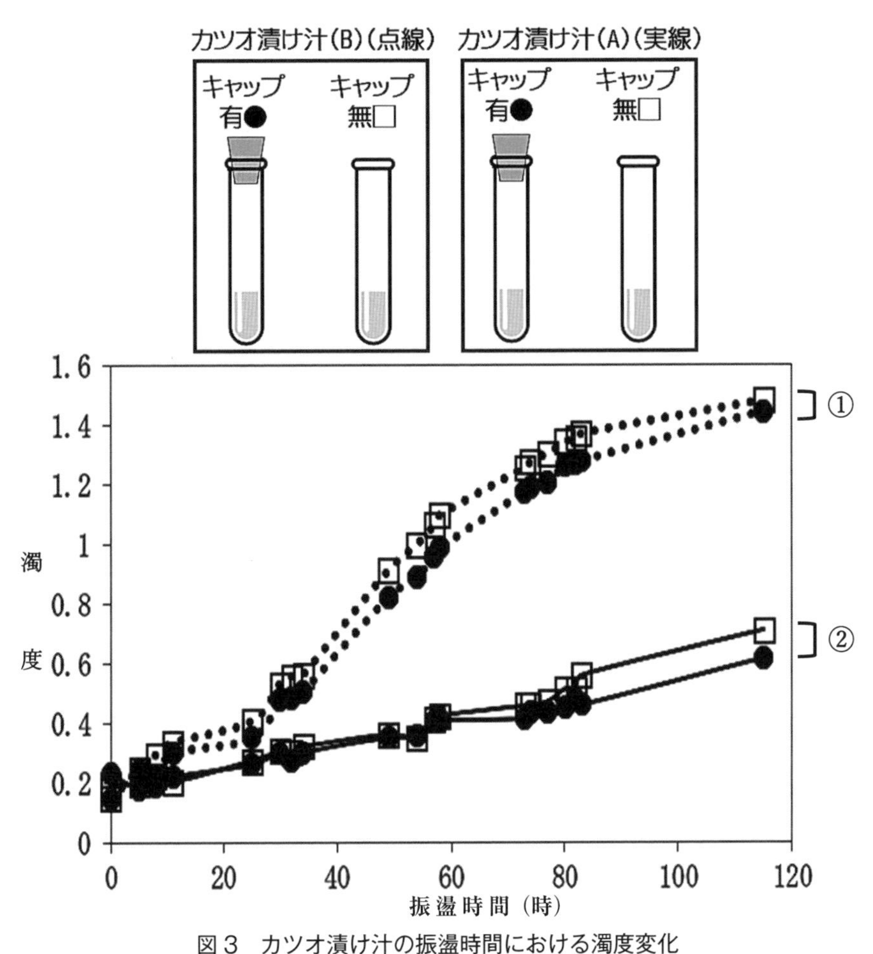

図3　カツオ漬け汁の振盪時間における濁度変化

考　　察

両方のカツオ漬け汁において，濁度の上昇がみられたことから，当初外部からの微生物が混入したものではなく，カツオ漬け汁中にもともと存在する微生物が，25℃ 好気的振盪条件下で生育した可能性，すなわち放置時間が長ければカツオ漬け汁自身が腐敗する可能性が考えられた。そこで，115 時間後の 4 本の試験（カツオ漬け汁（B）とカツオ漬け汁（A）のキャップ有とキャップ無から 3% NaCl-BHI 寒天培地を用いた微生物の単離培養）を試みたが，いずれの条件においても微生物の増殖は観察されなかった。以上のことから，濁度の上昇は微生物の増殖ではなく，塩析などによるタンパク質や核酸などの沈殿現象ではないかと考えている。この結果から，カツオの漬け汁そのものが腐敗する可能性は低いものと予想された。

4 微生物の単離とグラム染色

3% NaCl-BHI 寒天培地から得られた微生物について繰り返し希釈培養をおこない，微生物が単一になるまで繰り返した。得られた微生物のグラム染色をおこない，顕微鏡観察にて単一性を確認した。グラム染色とは細菌を青く染まるグラム陽性菌と赤く染まるグラム陰性菌とに染め分ける染色法であり，細菌の分類にとって重要な同定方法の一つである。単一に得られた微生物は，グリセロールを含む培地に再懸濁(さいけんだく)後 −80℃ に保存，その後復元培養の可否と単一性について再度確認をおこなった。

特に BO-19 について復元培養をおこない，集落を観察したところ，集落の大きさが異なる 2 種類の集落が存在することに気づいた。大きいコロニー周辺の小さい集落 A は乳白色，不定形かつ凸円状であるのに対して，大きめの集落 B は白色，正円形かつ隆起状であった（図 4）。

集落 A と集落 B の希釈培養をおこない，得られた小さいコロニーを BO-28 株（=BO-19B1 株），大きいコロニーを BO-27 株（=BO-19Y1 株）とした。BO-28 株（=BO-19B1 株）は乳酸菌と予想されたことから 6.5% 食塩加ラクト

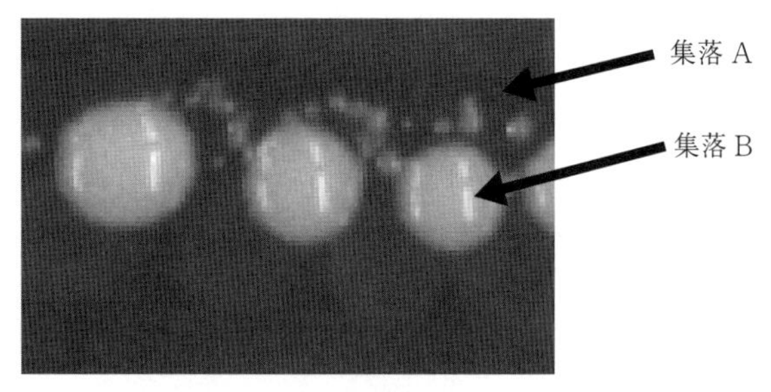

図 4　BO-19 の培養結果

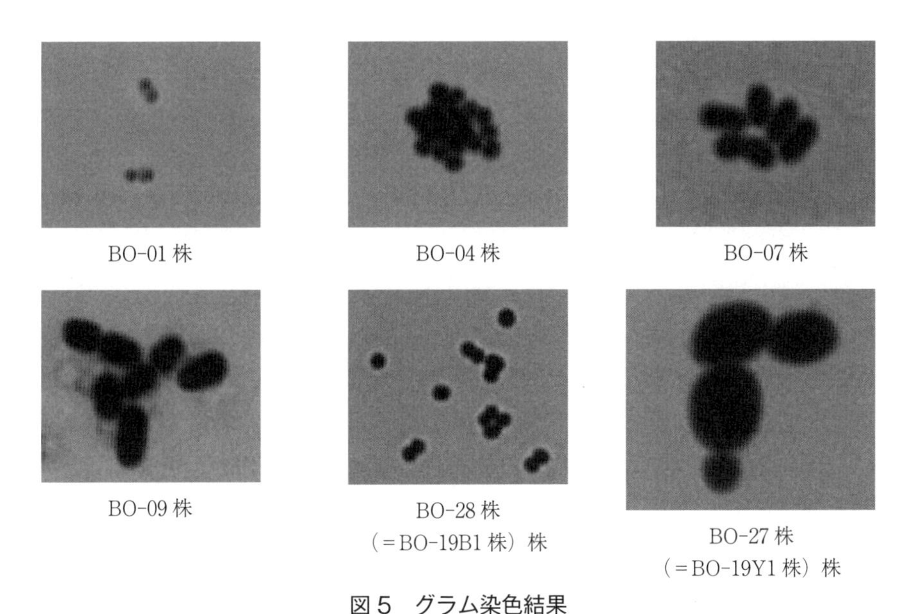
BO-01株　BO-04株　BO-07株
BO-09株　BO-28株（=BO-19B1株）株　BO-27株（=BO-19Y1株）株

図5　グラム染色結果

バチルスMRS寒天培地を用いた30℃培養もおこなった。BO-27株（=BO-19Y1株）はその形状から酵母と予想されたことから，一般的な酵母用培地YMブロス培地を用いて25℃培養をおこなった。

BO-09株とBO-10株は，脱色された細胞（死細胞）や胞子が観察された。BO-24株とBO-25株は－80℃に保存後に再度復元培養を試みたが，残念ながらその後生育はみられなかった。当初単一と思われたものについて再度確認をおこない，単一性が確認できたもの（○）と複数種の微生物が確認されたもの（×）を表4に示した。

グラム染色の結果（図5）はBO-01株において赤色に染色されたことから，グラム陰性であることがわかった。そのほか5株については，すべて青色に染色されたことからグラム陽性であることがわかった。BO-09株では，一部脱色されたような菌体や胞子が観察された。なかでも，BO-27株は，ほかの微生物よりも大型で発芽している部分が観察されたことから，酵母と予想することができた。

表4　単離菌株の性状と単一性

株名	培養			集落		単一性
	培地	温度	酸素要求性	色	形	
BO-01	3% NaCl-BHI 寒天培地	25℃	好気的	乳白色	正円形	●
BO-02				〃	〃	×
BO-03				〃	〃	×
BO-04				黄色	〃	●
BO-05				〃	〃	○
BO-06				オレンジ	〃	×
BO-07				〃	〃	●
BO-08				白色	不定形	○
BO-09				〃	〃	●
BO-10				薄い黄色	〃	●
BO-11				〃	〃	×
BO-12				黄色	正円形	×
BO-13				薄い黄色	〃	○
BO-14				黄色	〃	○
BO-15				白色	〃	○
BO-16				〃	〃	○
BO-17				〃	〃	×
BO-18				〃	〃	○
BO-19				〃	〃	×
BO-20				〃	〃	○
BO-21				白黄色	正円形	○
BO-22				〃	不定形	○
BO-23				黄色	正円形	○
BO-26				オレンジ	〃	●
BO-27	YM ブロス培地			白色	〃	●
BO-28	3% NaCl-BHI 寒天培地 または 3% 食塩加ラクトバチルス MRS 寒天培地	30℃	好気的 嫌気的	乳白色	不定形	●
BO-29	3% NaCl-BHI 寒天培地	25℃	好気的	白色	正円形	●

単一性：○が単一，×が非単一，●が単一性を確認し，遺伝子塩基配列解析を実施した株。

表５　生物の分類階級

界	門	綱	目	科	属	種
動物界	脊椎動物門	哺乳綱	霊長目	ヒト科	ヒト属	ヒト
植物界	被子植物門	双子葉植物綱	バラ目	バラ科	サクラ属	サクラ
真正細菌界	プロテオバクテリア門	γプロテオバクテリア綱	エンテロバクター目	腸内細菌科	大腸菌属	大腸菌

5　遺伝子から見た生物の分類方法

生物の分類体系は共通する特徴によって分けていく方法で，リンネによって体系化された。現在の生物の分類階級を表５に示す。

例えば人の学名はホモ・サピエンス（*Homo sapiens*）と表し，ホモが属名，サピエンスが種名を表しており，単にヒト属に属する種を表す場合には，*Homo* sp. と表すことになっている。学名は生物固有の名称であり，ラテン語で表記することになっている。例として，*Homo sapiens* はラテン語で「知恵のある人」という意味に由来している。同様に，ヤマザクラの学名は *Cerasus jamasakura*，大腸菌の学名は *Escherichia coli* と表される。

微生物の分類は，動物などの骨格や植物など葉の付き方などの形体的な特徴による分類とは異なり，形態的な差異に乏しく困難とされている。そこで，この目にみえない微生物を分類するさまざまな方法が考案され，微生物の形や運動の仕方，菌体成分，酸素要求性などによる分類がおこなわれてきた。

現在では遺伝子をもとにした分子系統解析法により分類されている。遺伝子の本体であるデオキシリボ核酸のなかには４つの塩基であるアデニン（A）とチミン（T），グアニン（G）とシトシン（C）が含まれており，この塩基のならびが生物の設計図であると考えられている。ここで生物間の差異を遺伝子で比較してみよう。生物Ａと生物Ｂの特定の遺伝子配列（20塩基）を調べて比較を試みる。

```
生物Ａ　AGTCCGTAGAGAAAGAGATC
生物Ｂ　AGTCCGGAGAGATTGAGCTC
              *     **   *
```

生物Aと生物Bの遺伝子配列を比較すると，20塩基中4塩基（＊）が異なっていることがわかる。そこで相同率（そうどうりつ）を下記の式として定義する。

$$相同率(\%)=\frac{一致する塩基数}{全塩基数}\times 100$$

相同率が高いということは類似度が高いことを示しており，比較する全塩基数が多いほど，より信頼性の高いことを示している。生物Aと生物Bの遺伝子の相同率は16/20×100＝80％と求めることができる。ウイルスを除くすべての生物が持っているリボソーム遺伝子（rRNA：たんぱく質合成に関与する遺伝子）について注目し，生物間の比較をおこなう分子系統解析が生物分類（微生物の分類）に応用されている。Woeseらは，rRNAの部分分解断片の塩基配列解析結果から原核生物の中に細菌とは異なる系統を発見し，第3のドメインとして古細菌と名づけた（図6）〔Woeseほか 1990〕。

これは3つの生物の進化の道筋を表している系統樹と呼ばれ，地球上のすべての生物が共通祖先から進化したことを表している。系統樹では，分子系統学的に近い関係にある種同士がクラスターを形成する。生物A・生物B・生物Cと生物Dがどのような関係にあるかを系統樹で表したものを図7に示した。

ブートストラップ値は，そのクラスターが形成される確率を統計的に示したもので，一般的に95以上の場合には，そのクラスターの信頼性は高いとみることができる。生物Aと生物Bはクラスターを形成しており，ブートストラップ値は95であることからクラスターの信頼性評価は高く，生物Aと生物B

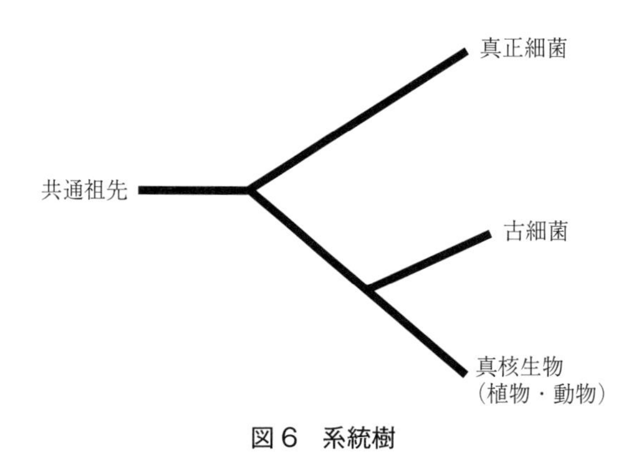

図6　系統樹

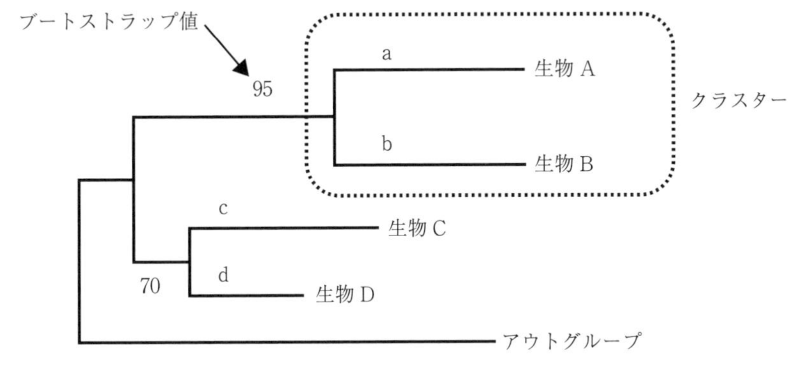

図７　系統樹の見方

の遺伝的距離（横軸の長さ a=b）が同じであることから近縁種であることがわかる。一方，生物Ｃと生物Ｄはクラスターを形成しているがブートストラップ値は 70 と低く，生物Ｃと生物Ｄの遺伝的距離（横軸の長さ c≠d）が異なることから，クラスターを形成する（近縁種である）が別種であることがわかる。

6　カツオ漬け汁から得られた微生物の同定

近年では，さまざまな種類の微生物由来遺伝子塩基配列が検索できる国際塩基配列データベース（例えば GenBank・DDBJ・EMBL など）が充実しており，インターネット上で誰でも無料で利用できるようになっている。細菌については 16S rRNA，または酵母については 18S rRNA～28S rRNA 領域の遺伝子塩基配列を解読し，国際塩基配列データベースとの相同性検索により，属や種まで同定することが可能となっている。

カツオ漬け汁（A）において，3% NaCl-TSA 寒天培地で培養した場合に，良好な生育がみられた〔金田・三舟 2023〕。カツオ漬け汁（B）およびカツオ漬け汁（A）から得られた微生物の単離ならびに同定をおこない，得られた好塩性微生物がカツオ由来であるかどうかについて検討した。単一に得られた菌株のうち，8 株（BO-01 株・BO-04 株・BO-07 株・BO-09 株・BO-10 株・BO-26 株・BO-28 株〈=BO-19B1 株〉および BO-29 株）について，16S rRNA 遺伝子の塩基配列解析をおこなった〔中川・川崎 2001〕。カビと酵母を含む真菌の分類については，rRNA の internal transcribed spacer（ITS）領域を菌類の標準バーコーディングの第一候補とする案が提案され，真菌類の分子遺伝学的分類が飛躍的に進歩した〔Schoch ほか 2012〕。形態観察から酵母と推定される BO-27 株（＝BO-19Y1 株）について，ITS1-5.8S rRNA-ITS2-28S rRNA の領域を PCR 増幅後，28S rRNA 内の D1/D2 領域の塩基配列解析をおこなった。

結　　果

〈BO-01 株〉

分子系統解析の結果，*Psychrobacter faecalis* Iso-46^T 株と *P. pulmonis* CCUG46240^T ともっとも高い相同率を示し，クラスターⅠを形成した（図 8）。しかしながら，BO-01 株は，クラスターを形成した 2 基準株とは，ブートストラップ値は 54 と低く，遺伝的な距離が認められたことから，既存種とは異なる分子系統であると判断し，BO-01 株を *Psychrobacter* sp. と同定した。*Psychrobacter* 属の細菌は，好塩性，高浸透圧耐性や好冷性を有する種が知られている。

〈BO-04 株と BO-29 株〉

分子系統解析の結果から，BO-04 株と BO-29 株はともに *S. saprophyticus* species group に属し，それぞれ *S. edaphicus* CCM8730^T と *S. equorum* subsp. *equorum* ATCC 43958 株に高い相同率を示したことから，BO-04 株を *S. edaphicus*，BO-29 株を *S. equorum* subsp. *equorum* とそれぞれ同定した（図 9）。

カツオ漬け汁（A）由来の 10% NaCl-BHI 培地から得られた BO-15 株と BO-16 株も，顕微鏡観察の結果 BO-04 株と同一であると考えられた。*Staphylococcus* 属の細菌は，好塩性や耐塩性を示す菌が知られている。

〈BO-7 株と BO-26 株〉

分子系統解析の結果，BO-7 株と BO-26 株の *Sporosarcina* 属が構成するクラスター内に位置し，ブートストラップ値もともに高く，BO-07 株は *S. koreensis* Marseille-P1237 と，BO-26 株は *S. aquimarina* SW28^T とそれぞれクラスターを形成することを明らかにした。しかしながら，その相同率は，BO-7 株と BO-26 株でそれぞれ 99.0% と 99.2% を示し，分子系統的にも距離が認められたことから，BO-07 株と BO-26 株を *Sporosarcina* sp. と同定した（図 10）。

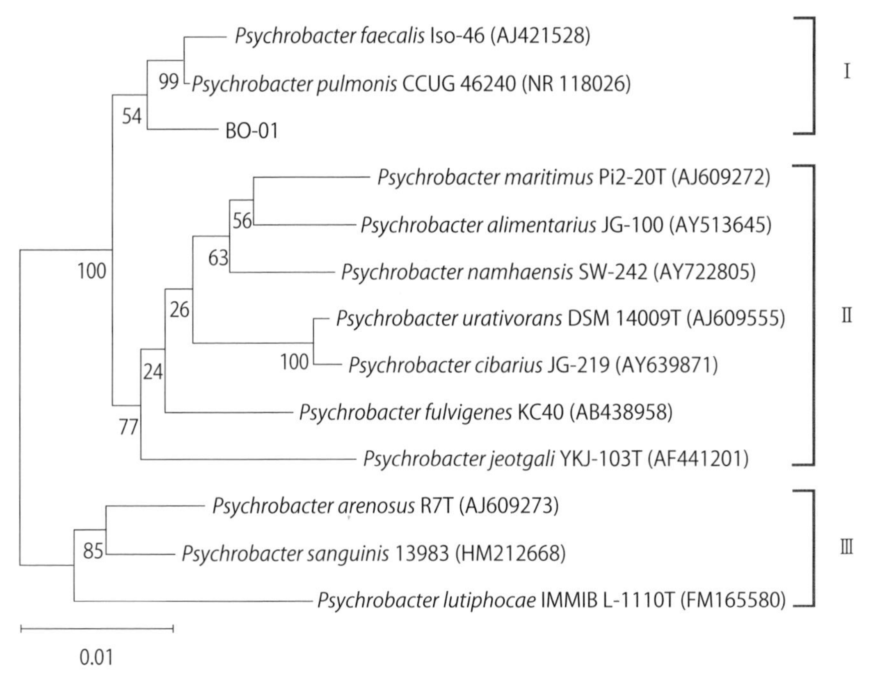

図８　BO-01 株との分子系統解析結果

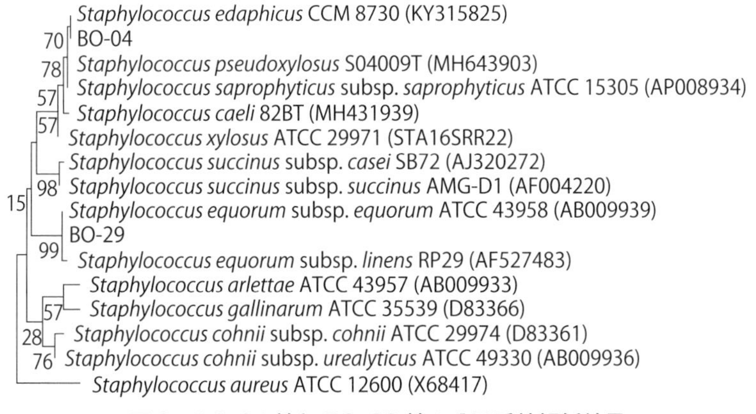

図９　BO-04 株と BO-29 株の分子系統解析結果

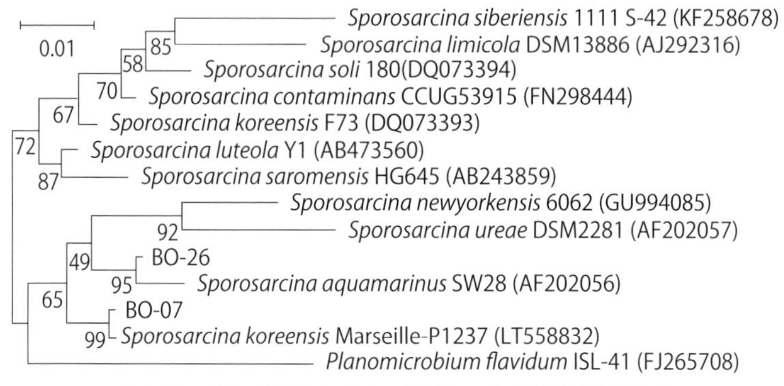

図 10　BO-07 株と BO-26 株の分子系統解析結果

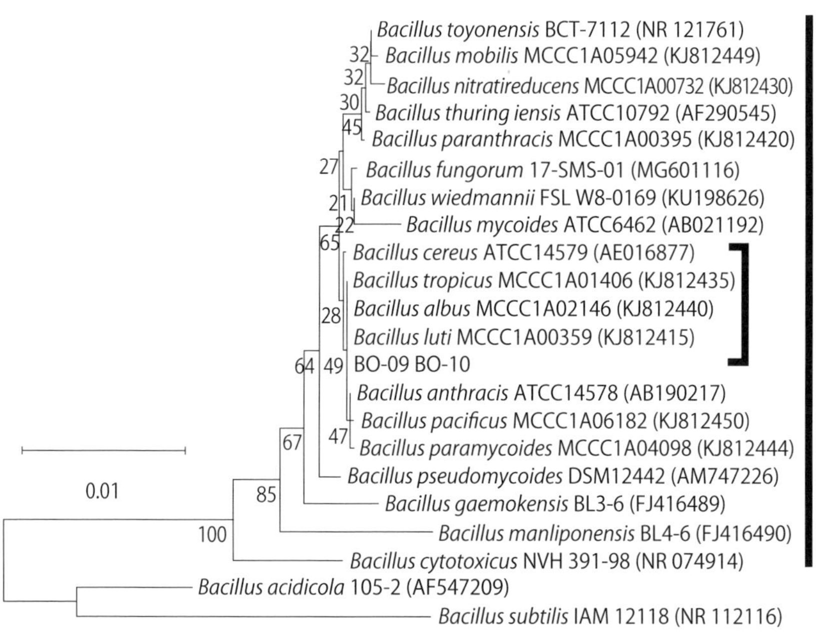

図 11　BO-09 株と BO-10 株の近縁種の塩基配列と系統解析結果

Sporosarcina 属は球菌とされているが，BO-26 株は，その形状は球桿菌を示した。*Sporosarcina* 属の性質としては，塩耐性，偏性嫌気性または通性嫌気性，好冷性とされている。*S. koreensis* Marseille-P1237 株は人の糞便から，*S. aquimarina* SW28^{T} 株は海水から，それぞれ単離された菌として知られている〔Yoon ほか 2001〕。

〈BO-09 株と BO-10 株〉

分子系統解析の結果，*Bacillus* 属種と高い相同性を示し，BO-09 株と BO-10 株の 16S rRNA 塩基配列は同一の配列を有し，*Bacillus cereus* group を構成するクラスター内に位置していた（図 11）。

感染症として重要な炭疽菌 *B. anthracis* ATCC 14578 株，食中毒原因菌セレウス菌 *B. cereus* ATCC 14579 株，*B. tropicus* MCCC 1A01406^{T} 株，*B. paramycoides* MCCC 1A04098^{T} 株，*B. nitratireducens* MCCC 1A00732 株，*B. luti* MCCC 1A00359^{T} 株および *B. albus* MCCC 1A02146^{T} 株との相同率がいずれも 99.0% で同一の分子系統学的位置に属することを明らかにした（図 11）。ただし，16S rDNA 塩基配列解析によって，*Bacillus cereus* group に含まれる菌種を識別することは困難とされている〔Lie ほか 2017〕。

セレウス菌 *Bacillus cereus* 病原変種とされる炭疽菌 *B. anthracis* は，医学上重要な菌とされているが，哺乳動物由来で 40℃ で生育可能とされ，25℃ で生育しないとされている。今回単離した BO-09 株と BO-10 株は，19% 塩分濃度のカツオ漬け汁から 25℃ 培養で単離されたことに加え，炭疽菌 *B. anthracis* では，1,069 番目の塩基が W（＝A または T），1,386 塩基が T であるのに対して，BO-09 株と BO-10 株では，1,069 番目の塩基が A，1,386 番目の塩基が 1 塩基欠損という，2 塩基の違いがみられた。炭疽菌 *B. anthracis*，セレウス菌 *B. cereus*，カツオ漬け汁からの分離菌株 BO-09 株および BO-10 株との鑑別結果を表 6 に示した。

単離した BO-09 株と BO-10 株は，5% 羊血液添加ハートインフュージョン寒天培地において β 溶血性を示し，炭疽菌選択用培地として知られる PLET 培地（ポリミキシン-リゾチーム-EDTA-タリウム寒天培地）〔Knisely 1980〕で生育せず，セレウス菌選択培地として知られている PEM 培地（ポリミキシン-卵黄-マンニット寒天培地）〔Holbrook Anderson 1980〕で生育がみられ，PEM 培地

表6　BO-09株，BO-10株，*B. anthracis* および *B. cereus* との鑑別結果

性　状	*B. anthracis*	*B. cereus*	BO-09株	BO-10株
16S rRNA 1069番の塩基	W(AまたはT)	A	A	A
1386番の塩基	T	T	欠損	欠損
嫌気条件下での生育	+	+	+	+
運動性	−	+	+	+
β溶血性	−	+	+	+
卵黄反応	+	+	+	+
生育性 PLET培地	+	−	−	−
PEM培地	−	+	+	+
PEM培地培養における細胞内脂肪粒		有	無	無

上で，卵黄反応がみられたことから，炭疽菌 *B. anthracis* よりもセレウス菌 *B. cereus* に近縁であることが明らかとなった。その一方で，BO-09株とBO-10株は，PEM培地上に発育したセレウス菌に特有の細胞内脂肪粒は認められなかったことと，1,386番目の塩基チミン（T）が一塩基欠損していることから，セレウス菌とも異なる別菌種であると考えられた。以上の結果から，BO-09株とBO-10株は，*Bacillus cereus* groupに属し，そのなかでもセレウス菌 *B. cereus* に近縁の別種であり，系統解析の結果から，*B. tropicus, B. albus* および *B. luti* が帰属候補種であることが明らかとなった。*Bacillus* 属は，自然環境に幅広く分布しており，*B. tropicus, B. luti* および *B. albus* は，いずれも海底堆積物から単離された菌株として知られている〔Liuほか 2017〕。

〈BO-19株〉

小さいコロニーから得られた菌は，青色の双球菌（そうきゅうきん）から四連球菌（よんれんきゅうきん）を示したことから，グラム陽性球菌と考えられた。そこで，BO-28株（＝BO-19B1株）について，分子系統解析をおこなった。その結果，*Tetragenococcus* 属の基準種である *T. halophilus* の2亜種に位置していた（図12）。Justéらは，濃厚ジュースから分離した菌の性状解析をおこない，*T. halophilus* の2亜種 *T. halophilus* subsp. *flandriensis* と *T. halophilus* subsp. *halophilus* を提唱した〔Justéら 2012〕。*T. halophilus* subsp. *flandriensis* T5株と *T. halophilus* subsp. *halophilus*

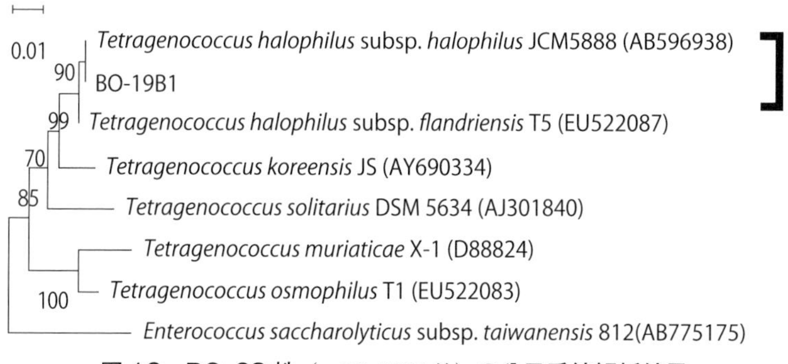

図 12　BO-28 株（=BO-19B1 株）の分子系統解析結果

JCM5888 株との相同率は，それぞれ 99.5% と 99.4% を示し，分子系統解析の結果から遺伝学的距離もないことから，BO-28 株（=BO-19B1 株）は，*T. halophilus* subsp. *halophilus* に近縁であることを明らかにした。

Justé らは，*T. halophilus* subsp. *halophilus* と *T. halophilus* subsp. *flandriensis* がともに 37℃ TSA 培地上で生育するのに対して，30℃ MRS 培地上では，*T. halophilus* subsp. *halophilus* のみ弱いながら生育がみられると報告〔Justé ほか 2012〕しており，BO-28 株（=BO-19B1 株）も同様の結果（表 7）が得られていることからも，BO-28 株（=BO-19B1 株）は，*T. halophilus* subsp. *halophilus* の可能性が高いと思われる。

一般的に亜種（subspecies）の帰属は，16S rRNA 塩基配列からのみでは困難なことから，BO-28 株（=BO-19B1 株）を，*T. halophilus* と同定した。*Tetragenococcus* 属は，通性嫌気性，好塩性およびホモ乳酸発酵能を示す四連球乳酸菌として知られ，味噌や醤油醸造に利用されている。*T. halophilus* subsp. *flandriensis* T5^{T} 株は，塩漬けカタクチイワシ（アンチョビ）から単離された菌株として知られている〔Justé ほか 2012〕。

〈BO-27 株（=BO-19Y1 株）〉

BO-27 株（=BO-19Y1 株）について，分子系統解析をおこなった。その結果，28S rRNA の D1/D2 領域塩基配列は酵母の一種である *Candida metapsilosis* 複数株の塩基配列に対して，99.8～100% の相同率を示した。系統解析結果を図 13 に示した。

Candida 属は 350 種以上を含む酵母のなかでも最大の属として知られてお

表7　BO-28株（＝BO-19B1株）と *T. halophilus*　2亜種の性状比較

	BO-28 (BO-19B1)	*T. halophilus*	
		subsp. *halophilus*	subsp. *flandriensis*
株名		T5	JCM 5888
相同率	100%	99.5%	99.4%
生育性 37℃　TSA 培地	?	+	+
40℃　TSA 培地	?	−	−
30℃　MRS 培地	+	W＋	−
30℃　TSA 培地	+	+	+
30℃　GYP 培地	?	+	+
濃厚ジュース由来		+	+

生育性：＋生育有り＞W ＋弱いながらも生育＞－生育しない，？未試験

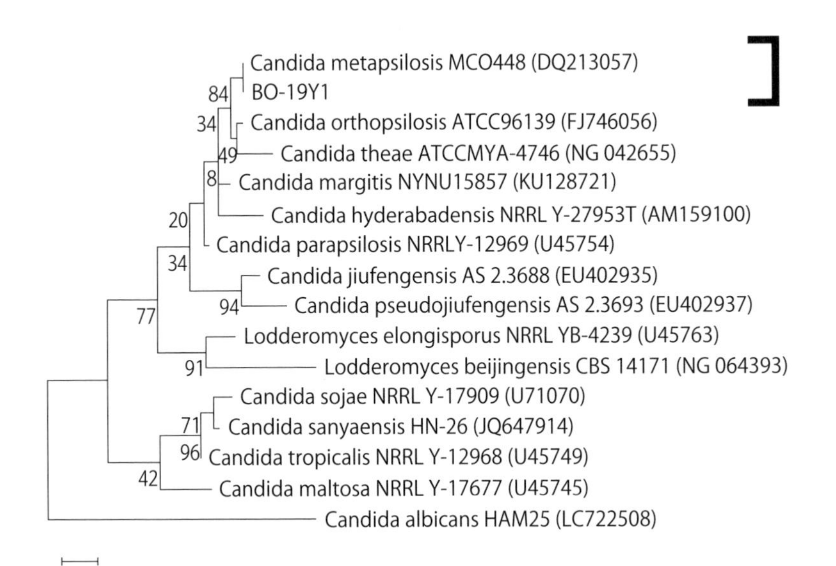

図13　BO-27株（＝BO-19Y1株）と *Candida-Lodderomyces* clade の分子系統解析結果

り，そのなかでもカンジダ症の原因菌として *C. albicans* がよく知られている。

BO-27株（=BO-19Y1株）は，*C. metapsilosis* MCO448株（=ATCC96144^{T}株）と相同率が高くかつ同一の分子系統を示したことから，*C. metapsilosis* と同定した。BO-27株（=BO-19Y1株）ともっとも相同率が高かった *C. metapsilosis* は子囊菌（しのうきん）酵母の *Candida-Lodderolymyces* clade に位置しており，カンジダ症の原因菌である *non-albicans Candida* spp. の一種としても知られている。これまで報告されている分離源は，すべて臨床材料であり，カツオ漬け汁からの分離は，初の報告と思われるので，病原性も含めたさらなる検討が今後必要であろう。

総　　括

今回は，塩カツオ再現実験で得られたカツオ漬け汁の微生物学的検査を実施した。カツオの漬け汁のpHはpH 5.5前後の酸性を示し，漬け汁から得られた微生物の至適pHはpH 7〜pH 8であった。カツオ漬け汁から得られた菌株の分子系統解析結果から，カツオの漬け汁に存在する細菌 *Psychrobacter* 属1株，*Staphylococuus* 属2株，*Bacillus cereus* group 2株，*Tetragenococcus* 属1株および *Sporosarcina* 属2株と酵母 *Candida* 属1種を同定することに成功した。得られた微生物に共通する性質としては，好塩性ないし耐塩性を有していた。

この結果から，得られた菌株はいずれも魚類または海洋環境由来であることが示唆された。さらに，醤油乳酸菌の一種 *T. halophilus* は，カツオ漬け汁の酸性化に寄与するとともに，そのほかの微生物の生育を抑制することで，腐敗防止に関与している可能性を示すことができた。さらに，カツオを漬けたあと，天日干しすることから，漬け汁中に存在する微生物は，酸性かつ高濃度の食塩中に存在しており，VNC状態である可能性が高いと思われる。以上の結果から，カツオを高濃度食塩水に漬ける方法は，カツオの保存方法として有用な方法であることを明らかにすることができた。

参考文献

Colwell R.R., Brayton P.R., Grimes D.J., Roszak D.B., Huq S.A. and Palmer L.M. 1985.

"Viable but Non-Culturable *Vibrio cholerae* and Related Pathogens in the Environment: Implications for Release of Genetically Engineered Microorganisms". *Nature Biotechnology*. 3. pp 817–820

Schorch L.S., Seifert K.A., Hhndorf S. and Schindel D. 2012. "Nuclear ribosomal internal transcribed spacer (ITS) region as a universal DNA barcode marker for fungi". *The Proceedings of the National Academy of Sciences*. 109 (16). pp 6241–6246

Frazier W.C. and Westhoff D.C. 1988. *Food Microbiology 4th Ed.*, McGraw-Hill Book Company

Holbrook R. and Anderson J.M. 1980. "An improved selective and diagnostic medium for the isolation and enumeration of *Bacillus cereus* in foods". *Canadian Journal of Microbiology*. 26 (7). pp 753–759

Justé A., Trappen S. Van, Verreth C., Cleenwerck I., Vos P. De, Lievens B. and Willems K.A. 2012. "Characterization of *Tetragenococcus* strains from sugar thick juice reveals a novel species, *Tetragenococcus osmophilus* sp. nov., and divides *Tetragenococcus halophilus* into two subspecies, *T. halophilus* subsp. *halophilus* subsp. nov. and *T. halophilus* subsp. *flandriensis* subsp. nov". *International Journal of Systematic and Evolutionary Microbiology*. 62 (1). pp 129–137

Knisely R.F. 1966. "Selective medium for *Bacillus anthracis*". *J Bacteriology*. 92 (3). pp 784–786

Liu Y., Du J., Lai Q., Zeng R., Ye D., Xu J. et al. 2017. "Proposal of nine novel species of the *Bacillus cereus* group. *International Journal of Systematic and Evolutionary Microbiology*. 67 (8). pp 2499–2508

Woese C.R., Kandler O., and Wheelis M.L. 1990. "Towards a natural system of organisms: proposal for the domains Archaea, Bacteria, and Eucarya". *The Proceedings of the National Academy of Sciences*. 87 (12). pp 4576–4579

Yoon J-H., Lee K-C, Weiss N., Kho Y.H., Kang K.H. and Park Y.H. 2001. "*Sporosarcina aquimarina* sp. nov., a bacterium isolated from seawater in Korea, and transfer of *Bacillus globisporus* (Larkin and Stokes 1967), *Bacillus psychrophilus* (Nakamura 1984) and *Bacillus pasteurii* (Chester 1898) to the genus *Sporosarcina* as *Sporosarcina globispora* comb. nov., *Sporosarcina psychrophila* comb. nov. and *Sporosarcina pasteurii* comb. nov., and emended description of the genus *Sporo-*

sarcina". International Journal of Systematic and Evolutionary Microbiology. 51 (3). pp 1079-1086
金田一秀・三舟隆之 2023「カツオ漬け汁に関する微生物相解析および保存性に関する研究」『東京医療保健大学紀要』18（論文掲載予定）
中川恭好・川崎浩子 2001「遺伝子解析法 16S rRNA 遺伝子の塩基配列決定法」日本放線菌学会編集『放線菌の分類と同定』日本学会事務センター，pp 88-117

付記：今回のカツオ漬け汁は，カネサ鰹節商店からご提供いただいたものを試料とさせていただきました。このような研究の機会を与えていただきました三舟隆之先生に感謝いたします。

コラム１　古代堅魚製品の調理再現実験

西　念　幸　江

は じ め に

カツオは現代人にとってもなじみ深い魚の一つである。カツオは春に日本の南部から北上し，秋に三陸付近から南下する回遊魚である。そして春の「初鰹」，秋の「戻り鰹」の２度の旬がある。季節を感じながら，旬の味を食すことを大切にする日本の食文化に関連が深い魚でもある。そのカツオはタタキや刺身として食することもあれば，加工品としても利用される。代表的な加工品としては「かつお節」があり，「だし」の素材として食されてきた。

また，日本では古代から鰹（カツオ）が食され，奈良時代でも一般的な魚であったといわれる。漁獲後，平城京までの輸送には日数を要し，生のままでは保存が難しく加工法も必要になったと考える。その加工品の一つに「荒堅魚」

表面の結晶をそぎ落とした。

図１　試料の調製

があるが，古代におけるその用途が未明である。そこで，本実験では再現された「荒堅魚」を用いて利用方法を検討することとし，まずはだしの素材としての可能性について調理実験を通して検証した。

1 実験方法

再現実験で調製された「荒堅魚」を試料とした。荒堅魚を薄くスライスして水に浸漬してだしを調製することとし，まず予備実験をおこなった。しかし，だしは塩味が強すぎて飲むことができず，荒堅魚の使用量を減らしても同様であった。この塩味は主に荒堅魚の表面に析出している結晶由来である。そこで，表面の結晶を手でこすって落としてから試料に用いることにした。

表面の結晶を落とした荒堅魚のスライス3gを蒸留水97g（水温18℃）に浸漬し，1～6時間（1時間ごと）および24時間冷蔵庫（5℃）で放置した。放置後，茶こしで濾

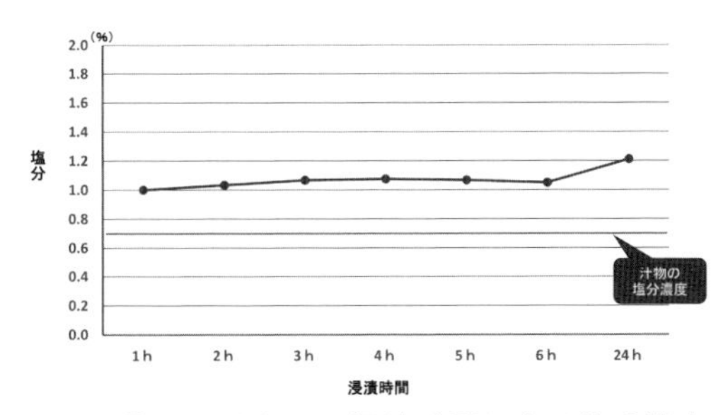

図2　塩カツオだしの浸漬時間による塩分濃度の変化

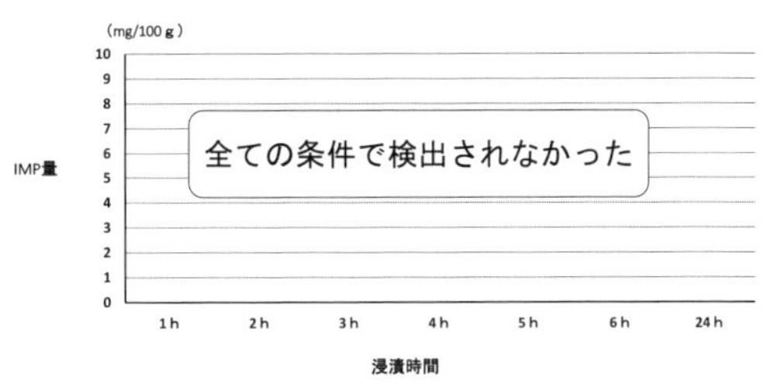

図3　浸漬時間による荒堅魚だしのIMP量

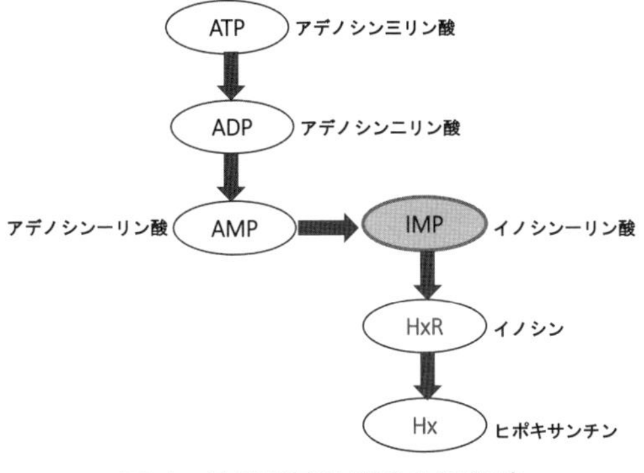

図4　核酸関連物質の分解経路

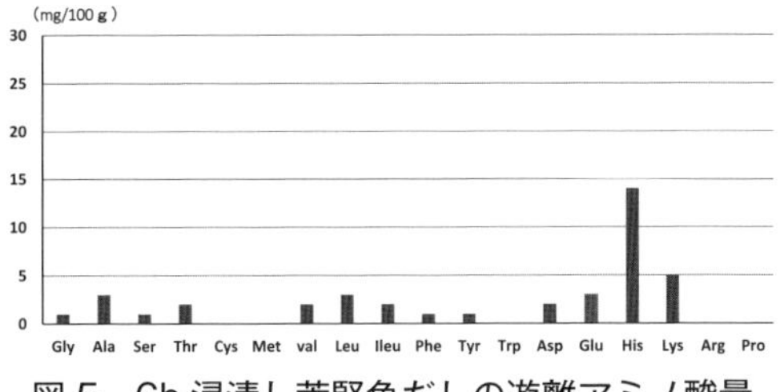

図5　6h浸漬し荒堅魚だしの遊離アミノ酸量

してだし（試料）とした（図1）。
測定項目はだしの重量，塩分，pH，5'-IMP量，グルタミン酸量とした。

2　結果および考察

調製しただしの量は約95 gで浸漬時間による差は少なかった。蒸留水は97 gを用いたが，だしは95 gとやや減ったのは荒堅魚が水分を吸収したからではないかと考える。だしを調製する際，塩分が問題になった。そこで，浸漬による塩分濃度を図2に示した。塩分濃度は浸漬1時間と2時間が1.0%，3〜6時間が1.1%，24時間が1.2%で浸漬時間が長い方が濃くなる傾向にあったが，差は少なかった。通常の汁物の味つけの塩分濃度は0.7%程度である。浸漬時間がもっとも短い1時間の試料でも1.0%と通常の汁物の塩分濃度を超えており，しょっぱいと考える。試飲してもかなり塩味が濃く，このままで提供するのは難しいのではないかと感じた。この塩味の要因は二つではないかと考える。一つ目は荒堅魚の表面の結晶をそぎ落とすことで塩分量は減ったが，すべての結晶を落とせてはいないため，残った結晶がだしに溶けたことである。二つ目は荒堅魚の調製中にカツオの身に浸透した塩分が移行したことではないかと考える。

だしの素材として利用するならば「うま味」を呈する必要がある。どのようなうま味成分が含まれているかは不明であるが，原材料がカツオなのでかつお節のうま味成分と同じではないかと考え，IMP（イノシン一リン酸）量を分析することとした。浸漬時間ごとのIMP含有量を図3に示した。すべての浸漬時間でIMPは検出されなかった。これは抽出方法が適さず，加熱しなければ抽出されないのかと考えた。しかし，かつお節や昆布を使用して水に浸漬してだしにすることは可能であり，荒堅魚でも同様にできるのではないかと考えると，検出されなかった理由は別にあるのではないかと考える。IMPがだしには含まれなかったが，荒堅魚に含まれているならば抽出方法が影響したことが示唆されると考え，荒堅魚のIMP量を分析した。荒堅魚からもIMPは検出されなかった。抽出方法の影響ではなく，そもそも含まれていないことがわかった。かつお節で抽出しただしのうま味成分はIMPであるが，同じカツオを原材料とした荒堅魚では異なった結果であった。

うま味を呈するIMPは筋肉運動などのエネルギー源として筋肉に存在するATP（アデノシン三リン酸）が，死後に酵素の働きで図4に示した経路で分解されて生じるものである。そのIMPも分解されてイノシンなどうま味を呈しない物質になる。このことから，カツオの死後，IMPは増加するが，時間経過で減少するといえる。同じようにカツオを原材料にしながら荒堅魚にはIPMが含まれず，かつお節には含まれるのは，製造方法の違いが影響していると考える。かつお節は水揚げして切り分けたあと，煮熟するのに対し，荒堅魚は切り分けたあと，塩水の漬け汁に漬ける。かつお節のように切り分け後に速やかに加熱（煮熟）することでIMPを分解する酵素が失活しIMPが残存するが，荒堅魚は漬け汁に浸漬中にIMPの分解が進んだため，検出されなかったと考える。

しかし，荒堅魚で調製しただしを試飲するとうま味を感じたため，何か別のうま味を呈する物質が含まれていると考える。動物性で塩漬けや熟成する食品を考えてみると生ハムがある。生ハムもとてもうま味が強い食品であり，そのうま味成分は遊離アミノ酸の一種であるグルタミン酸である。そこで，荒堅魚で調製しただしの遊離アミノ酸量を分析することにした。今回は試飲して飲みやすかった浸漬6時間のだしを試料として分析した。遊離アミノ酸量はヒスチジンが特に多く，グルタミン酸は3 mg/100 gと多くはなかったが検出された（図5）。荒堅魚のだしで感じたうま味はグルタミン酸が呈したものであった。このグルタミン酸の含有量は図6に示しただしなどのグルタミン酸量よりは少ない。荒堅魚中のグルタミン酸量は260 mg/100 gとだしよりもかなり多かった（図7）。荒堅魚中にはグルタミン酸が多く含まれていたが，だし中には少なかったことから抽出条件の検討も必要ではないかと考える。

以上より，荒堅魚を用いてだしの調製を試みたが，だしの塩分濃度は高いが，うま味が少なく，だしを試食したところにおい（生臭さ）が強いという問題点がわかった。

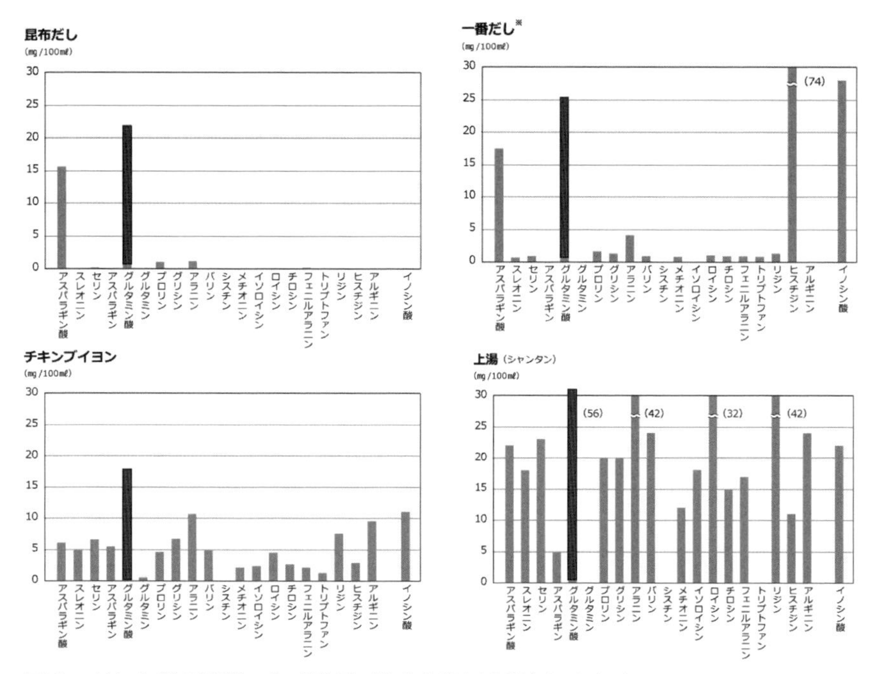

図６　だしなどの遊離アミノ酸量（特定非営利活動法人 うま味インフォメーションセンター「うま味の基本情報」〈https://www.umamiinfo.jp/what/whatisumami/〉）

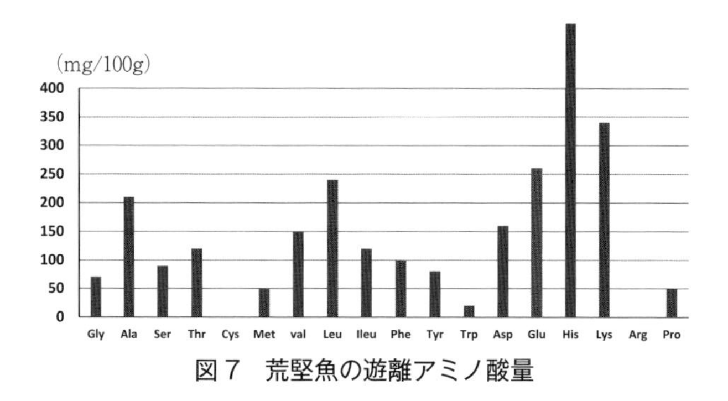

図７　荒堅魚の遊離アミノ酸量

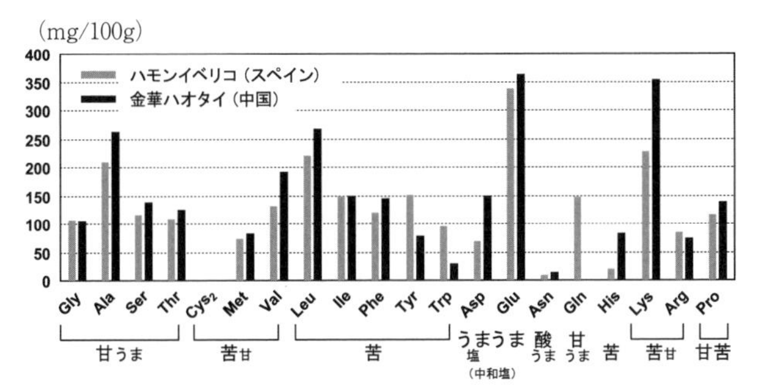

図８　生ハムの遊離アミノ酸含有量（河合美佐子「味を決めるアミノ酸」『生物工学会誌』89，2011年 pp. 679-682）

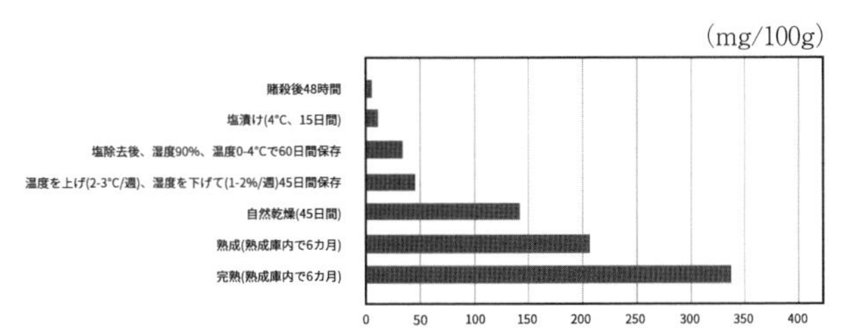

図９　生ハムの製造工程によるグルタミン酸量の変化（J. J. Cordaba et al., 1944）

おわりに

だしの塩分濃度が高く，うま味が少ないという問題点の改善策を検討する必要がある。抽出されるグルタミン酸量を増加させるために荒堅魚の添加量を増やすことが考えられる。しかし，荒堅魚の添加量を増やせば塩分量や生臭さも増えることが懸念され，改善策として適していない。今後は，かつおだしの通常の調製方法のように沸騰した湯に荒堅魚を加えるなど調製方法の検討や，荒堅魚を焼いてから用いることで焼いた香ばしさで生臭さを目立ちにくくするなどの工夫が必要ではないかと考える。

本実験では荒堅魚をだしに用いることを検討したが，グルタミン酸が多いとされる生ハムのように塩カツオもそのまま食された可能性もあるのではないかと考える。

3　カツオ煮汁のコゲ分析からの起源類推アプローチ

大 道 公 秀

はじめに

古代に使用された土器内面および口縁部に付着している黒色物質は，食品を煮炊きしてできた炭化物と推定される。この炭化物が，調理前の食材の化学情報を維持していれば，土器付着黒色部の分析から，その食材を類推し，その当時の食生活や古代人の栄養状態を考察することが可能となる。その研究事例を，『古代の食を再現する』でも紹介した〔大道 2021〕。

さて本書ではカツオが主人公だ。古代からカツオ製品は存在しており，伊豆ではカツオを煮たとされる土器も出土している。その土器分析から得られる知見が期待されるところである。その際に，考察の参考とするべく，カツオ煮汁炭化物での化学的特性に関する検討も必要ではないかと考えた。そこで，カツオ煮汁炭化物の化学分析をおこない，知見を蓄積している最中だ。本稿では，これまでに実施した，コゲからその起源を類推しようとしてきた試みと成果を説明したうえで，本書の主人公となるカツオを使った実験の進捗を報告する。

1　コゲから起源を類推するため，何を検討してきたか

非破壊分析

食品煮汁のコゲの非破壊分析で，十分な情報が得られるのであれば，それに越したことはない。試料が文化財であれば，なおさらだ。なぜなら，文化財の分析調査では試料採取が許されず，多くの場合，非破壊・非接触な方法が要求されるからである。私も非破壊分析で，科学情報を得られないものかと検討してきた。これまで，非破壊分析のアプローチとして，蛍光X線分析・赤外分

光分析・ラマン分光分析による手法を検討してきた。

〈蛍光X線分析〉

考古学分野で，非破壊分析として汎用される手法として蛍光X線分析がある。この手法は物質にX線を入射した時に発生する蛍光X線を検出することで，その物質に含まれる元素の種類やその量を調べることができる。非破壊・非接触で元素の組成が「ある程度」わかるのはありがたい。「ある程度」と書いたのには，理由がある。一つは，土器や土鍋に付着しているコゲにX線を入射して得られた蛍光X線を観察すると，土器や土鍋の素材の影響を受けた元素分析結果も得られることになる〔大道ほか 2017〕。これは入射したX線がコゲの部分を通過し，素地の部分まで到達するためと考えられる。したがって，そのコゲの元素の組成をそのまま表しているというわけではない。そのため，そのコゲの組成を示そうとすれば，コゲの部分を土器あるいは土鍋から掻きとって，コゲのみの分析をおこなうこととなる。そうなると，土器あるいは土鍋を非破壊分析したとはいえないだろう。

また測定可能元素にも限界がある。蛍光X線分析装置は，機種により測定可能元素に違いはあるが，どの機器も軽元素の測定は不得手で，感度がよくない。特に，ほとんどの機器は炭素の測定はきわめて難しく，測定範囲外であることが一般的だ。食品のコゲのように炭素が主成分の試料であれば，分析で得られる組成割合は，実際の元素組成割合から乖離し，実際の組成割合より過大評価することとなる。このような理由から土器に付着したコゲを蛍光X線分析する際には，解釈に注意が必要となる。

今回，カツオのコゲについて蛍光X線分析を実施したが，厳密には非破壊ではなく，土鍋に付着したコゲを削り取って分析をおこなった。その詳細は後述する。

このほかに私が試みてきた食品煮汁のコゲでの非破壊分析の手法を紹介したい。

〈赤外分光分析〉

赤外分光分析ではコゲに残存する有機物の官能基がわかる。物質に赤外線を照射すると赤外線は分子の構造に応じて吸収されるため，分子に存在する官能基がわかり，構造を考察できる。理論的には赤外分光分析は試料が平面で，試

図　土器黒色部分と素地の差スペクトル

試料は鈴鹿市教育委員会提供の羽釜片（遺跡名：須賀５次；弥生中期頃とされる）である。装置にはフーリエ変換赤外分光光度計 Nicolet 6700 および試料室設置型赤外顕微鏡アクセサリー Czitek SurveyIR を用いた。測定条件は入射角約 45°，分解能 8 cm^{-1}，積算回数 32 回である。〔大道 2017〕の図を一部改変。

料からの拡散反射光を集光できる光学系が得られるならば，赤外吸収スペクトルを得て非破壊分析は可能である。しかし，実際には土器試料で，そのようなことはきわめて難しい。稀なことであるが，土器に付着したコゲを非破壊・非接触で赤外分光分析をおこない，赤外吸収スペクトルを得て，限定的だが有機物情報を得たことがある〔大道ほか 2017〕。図は土器についた焦げ部分と素地との差スペクトルであるが，炭素と水素が結合していることを示す吸収（2,930，2,850 cm^{-1}）が確認できる。また 3,630 cm^{-1} にみえるバンドは，OH 基に由来するものである。さらにこのバンドにみられる小さなスプリットは Metal-OH の重なりの可能性がある。条件が整えば，非破壊による赤外分光法から，どのような官能基をもつ物質が存在しているのかといった化学情報も得られる。とはいえ，このようなことは稀で，非破壊で赤外吸収スペクトルを取得することはきわめて難しい。また，仮に赤外吸収スペクトルが得られても，得られる情報量は図のように限定的である。

このことから，結果的にはコゲから掻きとった試料を用いて赤外分光分析をおこなうのがほとんどである。また，破壊分析により赤外分光法を実施しても，官能基に関する情報が得られるが，そこからその起源を限定するまでには至れていない。参考となる化学情報の獲得にとどまっているのも実情だ。

〈ラマン分光分析〉

ラマン分光分析は，物質に光を当てた時に生じる散乱光（さんらんこう）の一種を測定することで分子構造を調べる手法である。この方法では，コゲの「焦げ具合」を示すデータが考察できると考えている。コゲの場合，グラファイト構造（炭素のみからできている層状のもの）に由来するG-bandと無機炭素の結晶欠陥に由来するD-bandが観察される。燃焼温度が低く不純物が多いとD-bandの強度が大きくなる。したがってG-bandとD-bandの強度比から，調理における「焦げ具合」が考察できないか検討中である。

〈その他〉

サンプルによっては，X線回折が有効なアプローチとなる。X線回折は結晶構造を知ることで化学組成を分析する手法である。『古代寺院の食を再現する』の論考のなかでも，土器内面の白色物質をバイヤライト（水酸化アルミニウムの結晶多型の一つ）と同定した事例〔大道 2023〕を紹介しているので参考にしていただきたい。

このほか，走査電子顕微鏡・X線マイクロアナライザーなどを利用し二次元元素イメージングを得るなどして，元素分布の状態をみていく手法などもコゲの起源解明手法として可能性はある。引き続き，非破壊・非接触の手法も模索していきたい。

破壊分析

食品煮汁のコゲの破壊分析では，元素分析（炭素と窒素の組成分析と炭素と硫黄の組成分析），炭素と窒素の安定同位体比分析，ステロール分析を試してきている〔大道 2021〕。

〈元素分析〉

まず試料を高温で燃焼させる。炭素と窒素の組成分析の場合は，炭素をCO_2

（二酸化炭素）にし，窒素は N_2（窒素）ガスにして，そのガスを検出器で検出する。コゲの炭素と窒素の組成割合から起源を類推する手法は，すでに考古学でも利用される手法の一つだ〔庄田 2021，國木田 2023〕。

一方，炭素と硫黄の組成分析では炭素は CO_2 と CO（一酸化炭素）にし，硫黄は SO_2（二酸化硫黄）ガスにして検出器で検出する。この手法は，製鉄，非鉄金属，各種合金の炭素と硫黄成分を微量定量分析できるため，金属材料の品質管理や新規材料開発に利用されている〔田中 2023〕。この手法を文化財に適用できないかを検討している。

〈安定同位体比分析〉

安定同位体比分析は，考古学ではよく利用されている手法の一つである〔佐藤 2018，庄田 2021，國木田 2023〕。同じ元素のなかにも中性子の数の違いで，重さが異なるものが存在する。このうち一定の割合で安定しているものを安定同位体と呼び，標準物質との比較から安定同位体の比率を調べたものが安定同位体比分析である。炭素と窒素の安定同位体比分析は，前述の元素分析の手法で，試料を燃焼させて得た CO_2 と N_2 を質量分析計に導入し，標準物質と比較することで安定同位体比を得る。食品群によって安定同位体比は異なるので焦げる前の食材を推定することができる。これまでに調理前後で安定同位体比の値は大きくは変動しないことを報告している〔大道ほか 2018〕。そのため炭化物の分析から起源の食品群はある程度類推できると考えている。ただし調理前後の変動については，一部未解明な部分があると私は考えており，引き続き検証をおこなっている。

〈ステロール分析〉

ステロール分析もすでに考古学分野で利用されている〔庄田 2019〕。コゲから有機溶媒でステロール成分を抽出し，質量分析計などを用いて機器分析をおこなう。動物性ステロールが検出されたら，起源に動物性食品が存在していたことを意味し，植物性ステロールが検出されたら，起源に植物性食品であったと考察が可能となるというものだ。

〈このほかの手法〉

私自身は試みていないが，特筆すべき手法がある。バイオマーカーの利用や個別脂肪酸の分子レベルの炭素安定同位体比分析により起源を解明しようとする手法である〔庄田 2019, 2021〕。この手法は，炭素・窒素の安定同位体比分析では得ることができないデータを得て〔庄田 2021〕，起源類推に向けて大きく前進できる手法と考えられる。庄田氏のグループは，これらの手法により，古代食の解明にかかる科学分析で国内外をリードしている。本書に，カツオ由来の痕跡を科学的に明らかにされている報告が掲載されているので，ぜひお読みいただきたいと思うし，わかりやすく解説している論考〔庄田 2019, 2021〕もあるので，参考にされたい。

また，生命科学的なアプローチとして，コゲに DNA 情報が残っていれば，その DNA 分析も，有力な指標となるだろう。しかし環境からの汚染の影響など，試験の難易度は高いとみている。

2　カツオ煮汁のコゲ分析事例

それでは，本書の主人公のカツオの煮汁でつくったコゲの話をしたい。本稿では，いくつかの手法があるなかで，蛍光 X 線分析と元素分析の事例を紹介する。

コゲの作成

カツオを土鍋でガスコンロを用いてゆでた。おおむね 20 分間ゆでたところで，スプーンや箸を使って固形分としてのカツオを取り出した。そのあとは，残っている煮汁がなくなるまで煮詰めた。土鍋表面が炭化するまで加熱をおこなった。なお，本稿で示すデータは 2022 年秋穫りのカツオを使った実験によるものである。

食品を直火焼きで加熱し，コゲを作ることもできるだろう。しかし，土器に付着したコゲを分析することを想定しているので，土鍋に残る煮汁を使ってコゲを分析している。

蛍光 X 線分析

今回，カツオのコゲを土鍋から掻きとって蛍光 X 線分析をおこなってみた。土鍋からコゲを掻きとったので，これは純粋な意味では非破壊分析をしたとはいえない。しかし，素地の組成の影響を受けることなく，カツオのコゲの組成割合は得られると考えた。方法としては，高分子膜（こうぶんしまく）を貼った試料容器に，カツオのコゲ試料を入れて照射台に容器を設置後，蛍光X線分析をおこなった。なお，使用した機器はエネルギー分散型蛍光X線分析装置（OURSTEX-100FA）であり，照射径は3 mmφである（照射径も，どのサイズを選択するかで，結果に影響を与える）。解析はFundamental Parameter（FP法）により元素組成を得た。このFP法は測定可能元素（今回の実験ではNaからU）をトータル100％として組成割合を評価するものである。この際に，（前項でも説明したように）食品のコゲのような炭素が主成分の場合は，得られる組成割合は実際の試料中の元素組成割合から乖離し，実際の組成割合より過大評価しがちとなる。それでも厳密な標準物質がなくとも，組成が未知な試料の半定量的組成割合が得られるのが利点だ。

カツオのコゲの組成割合について組成割合を示したものを多い順に並べた（表1）。主要な元素として確認できたのはK_2O（酸化カリウム）で63.0％，P_2O_5（五酸化二リン）で17.6％だった。日本食品標準成分表〔文部科学省 2020〕にはカツオ（生）の成分量が示されている。無機質として成分量の多いもの（上位5成分）を表2にまとめた。カツオ（秋穫り）の無機質の成分をみると，もっとも多い成分はカリウム（可食部100 gあたり380 mg）であり，続いてリン（可食部100 gあたり260 mg）である。調理前の食品成分がコゲの元素組成に影響を与えたと考えられる。

このほか多い順に，Cl（塩素）が6.2％，CaO（酸化カルシウム）が4.7％，S（硫黄）が4.7％であった。Clについては海水の影響と考えられる。Caは食品標準成分表記載の無機質の成分として5番目に多い成分である。これも，調理前成分の影響といえよう。Sについてはシステイン・シスチン・メチオニンといった硫黄を含むアミノ酸の影響の可能性があると考えた。魚介類は比較的，硫黄の含有量は高い〔江口 1999〕。

一方，無機質の成分（表2）にて，3番目と4番目に多いNa（ナトリウム）とMg（マグネシウム）は，コゲから検出はされるものの，Na_2Oが1.4％，MgOが0.5％という低い値になっている。この理由は，二つの可能性がある。一つは，NaやMgは何らかの理由でコゲに残存しにくいというものだ。

しかし，そのことをいまのところ科学的に説明できない。つぎに，蛍光X線分析の特性上の理由だ。蛍光X線分析はNaやMgを含む軽元素は感度が悪く，検出が難しい場合が多い。そのため，NaやMgが実際の組成割合よりも低く見積もられた可能性がある。一方，CaはNaやMgよりも，生の状態では少ない含量にもかかわらず，コゲではNaやMgよりも組成割合が高い結果となった。これは，軽元素が組成割合を低く見積もられた結果，Caは実際よりも組成割合が高く示された可能性がある。このことはカリウムやリンにもいえよう。表1で示した結果は，蛍光X線分析計は，実際には存在している軽元素の存在を低く見積もり，それ以外を高く見積もる可能性を示唆している。蛍光X線分析では軽元素の組成割合を論じる際に，技術的な理由からの注意が必要だ。今回の試料は，土鍋から掻きとったコゲの粉末だったが，その試料の状態に問題があり，粒子間の隙間を完全に埋められていなかった可能性もあったとみている。

表1　カツオ煮汁のコゲ粉末における元素組成割合の一例

成　分　名	組成割合(%)
K_2O（酸化カリウム）	63.0
P_2O_5（五酸化二リン）	17.6
Cl（塩素）	6.2
CaO（酸化カルシウム）	4.7
S（硫黄）	4.7
Na_2O（酸化ナトリウム）	1.4
SiO_2（二酸化ケイ素）	0.8
MgO（酸化マグネシウム）	0.5

表2　カツオ（秋獲り）の可食部100g当たりの無機質成分（上位5成分）

成　分　名	値(mg)
カリウム	380
リン	260
ナトリウム	38
マグネシウム	38
カルシウム	8

日本食品標準成分表2020年版（八訂）より抜粋

元素分析

炭素と窒素の元素組成割合（CN分析）は，元素分析計（Flash EA 1112,Thermo Fisher）にカツオのコゲ粉末試料を供し酸素循環（ダイナミック閃光）燃焼・TCD検出方式により分析をおこなった。アセトアニリドを元素分析計の標準試薬に用いている。

炭素と硫黄の元素組成割合（CS分析）は，炭化物粉末を炭素・硫黄分析装

表3　焦げ粉末のCN, CS, NS比

分　析　法	CN分析装置			CS分析装置			N/S
項　目	C（%）	N（%）	C/N	C（%）	S（%）	C/S	
マダイ炭化物	36.3	9.86	3.68	29.0	1.39	20.9	5.7
コメ炭化物	46.1	0.90	51.2	40.1	0.07	573	11.2
ワカメ炭化物	15.6	1.18	13.2	15.7	1.10	14.3	1.1
カツオ炭化物	49.5	16.5	3.00	48.6	0.78	62.3	20.8

N/Sは，（C/S）÷（C/N）にて計算した。

置（EMIA-Expert，堀場製作所）に供した。高周波誘導加熱燃焼—赤外線吸収法により，測定をおこなった。炭素の標準品には炭酸バリウムと炭酸ナトリウム（関東化学）を用い，硫黄の標準品には日本鉄鋼認証標準物質の鋼材を用いた。

カツオの煮汁のコゲと同様に，マダイ・コメ・ワカメの煮汁のコゲを先行研究で検討しており，それらのCN分析とCS分析もおこなっている。それらの結果と，今回の結果を集計し，並列してみた（表3）。

炭化物中のNの比率が高いのはたんぱく質起源，すなわち動物性食品が，その由来だからである。実際にマダイそしてカツオのNの割合は高く，植物性食品ではその逆である。CN比（C/N）でみた場合では植物性食品は高くなり，動物性食品で低くなる。

前述したようにアミノ酸には硫黄を含んでいるものもある。したがって，CN比でみられた傾向はCS比（C/S）でも同じ現象がみられるはずだ。硫黄自体は調べた範囲での食品ではその含量は窒素に比べると少ないものの，C/Sで評価すると，植物性食品であるコメと比べると，動物性食品であるマダイやカツオは低くなった。ただし植物性食品でも，この実験でのワカメのように硫黄の組成割合が比較的高い場合はそうとは限らない。

続いて，窒素と硫黄の比（N/S）を考察する。N/Sは（C/S）÷（C/N）で計算した。カツオ炭化物のN/Sは，調べた範囲内の食品のなかでもっとも高くなった。すなわち，今回の実験では，カツオの焦げの場合，C/NとC/Sはアミノ酸由来の影響で植物性食品よりも低くなることが実証された。また，N/Sでみると，調べた範囲では，比較的高くなる結果を得た。このことは，炭化物の起源判定の指標になりうる可能性がある。引き続きデータを蓄積し，その信頼性，妥当性を確認していくこととする。

カツオ煮汁のコゲ分析でわかったこと

現時点では，カツオの煮汁のコゲであることを示唆できるような科学的な指標を明らかにできていない。少なくとも，本稿でいえることは何なのか。

まず非破壊分析のうち，蛍光X線分析は，元素組成の概要を示してくれる点で有効だ。しかし，その結果から，起源となる物質を確定させるまでには，その科学情報が不十分な状況にある。破壊分析は，非破壊よりも多くの情報は得られる。元素分析，特に炭素と窒素の組成を調べることは，食品群としての類推には活用できそうだ。本稿で提案したC/SやN/Sは，カツオのコゲであることを考察する材料になるかもしれないが，妥当性・信頼性の検証を積まなくてはならないとも思っている。本稿ではあまり触れなかったが，安定同位体比分析も，起源の食品群を知るうえで有効なツールだと考えている。またステロール分析も動物性か植物性かの判定指標が得られるだろう。

おわりに

土器付着物の分析から起源となるものを考察する際には，一つの方法だけでなく，多様な方法を総合的に判断していくことが必要だろう。それゆえ，これまでおこなってきたアプローチが，起源類推の際の参考になるような手法や成果になることを期待して，研究に取り組んでいる。

事実，さまざまな食材での調理前後の変動について，多様な手法での検討をおこなってきた。調理後，炭化物の化学特性は，調理前の食品の化学情報の影響を受ける現象をいくつか確認している。また，調理前後での化学情報の変動に関する知見を土台にして，実際の土器片や土器付着物の複数の分析手法を組み合わせながら，考察をおこなっているところだ。

土器付着物の分析にあたっては，調理前後の変動以外にも，長期間の埋没中の影響や，環境からの汚染についても考慮されるべきだろう。本稿では，それらについては言及できていないが，議論の参考になるデータの蓄積も必要だと思っている。

問い続けていれば，すべての問いに，科学と歴史が答えを教えてくれるはずだと思っている。引き続き，問い続けてみよう。

参考文献

江口昭彦ほか 1999「食品中の硫黄含量について（第 1 報）―77 食品中の硫黄含量―」『栄養学雑誌』57-3，177-182 頁

大道公秀ほか 2017「土器片の分光分析からの古代食解明へのアプローチ」『東京医療保健大学紀要』12，61-68 頁

大道公秀ほか 2018「調理後残存炭化物の炭素及び窒素安定同位体比から古代食解明を目指したパイロットスタディー」『日本食品化学学会誌』25-1，45-52 頁

大道公秀 2021「土器に付着したコゲの分析からわかること」三舟隆之・馬場基編『古代の食を再現する―みえてきた食事と生活習慣病―』吉川弘文館

大道公秀 2023「須恵器内面にみられた白色付着物のバイヤライト」三舟隆之・馬場基編『古代寺院の食を再現する―西大寺では何を食べていたのか―』吉川弘文館

國木田大 2023「土器による調理―土器付着物からの分析事例―」高瀬克範編『季刊考古学・別冊 42　北海道考古学の最前線―今世紀における進展―』雄山閣

佐藤宏之 2018「自然科学とのかかわり」早乙女雅博・設楽博己編『新訂　考古学』放送大学教育振興会

庄田慎矢 2019「土器で煮炊きされた植物を見つけ出す考古生化学的試み」庄田慎矢編『アフロ・ユーラシアの考古植物学』クバプロ

庄田慎矢 2021「土器調理対象物への二つのアプローチ―付着塊状試料の窒素・炭素安定同位体比と残存脂質分析から分かることの違い―」大貫静夫編『中国考古学論叢―古代東アジア社会への多角的アプローチ』同成社

田中悟 2023「固体材料中の軽元素分析」『ぶんせき』6，235-238 頁

文部科学省 2020「日本食品標準成分表 2020 年版（八訂）」

付記：化学分析にお力添えいただいたアワーズテック株式会社の椎野博氏，清水文雄氏，（一般財団法人）日本食品検査の橘田規氏，日産アーク（株）の技術者の皆さまにお礼申し上げます。

また各種助言をいただきました，（独）国立文化財機構奈良文化財研究所の先

生方，東京医療保健大学の三舟隆之先生，西念幸江先生をはじめとする三舟科研のメンバーにも感謝いたします。

4　鰹色利の保存性と壺G

三舟隆之・五百蔵良

はじめに

都城跡から出土する壺Gについてはさまざまな説があるが，後述するようにもっとも根強く支持されているのが「堅魚煎汁」の容器説である。ただこれらの議論を進めていくうえで，まず「堅魚煎汁」とはどのような製品であるか，という問題を検証しなければならない。そうでなければ，「堅魚煎汁」の容器としての機能を検証することができないからである。

「堅魚煎汁」が堅魚（カツオ）を煮た汁を煮詰めるものならば，現在静岡県や鹿児島県で生産・販売されている「鰹色利」のようなものと考えられる。鹿児島県では「鰹色利」を「煎脂」と呼ぶが，これは鰹節造りの際の煮汁を2～3日煮詰めたものである。この「鰹色利」はゼリー状の物体であり，多少流動性のあるものもあるという。

まず問題となるのは，その保存性である。「堅魚煎汁」は奈良・平安時代を通して，駿河国や伊豆国などの遠隔地から貢納されている。『延喜式』主計上によれば，駿河国は上京に18日を要するとあり，さらに伊豆国では22日を要する。物を冷蔵して運ぶ手段がほとんどない時代であるから，少なくとも運搬の間はいかなる容器であれ，「堅魚煎汁」自体が保存性の効くものでなければならない。また調味料として用いる場合でも，保存性は要求される。

静岡県西伊豆町のカネサ鰹節商店の「鰹色利」は，カツオのアラを煮てほかの添加物を入れずに作っており，これが古代の「堅魚煎汁」に近いと考えた。この「鰹色利」を用いて，その保存性を確認した実験は2014年におこなっており，すでに『東京医療保健大学紀要』10-1に報告しているが，今回，壺Gが「堅魚煎汁」容器であるかどうかという視点でここに一部改稿して再掲する。

1　古代史料にみえる「堅魚煎汁」

「鰹（カツオ）」は古代では「堅魚」の字を当て，「堅魚煎汁」は『倭名類聚抄』（以下『和名抄』）によれば，「煎汁，本朝式云堅魚煎汁〈加豆乎以呂利〉」とあって，「カツヲイロリ」と読んでいたことが知られる[(1)]。また『伊呂波字類抄』でも「煎汁」を「イロリ」と読み，「色利」も同じとする[(2)]。

養老賦役令では，正丁（21〜60歳までの男子）の調雑物として「堅魚卅五斤」「煮堅魚廿五斤」「堅魚煎汁四升」が，調副物として「堅魚煎汁一合五勺」がみえる。平安時代の『延喜式』主計上諸国調条には堅魚の貢納品として，各国から「堅魚九斤〈西海道諸国十一斤十両〉」「煮堅魚六斤七両」，中男作物（中男は17〜20歳の男子）として「堅魚一斤八両三分〈西海道諸国二斤〉」と「煮堅魚・煎汁各十二両二分」がみえる。そのほか，駿河国の調では「煮堅魚二千一百卅斤十三両，堅魚二千四百十二斤」と中男作物の「堅魚煎汁・堅魚」がみえ，伊豆国の調では「堅魚」と中男作物の「堅魚煎汁」がみえ，貢納が義務づけられていたことが知られる。駿河・伊豆両国以外では，諸国の中男作物として相模・安房・紀伊・土佐・豊後国，調・庸として志摩・阿波・土佐・豊後・日向国などの各国から堅魚の貢納が義務づけられており，『延喜式』内膳司条には，伊豆国の交易雑物として「堅魚煎汁一石四斗六升」がみえる。

なかでも「堅魚煎汁」は高級品であったらしく，『延喜式』大膳下では「凡そ諸国，交易して進るところの醬大豆ならびに小豆等の類は，（中略），駿河国の堅魚の煎汁二斛，好き味のものを択び，別の器にて進れ。若し当年輸すところの中男作物，此の数に満たざれば，正税を直に充て，交易して進れ[(3)]」とあって，駿河国から貢納される堅魚煎汁で味のよいものは別の器で進上し，もし中男作物として貢納される数が不足するようであれば，正税で交易して進上せよという規定がみえる。

2　木簡にみえる堅魚製品

木簡にみえる堅魚の種類には，「堅魚」「生堅魚」「煮堅魚」「麁（荒）堅魚」

表1　木簡にみえる「堅魚煎汁」

番号	本　　文	遺　跡　名
1	□□□□〔堅魚煎汁ヵ〕一斗	平城京左京二条二坊五坪二条大路濠状遺構北
2	河国益頭郡中男作物煎	平城京左京二坊坊間大路西側溝
3	伊豆国中郡堅魚煎一升・中	平城宮内裏当方東大溝地区
4	駿河国益頭郡煎一升	平城京左京三条二坊八坪二条大路濠状遺構南
5	駿河国安倍郡中男作物堅魚煎一升・天平七年十月泉屋郷栗原里	〃
6	駿河国富士郡嶋田郷鹿野里中臣〈　〉・煎一升天平七年十月	〃
7	駿河国安倍郡中男作物堅魚・煎一升天平七年十月「小」	平城京左京二条二坊五坪二条大路濠状遺構北
8	伊豆国煮堅魚・「伊豆国煮煎一」	平城京左京三条二坊八坪二条大路濠状遺構南
9	「上」田方郡有雑郡大伴部若麻呂煎一・天平七年十月	平城京左京二条二坊五坪二条大路濠状遺構北
10	駿河国益頭郡煎一升　天平七年	〃
11	田方郡有雑郡〈　〉子・□□煎一升・天平七年十月	平城京左京三条二坊八坪二条大路濠状遺構南
12	五百原郡・□□□□煎一升	〃
13	堅魚煎	平城京左京二条二坊五坪二条大路濠状遺構北
14	駿河国安倍郡中男作物堅魚・煎一升天平七年十月宇治	平城京左京三条二坊八坪二条大路濠状遺構南
15	国安倍郡中男作物堅魚煎一升・田	〃
16	駿河国駿河郡駿河郷中男煎一升・天平九年十月	〃
17	伊豆国田方郡久寝郷矢田部足嶋・煎一升天平七年十月	〃
18	人給所請堅魚煎壱合御羹料　月廿日・「五直銭〈　〉文二隻直銭	平城宮推定造酒司宮内道路南側溝
19	駿河国有度郡山家郷竹田里丈部小床中男作物・煎一升天平九年十月	平城京左京三条二坊八坪二条大路濠状遺構南

(□は欠損文字数,〈　〉は欠損文字のうち字数不明,「　」は異筆・追筆,〔　〕は推定内容を示

の4種と「堅魚煎汁」があり，このうち「生堅魚」は1例のみである。「麁(荒) 堅魚」の「麁」「荒」は「粗い」という意味であるから，製品としては上等でない「堅魚」であると考えられる（以下，「荒堅魚」)。「堅魚」は「生堅魚」「煮堅魚」とは明らかに区別されており，一方「荒堅魚」は養老賦役令や『延喜式』にはみられないことから，「堅魚」と「荒堅魚」は同じものであると考えられている。

堅魚関係の木簡の記載内容は，ほとんどが「国名＋郡名＋（郷名・里名）＋戸主名＋貢納者名＋調＋「堅魚」（貢納物）と量＋年月日」というものが多い。「中男作物」の場合は，個人名ではなく国郡郷里の単位である。出土した木簡の例では圧倒的に駿河国・伊豆国が多く，つぎに阿波国・志摩国・遠江国

遺構名	出　　典	木簡型式
SD5300	平城京 3-4975	039
SD5780	城 11-15（136）	059
SD2900	城 19-21（186）	033
SD5100	城 22-22（213）	033
〃	木簡研究 12-12（23）	081
〃	城 22-23（228）	032
SD5300	城 24-24（228）	033
SD5100	城 24-24（231）	019
SD5300	城 24-25（235）	032
〃	城 29-32（364）	033
SD5100	城 31-26（359）	032
〃	城 31-25（350）	033
SD5300	平城京 3-5777	091
SD5100	城 32-26	033
〃	城 31-25（348）	019
〃	城 31-25（354）	032
〃	城 31-26（360）	032
SD11600	木簡研究 18-11（18）	081
SD5100	城 31-25〈345〉	

す。・は裏面）

などがみられる。

平城宮跡で出土した木簡をみると，駿河国や伊豆国から貢納された「堅魚」は，貢納の量が「十一斤十両」というものが多い。1斤は15両であるから，これはさきに示した「三十五斤」を3等分したものにあたる。また同様に「煮堅魚」の場合の貢納量は「二十五斤」であるが，3分の1は「八斤五両」となり，これが運搬に使用する1籠の量であると考えられている。このことからまず，「堅魚」「煮堅魚」はある程度本数でまとめられる状態の製品であることがわかり，「堅魚」がどのような製法で加工されたかを推測することができる。すなわち1本の重量からみると，堅魚はおそらく3枚におろされたあと，さらに細分化された可能性が高い。それは古代の魚類の加工法である「楚割（すわやり）」と同様に，大型の魚類はより乾燥を徹底するために細かく割いた可能性がある。堅魚製品では，「荒堅魚」「堅魚」は塩漬けしたあとに天日干しした製品，「煮堅魚」は堅魚を煮た現在の「鰹生利（なまり）節」と解釈され[(4)]，それを製造した際の煮汁が「堅魚煎汁」であるとされてきた。

表1にみえるように，「堅魚煎汁」は駿河国と伊豆国からの貢納に限られている。すでに述べたように，運搬には20日程度の日数がかかるから，保存が利く製品でなければならない。しかし「堅魚煎汁」の実態についてはよくわかっていない。そこでつぎにこの「堅魚煎汁」について，若干の考察をおこないたい。

3 「堅魚煎汁」の製法

『延喜式』や木簡にみえる「堅魚」の実態については，瀬川裕市郎氏の研究に詳しい[5]。瀬川氏は1.5〜2.5 kgのカツオを3枚におろし，ゆでて日干しにしたものと火に炙ってから日干しにしたものをつくり，それぞれを比較した。それによれば，カツオをただ煮て日干ししたものは日持ちが悪く腐敗したという。そこで『延喜式』にみえる都までの運搬日数では途中で腐敗する可能性があると指摘し[6]，「煮堅魚」はカツオをゆでて火乾して日干ししたものと考えた。

「堅魚煎汁」について瀬川氏は，カツオを煮た汁をさらに煮詰めたものとする[7]。「煮堅魚」は明らかに煮ているのであるから，その煮汁が利用されることは想定されよう。出土した「堅魚煎汁」の木簡は，表1にまとめたように駿河国や伊豆国からの貢納が多い。単位が「升」であるから重量ではなく，容積で量るものであることが判明する。

「煮堅魚」についてはそれを煮た土器が堝形土器であるとされ[8]，それでできた「堅魚煎汁」を運搬した土器が，平城宮跡などの都城跡から出土する壺Gであるとされる。壺Gが4本でほぼ「一升」になること，静岡県藤枝市助宗古窯跡群や伊豆の国市花坂古窯跡群で生産されていたと考えられることから，「堅魚煎汁」の運搬容器であると考えられた[9]。

しかし瀬川氏によれば，壺Gは平城京の土器編年では8世紀後半であり，木簡に多くみえる天平年間とは時代的には合わない。また「堅魚煎汁」は煮詰めるとゼリー状になるというので，このような壺が容器としてふさわしいかどうか，疑問も残るとする[10]。「堅魚煎汁」については三舟隆之・中村絢子の再現実験があり[11]，そこでは煮汁を煮詰めた際，ゼリー状になることが指摘されている。これらの実験によれば，壺Gはゼリー状の「堅魚煎汁」の容器としてはふさわしくないと考えられる。

また壺Gは駿河・伊豆や都城以外でも出土例が知られ，「堅魚煎汁」以外の用途も想定される。一方で壺Gの作りは堅牢で壊れにくく，運搬に適した土器であるとも森川実氏・小田裕樹氏は指摘する。このように壺Gについてはさまざまな議論があるが，詳しくは第II部第5章の森川論文，同第6章の小田論文を参照してほしい。

4　古代の調味料としての「堅魚煎汁」

「堅魚煎汁」の製法については，先述したように『令集解』には「謂，熟煮汁曰レ煎也，釈云，説文，煎熟，煮熬也。音子仙反，案熟煮也。醬類也」とあり，これからすると煮汁をさらに煮詰めると醬のようなものになるという。『延喜式』大膳下では，「凡そ諸国，交易して進るところの醬大豆ならびに小豆等の類は，（中略），駿河国の堅魚の煎汁二斛，好き味のものを択び，別の器にて進れ。若し当年輸すところの中男作物，此の数に満たざれば，正税を直に充て，交易して進れ」とあり[12]，駿河国から貢納される堅魚煎汁で味のよいものは別の器で進上せよとあり，さらにそれは中男作物として貢納されるものであるが，その数が不足するようであれば，正税で交易して進上せよという規定がみえる。これから考えると，「堅魚煎汁」には味のよいものがあり，不足分を税を利用してでも補っていることから，「堅魚煎汁」の重要性がうかがえる。

『和名抄』では「堅魚煎汁」は塩・酢・末醬などの「塩梅」（調味料）の類にみえるから，『和名抄』段階では調味料として用いられていたことは明らかである。また鎌倉時代初期の『厨事類記』は平安時代の宮廷料理を記録したもので，それには酢・酒・塩・醬の４種の調味料のほかに「或止レ醬用二色利一」とあって[13]，醬の代わりに色利を用いるとあることから，ここからも「堅魚煎汁」が調味料として用いられていたことは明らかである。三舟・中村の実験ではただカツオを煮た汁を煮詰めたものと，カネサ鰹節商店の「鰹色利」のようにアラを加えて煮詰めたものを比較したところ，両方ともゼリー状になったが，アラを加えて煮詰めた方が塩分濃度は高かった。また後述するようにカネサ鰹節商店の「鰹色利」の成分は，調味料としての成分を十分に持っている。「堅魚煎汁」が古代で調味料として使用されているところから，三舟・中村はアラを加えて煮詰めたものが「堅魚煎汁」であると考えた。そこで次に，同様な製法で製造されたカネサ鰹節商店の「鰹色利」についての分析結果を報告する。

5 「鰹色利」の保存性

試料と実験方法

まず鰹色利（カネサ鰹節商店）を購入し，実験に供するまで冷蔵庫（5℃）で保存した。

〈一般成分〉

水分は，減圧加熱乾燥法（70℃，5時間）で，たんぱく質は，ケルダール法で窒素量を分析後，窒素・たんぱく質換算係数6.25を乗じて算出し，脂質は，ジエチルエーテールを用いたソックククスレー抽出法で，灰分は，直接灰化法（550℃）で，炭水化物は差し引き法｛100－（水分＋たんぱく質＋脂質＋灰分）により求めた。無機物質のカルシウムは，550℃，10時間灰化処理し，20% 塩酸にて蒸発乾固後，さらに20% 塩酸によって加温抽出し，No. 5A でろ過した液を1% 塩酸で希釈したものをICP 発光分析法で分析し，ナトリウムは，1% 塩酸で振とう抽出乾固後に1% 塩酸に溶解し，No. 5A で沪過したろ液を原子吸光光度法にて分析した。

〈遊離亜アミノ酸〉

遊離アミノ酸（17種類）は10% スルホサリチル酸溶液で抽出し，3 mol/ℓ 水酸化ナトリウム溶液でpH 2.2に調整後，クエン酸ナトリウム緩衝液（pH 2.2）で定容し，アミノ酸自動分析法で分析をおこない，トリプトファンは，微アルカリに調整後，高速液体クロマトグラフ法にて分析し求めた。

〈遊離脂肪酸〉

遊離脂肪酸は，クロロホルム・メタノール混液（2：1）で抽出後，溶媒留去し，ヘプタン20 mℓに定容し，内部標準（ヘプタデカン酸）を添加後，常法によりメチルエステル化し，ガスクロマトグラフ法にて分析をおこなった。5'-イノシン酸は，5% 過塩素酸で抽出定容後，3 mol/ℓ 水酸化カリウム溶液で中和後，高速液体クロマトグラフ法にて求めた。

なお，一般成分・遊離アミノ酸・遊離脂肪酸の分析は，一般財団法人食品分析センターに委託した。

〈一般生菌数および大腸菌群〉

鰹色利をクリーンベンチ内にて，あらかじめ殺菌済みの薬さじを用いて滅菌済みシャーレまたは小鉢（紙で蓋をした）に10 g採取し，21日間屋外の倉庫（平均最高気温32.8℃）に静置した。その試料より1.0 gを採取後，殺菌済みの0.85% 生理食塩水9.0 mℓを加えてよく混合したものを微生物検査試料（原液）とした。

微生物の検出方法は，酵母などを検出することが可能なYM寒天培地（Difco社製）と，一般細菌（乳酸菌など生酸菌の検出も可能なMRS寒天培地に0.5% $CaCO_3$を添加した）を検出することが可能なMRS寒天培地（Difco社製）を用いて微生物の検査をおこなった。

滅菌済みシャーレに希釈試料原液0.1 mlを採取し，オートクレーブ滅菌（121℃・15分間）済みのYM寒天培地，MRS寒天培地およびMRS＋$CaCO_3$寒天培地を55～60℃にて溶解したものを加え，よく混釈した平板シャーレを30℃の恒温器にて培養を1週間おこない，継時的にコロニー数を測定し菌数を求めた。

実験結果

表2に鰹色利中の一般栄養成分について分析結果を示した。水分が29.3 g/100 g，たんぱく質が57.0 g/100 g，脂質が0.9 g/100 g，灰分が11.0 g/100 g，炭水化物が1.8 g/100 g，エネルギーは243 kcal/100 gで，脂質の含有量と炭水化物の含有量がとても低かった。また，ナトリウムは3.20 g/100 gで，食塩相当量（ナトリウム×2.54）は8.13 g/100 gであった。塩味料の塩分は，濃口醤油が約15%，味噌が12%で「鰹色利」より高く，減塩醤油では7～9%と同程度である。カツオが原料である色利は，鰹節同様に旨味成分として5'-イノシン酸が含まれているのではないかと考えたが，検出されなかった[14]。これは，鰹の身の部分は添加されるが，中骨および頭部が主な使用部位であるためではないかと考える。また，魚類に比較的多く含有するn-3系高度不飽和脂肪酸について分析をしたところ，遊離イコサペンタエン酸（IPA）は検出されず，ドコサヘキサエン酸（DHA）のみ検出され，その含有量は0.03 g/100 gと低値であった。一般にたんぱく質には味はないが，遊離ア

表2 「鰹色利」中の一般栄養成分組成

分析項目	(g/100 g)
水分	29.3
たんぱく質*	57.0
脂質	0.9
灰分	11.0
炭水化物**	1.8
エネルギー***	243 kcal
ナトリウム	3.20
食塩相当量	8.13
カルシウム	0.076
5'-イノシン酸	−****
遊離イコサペンタエン酸	−****
遊離ドコサヘキサエン酸	0.03

*窒素・たんぱく質係数(6.25)
**計算式:100−(水分+たんぱく質+脂質+灰分)
***エネルギー換算係数:たんぱく質;4 kcal/g。脂質;9 kcal/g,炭水化物;4 kcal/g。
****検出せず(0.01 g/100 g)。成分分析:食品分析センター

表3 「鰹色利」中の遊離アミノ酸組成

遊離アミノ酸	(g/100 g)
アルギニン	0.16
リジン	0.31
ヒスチジン	1.75
フェニルアラニン	0.22
チロシン	0.19
ロイシン	0.37
イソロイシン	0.18
メチオニン	0.15
バリン	0.26
アラニン	0.45
グリシン	0.17
プロリン	0.20
グルタミン酸	0.32
セリン	0.16
スレオニン	0.16
アスパラギン酸	0.15
トリプトファン	0.05
シスチン	−*

*検出せず(0.01 g/100 g)。成分分析:食品分析センター

ミノ酸には味がある。そこで,遊離アミノ酸を分析したところ,ヒスチジン1.75 g/100 g>アラニン0.45 g/100 g>ロイシン0.37 g/100 g>グルタミン酸0.32 g/100 g>リジン0.31 g/100 gの順で,シスチンは検出されなかった(表3)。苦味を感じるアミノ酸のヒスチジン・ロイシン・リジンが比較的多く含有し,旨味・酸味を感じるアミノ酸のグルタミン酸・アスパラギン酸や甘味を感じるアラニンなどがつぎに多く含まれ,古代の調味料としての役割を担っているものと推察される。

また福家眞也氏[15]は,鰹節中のヒスチジンの呈味効果はだしに酸味と旨味を与えること,野菜のなかでトマトはグルタミン酸が多く含まれ,グルタミン酸とアスパラギン酸の比率4:1がもっともトマトらしい味になり,味のバランスがよいことを明らかにしている。実際,ピューレやトマトを原料にしたケチャップが調味料として使用されている。一方,鰹の色利のグルタミン酸とアスパラギン酸の比率は2:1であるから,旨味調理料として利用されるだけでなく,これら旨味のあるアミノ酸が料理の味を引き立てる役目を果たしているともいえる。

つぎに,常温における保存性について検討をするため,常温(2014年8月)で21日間静置した試料中の微生物について,培養24時間ごとにシャーレに検出されたコ

ロニー数をカウントした。その結果，YM寒天培地およびMRS+ $CaCO_3$ 寒天培地のそれぞれのシャーレからは，まったく微生物は検出されなかった。さらに，48時間培養・72時間培養・96時間培養・120時間培養・144時間培養・168時間培養後も同様に，好気性カビ・好気性の細菌・酵母・生酸菌などの微生物は検出されなかった（表4）。また，168時間培養後も微生物がまったく検出されなったことから，20日間室温にて放置した二つの試料についても，好気性細菌および胞子形成細菌やカビや酵母など真菌類がほとんどいないと推察され，保存性のある食品であることが明らかとなった。

表4 「鰹色利」の微生物検査（生菌数；個／試料1g）

保存日数	一般細菌数*		生酸菌数**		カビ・酵母***	
	0日	21日	0日	21日	0日	21日
24時間培養	0	0	0	0	0	0
48時間培養	0	0	0	0	0	0
72時間培養	0	0	0	0	0	0
96時間培養	0	0	0	0	0	0
120時間培養	0	0	0	0	0	0

* MRS寒天培地　** MRS+ $CaCO_3$ 寒天培地
*** YM寒天培地

考　察

一般栄養成分分析により，「鰹色利」はたんぱく質が多く，脂質，炭水化物が少ない食品であることが明らかとなった。しかし，原料であるカツオの採取時期や個体差などを考えると，一般栄養成分のなかでも旬の時期に多く含有する脂質については変動するものと推察される。また，遊離アミノ酸を分析した結果，ヒスチジン＞アラニン＞ロイシン＞グルタミン酸＞リジンの順に多く含有し，グルタミン酸が比較的多く含まれることから，「鰹色利」が「堅魚煎汁」だとしたら，古代の調味料として利用されていた可能性は十分にあると思われる。さらに，グルタミン酸とアスパラギン酸の比が2：1であり，旨味調味料としての役目だけでなく，料理の味を引き立てる役目を果たしているといえる。さらに，冷蔵庫などのない時代に21日間常温で保存しておいても微生物の繁殖がまったくみられず，「鰹色利」は長期の期間（21日間）常温（25〜30℃）で保存が効く，保存性のある旨味調味料であることが明らかとなった。

おわりに

以上の実験結果からみると，カネサ鰹節商店の「鰹色利」は保存性の効く調味料であるといえる。もし同様な製法で「堅魚煎汁」が製造されていたとするならば，駿河国・伊豆国などの遠隔地から貢納され，さらに都においても儀式などに使用するのに十分な保存性があることが証明された。またアミノ酸を多く含むことから，「鰹色利」は旨味調味料としても優れていることが判明し，『厨事類記』にあるような「醬」の代わりとなる調味料であることも証明された。平城宮推定造酒司宮内道路南側側溝から出土した木簡（表1―20）には「人給所請堅魚煎壱合御羹料」とあり，「堅魚煎汁」が羹汁（あつものじる）（スープ）に使用されていたことがわかる。「鰹色利」が古代の「堅魚煎汁」に近いものとするならば，古代の日本人は早くから「出汁」としてこの調味料に着目していたことになる。とすれば，カツオにおける古代人の味覚感覚は和食の形成に大きな影響を与えたということが可能になろう。今後はこの鰹色利が古代の「堅魚煎汁」に該当するか，さらにさまざまな実験を継続したい。

註

(1) 『倭名類聚抄』巻16，塩梅部（中田祝夫解説，勉誠社，1978年）。

(2) 『伊呂波字類抄』第三冊飲食部（大東急記念文庫善本叢刊中古中世編，別巻二，汲古書院，2012年）。

(3) 新訂増補国史大系『延喜式』大膳下，779頁。

(4) 賦役令補注（『律令』日本思想大系，岩波書店，583頁）。

(5) 瀬川裕市郎・小池裕子「煮堅魚と堝形土器・覚え書き」（『沼津市博物館紀要』14，1990年），瀬川裕市郎a「煮堅魚と堝形土器覚え書2」（『沼津市博物館紀要』15，1991年），同b「堅魚木簡に見える堅魚などの実態について」（『沼津市博物館紀要』21，1997年）。

(6) 宮下章氏も，「煮堅魚」は現在の鰹節の原型で，煮て干したものと解釈している（宮下章『ものと人間の文化史97　鰹節』法政大学出版局，2010年，150-151頁）。

(7)　瀬川前掲註（5）b 論文。
(8)　橋口尚武「伊豆諸島から見た律令体制の地域的展開―堝形土器を中心として―」（『考古学研究』132，1987 年，72-90 頁）。
(9)　巽淳一郎「都の焼物の特質とその変容」（町田章・鬼頭清明編『新版　古代の日本　近畿Ⅱ』角川書店，1991 年，275 頁）。
(10)　瀬川前掲註（5）b 論文，16-19 頁。
(11)　三舟隆之・中村絢子「古代堅魚製品の復元―堅魚煎汁を中心として―」（『国立歴史民俗博物館研究報告』218，2019 年，445-459 頁）。
(12)　新訂増補国史大系『延喜式』大膳下，779 頁。
(13)　『厨事類記』調備部（『群書類従』巻 364，続群書類従完成会，747 頁）。
(14)　静岡県水産海洋技術研究所の山崎資之氏から，カツオは漁獲後直ちに冷凍しないとイノシン酸が消滅することをご教示いただいた。
(15)　福家眞也「食品の味」（『おいしさの科学』朝倉書店，1994 年，69-81 頁）。

5 鰹色利の粘性

峰 村 貴 央

はじめに

これまで堅魚煎汁（かつおいろり）は「ゲル状」や「ゼリー状」と抽象的に表現されてきた。こうした表現は主観的であり，個人によって差があるといえる。そうした曖昧な表現を解決しないまま，その堅魚煎汁を運搬した土器が平城宮跡出土の壺Gではないかと議論されていた〔五百藏ほか 2015〕。そこで，今回はこの抽象的な表現に一石を投じるべく，粘度測定により鰹色利の粘度を数値化し，それがどのような様子で流れるのか流動性を検討した。

本章ではまず粘性について基本的な理論を順序立てて解説し，粘性の測定がどのような場面で活用できるのか，測定することによってどのようなことがわかるかを紹介する。小難しい内容にはなるが，壺G＝堅魚煎汁の容器説の可能性を後押しできる知見が得られたので報告をする。

1 流体の粘度にはどのような種類があるのか

なぜ粘度を把握するのか

スープ，ソース，とろみ液など流動しやすい液体には，流れやすいものから流れにくいものまで存在する〔中浜・大越 2011〕。一定の形を持たず，力を加えると自由に変形して流れる物質を流体という。そして，流体または粘弾性体の粘り具合を粘性といい，その程度を表すものを粘度という。私たちは，粘度がある物質をべたべた，とろとろ，さらさら，かたい，ねばいなどと表現するが，これらの表現は感覚的であり個人差が生じる。そういった流体の様子を数値として捉えて表現するために粘度を把握する。粘度を定量的に取り扱うことにより，絶対値として流体を比較することができる。粘度を把握することはさまざまな分野で必要とされている。医療現場においては，血液の粘度を測定することで糖尿病罹患リスクを把握することができる〔藤永 1987〕。調味料や化粧品，塗料，接着剤などの伸びや垂れなどの粘度を測定することで，製品の均一性と品質の間接的な物差しとなる。

流体の種類

流体を知るうえで必要な用語にずり速度・ずり応力・粘度がある。

ずり速度は「液体の流れ」を，ずり応力は「流動させるのに必要な単位面積当たりの力」を表す。そして，粘度は「ずり応力÷ずり速度」にて算出される。つまり，粘度は速度と力の関係で表されるため，流れる速度に依存して変化する特徴がある。流体を定義するうえでも粘度が必須の情報である。

上述のように，粘度は「ずり応力÷ずり速度」で算出できるので，グラフの縦軸にずり応力，横軸にずり速度をプロットしてグラフを描くと，そのグラフのカーブ（流動曲線）の形状によって大きく分けて「ニュートン流体」と「非ニュートン流体」の二つに区分することができる〔川端 1989〕。

〈ニュートン流体〉

ニュートン流体は，ずり速度とずり応力が比例関係（グラフは原点を通る直線）で表され，ずり速度が変わっても粘度が一定の流体をいう。ニュートン流体を示す流体は，低分子で単一で成り立っていることが多く，水やグリセリン・シリコーンオイルなどがある。また，粘度が一定であるので，流体を傾けると一様に流れ落ちる特徴がある。

〈非ニュートン流体〉

非ニュートン流体は，ずり速度が変わるとずり応力と粘度が変わる流体をいう。その流体は，高分子でさまざまな成分で構成されており，水に粉を分散させた溶液やコロイド溶液・高分子液体などがある。容器を傾けるだけでは流れないが容器を振る（力をかける）と流れたり，容器を傾けると時間が経てば流れたりと，さまざまな特徴がある。非ニュートン流体はさらに細分化されるが，ここでは割愛する。

2　粘度測定の測定データから流体を類推

粘度測定の難しさ

ペンキであれ，調味料であれ，これらのものは，常に一定条件下で使用されるわけではない。使う人や食べる人の好みによって，あるいは使用するときの力加減や温度などによって変わってくる。食品で例えると，水あめとマヨネーズに指を押し込んでみると，マヨネーズより水あめの方が押しこみにくいと感じる。これは，水あめの方が高粘度であることを意味する。ところが，割りばしで引き上げた水あめは垂れ落ちてくるが，マヨネーズは容器を逆さまにしても垂れ落ちてこない。これはどのような現象で成り立っているのだろうか。なぜ，高粘度とされる水あめがマヨネーズに比べて垂れ落ちやすいのか。粘度測定は粘度や流体に対する知識がないと，測定結果がまったく的外れな結果を得ることになってしまうかもしれない難しさがある。また，流体は粘度だけでは評価ができず，流体の種類も考慮して検討しなければいけない難しさもある。

粘度が変化する要因

流体の粘度はどのような要因で変化するのだろうか。例えば，静止状態で繊維状の物質がバラバラの方向を向いている状態，高分子が絡み合っている状態，エマルジョンが真球性の形状，個体の分散物が凝集している状態の溶液があるとする。その溶液を攪拌して流動状態にすると，バラバラしている物が一定方向に向き，絡み合っていたものが伸び，真球性の流線形になり，凝集していたものがほぐれていく。このように流体のなかの構造が変化することによって流れやすさが変わり，粘度が変化する。こういった変化は0と100で表されるのでなく，変遷があるので，静止状態から徐々に攪拌する速度（ずり速度）を変化して測定することによって粘度の変遷を捉えることができる。内部の構造状態を把握することもできる。

また，溶液の温度が上昇した場合，液体の分子運動が活発になるので，温度変化に対して大きく粘度が変化する傾向がみられる。

粘度測定の方法

流体のほとんどは粘度の値が一つでなく，ずり速度を変えれば粘度が変わる。したがって，粘度測定は，長さや重さのような1回の測定では不十分であり，複数のずり速度や，また使用目的に関連するずり速度で粘度を測定する必要がある。市販されている塗料は，刷毛（はけ）に染み込ませるときや塗布するときは塗料の粘度が低くなるように，かつ，塗ったあとは垂れ落ちないように粘度が高くなるように合成されている。そういった，複数の粘度が存在するような塗料は，「壁に塗る」と「壁に塗ったあと」というように目的に合わせたずり速度を選択して，粘度測定する必要がある。つまり，壁に塗るときの塗料の粘度測定は，刷毛を高速で動かして塗るので高いずり速度で測定する。そして，壁に塗ったあとの粘度測定は，壁面を自重で垂れる速度が遅いので低いずり速度で測定する。

粘度測定の方法はさまざまだが，今回は精密回転式粘度計HAAKE RotoVisco 1（Thermo Scientific社製）の二重円筒型の回転粘度計で検討した。二重円筒型の回転粘度計は，筒状のローターと筒状の試料カップを組み合わせて測定する（図1）。二重円筒型は低粘度や低ずりなど応力が小さい場合に利用されることが多く，二重円筒のギャップは非常に小さく，高粘度試料では充填が難しいため比較的粘度が低い試料しか測定ができない。ローターを1/s単位のずり速度で回転させ，ローターにかかるずり応力を測定し，ずり速度とずり応力から流体の粘度を計算する。規定のギャップを持つ二重円筒で測定することにより，粘度を絶対値として算出することができる。

回転粘度計で粘度測定をおこなう場合，回転速度（ずり速度）をさまざまに変え，これらに対応するずり応力をグラフにプロットすると，流動曲線を得ることができる。流体の種類であるニュートン流体と非ニュートン流体を解析することができる。また，粘度を計算してプロットすると，粘度—ずり速度の流動曲線が得られ両者の関係も確認することができる。手始めに流体の特徴を把握したいときは，広範囲のずり速度で測定して流動曲線を描き，流体の全体像を把握する方法をとる。

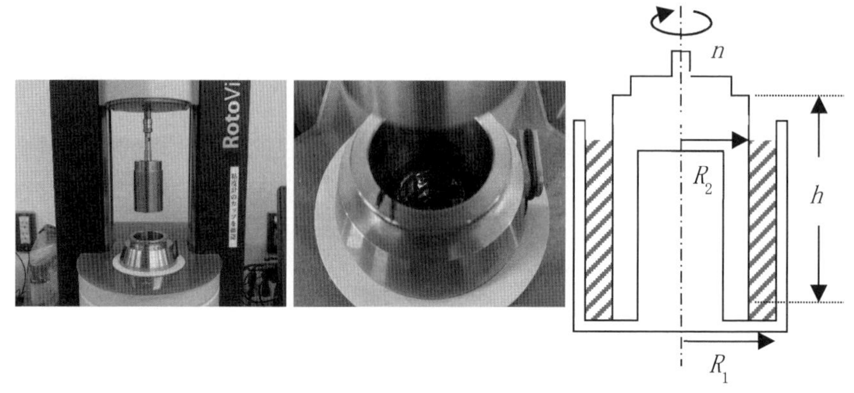

図 1　二重円筒型回転粘度計（左：機器全体写真　中央：試料注入写真　右：模式図）
R_2：ローターの半径，R_1：試料カップの半径，R_1-R_2：二重円筒のギャップ　h：ローターの高さ，n：回転回数

回転粘度計で測定した調味料から流体の種類を検討

ここまで理論的なことを説明してきたので，身近な調味料を回転粘度計で測定し，粘度を定量化し，どのような流体の種類に区分されるのかを紹介する（図 2）。試料は，マヨネーズ 2 種類とケチャップ 2 種，ハチミツを用いた。

縦軸にずり応力，横軸にずり速度においてグラフ上にプロットして流動曲線を描くと，マヨネーズとケチャップは右肩上がりの凸の曲線を描き，ハチミツは原点を通る比例的な直線であった（図 2 上段）。これらの流動曲線より，マヨネーズとケチャップはずり速度が変わるとずり応力も変わる非ニュートン流体であり，ハチミツはずり速度とずり応力が比例関係であるニュートン流体であることがわかった。

つぎに，調味料を激しく振ったときに，振る前後で流体の特性が変わるのかを表すチキソトロピー性を流動曲線から測定した（図 2 下段）。チキソトロピーとは，流体にずり速度を加えたときにおける構造破壊と回復の平衡化によって起こる現象である。液体に振動や攪拌などの変形（構造の破壊）を与えると，液体の粘性が減少し流動性が増すが，力を除いて静置しておくと，ある時間経過後もとの状態に戻る（構造の回復）。この構造の破壊と回復を流動曲線から観察する。ずり速度の上昇時の流動曲線と下降時の流動曲線とが同じ傾向をたどらない場合は，構造の回復に時間がかかることを示している。上昇時の流

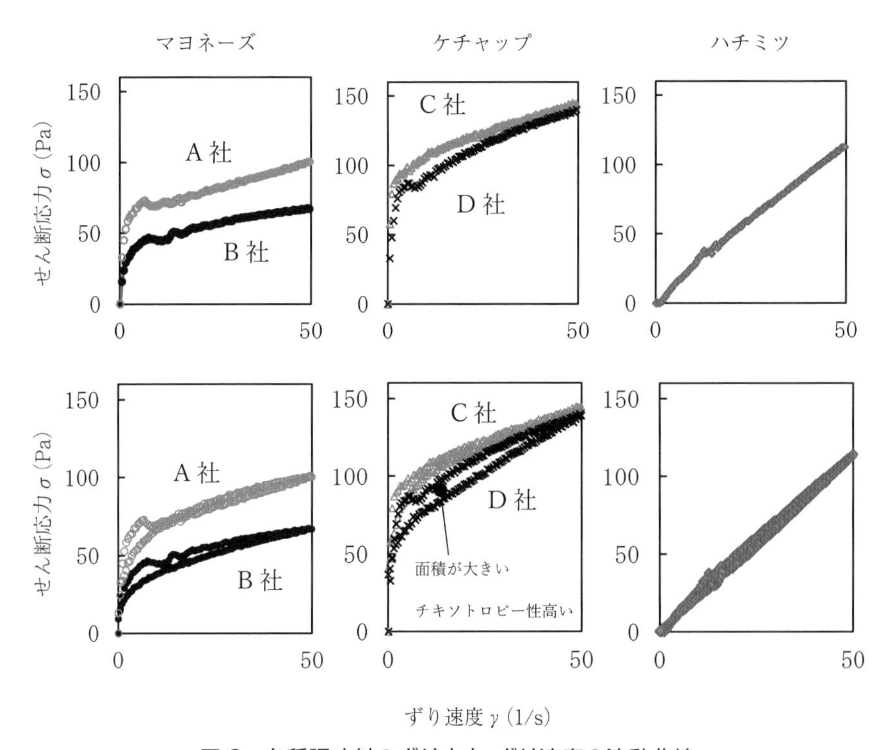

図２　各種調味料のずり応力-ずり速度の流動曲線

左：マヨネーズ　中央：ケチャップ　右：ハチミツ

上：ずり速度を上昇させたときの流動曲線，下：チキソトロピー性測定

動曲線と下降時の流動曲線とが同一経路をとる場合は，構造の回復が早いことを示している。この上昇と下降時の流動曲線を囲んだ面積の大きさがチキソトロピーの度合いを示す。マヨネーズではＡ社よりＢ社，ケチャップではＣ社よりＤ社の方が，上昇と下降時の流動曲線を囲んだ面積がわずかに大きく，チキソトロピー性が高いことがわかった。なぜ同じマヨネーズとケチャップでもチキソトロピー性に違いが出るのかは，その製品の特徴が大きく影響しており，Ａ社とＢ社は全卵を使うか卵黄を使うかの違いがあり，Ｃ社とＤ社はトマト果肉の粒子径の違いがある。ハチミツは，糖と水分で構成された糖溶液であり，均一かつ単一で成り立っていることから上昇と下降時の流動曲線は同一をたどった。このように同じ種類の流体でも，チキソトロピー性を確認する

と，流体を構成する成分の違いを推測することができる。

最後に，ずり応力とずり速度から粘度を計算し，各種調味料の粘度とずり速度の流動曲線を測定した（図3)。マヨネーズとケチャップは，ずり速度を上昇させると粘度が右肩下がりに低下した。つまり，ずり速度が低いと高粘度で，ずり速度が高いと低粘度であることがわかった。これは，スプーンですくった時は垂れにくく，刷毛などで塗る時は塗りやすいことを示している。ハチミツはずり速度の変化に関係なく粘度が一定であったので，すくったときの垂れやすさと塗りやすさは同じことを示している。

回転粘度計で測定し，それをグラフにプロットすることで，マヨネーズやケチャップは容器を傾けるだけでは流れず容器を素早く振ると流れる流体であり，ハチミツは容器を傾けると一様に流れる流体であると評価することができる。また，粘度測定することにより，経験的に理解していることや感覚的に表現している現象を数値化することができる。

3 「鰹色利」製造実験試料の粘性実験

森川氏がカネサ鰹節商店で実施した「鰹色利（かつおいろり）」製造実験で得られた試料8種類（No. 1, 2, 3, 4, 5, 6c, 6b, 6a 詳細は森川論文を参照）とカネサ鰹節商店で販売されている製品を用いて，室温と仮定する25℃における粘度および流体の種類を検討した。実験装置は，上記で説明した精密回転式粘度計 HAAKE RotoVisco 1（Thermo Scientific 社製），センサーは DG43 を用いた。測定温度25℃で，0.000 1/s～50.00 1/s のずり速度で測定をした。

グラフにずり応力とずり速度をプロットした流動曲線（図4）では，製品が凸の曲線を描き非ニュートン流体であるのに対し，No. 6a と No. 6b が右肩上がりの直線であるニュートン流体であることがわかった。No. 1 から No. 6c までは，ずり速度を上昇させてもずり応力がみられなかった。チキソトロピー性では，製品のみずり速度の上昇時と下降時の流動曲線とが同じ傾向をたどらず，構造の回復に時間がかかることを示した。このことから，鰹色利は製造する過程で粘度が上昇し，かつ，流体の種類が変化することが明らかになった。

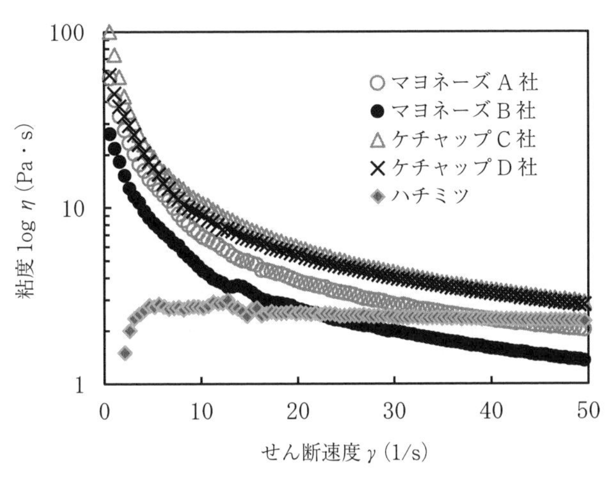

図３　各種調味料の粘度とずり速度の流動曲線

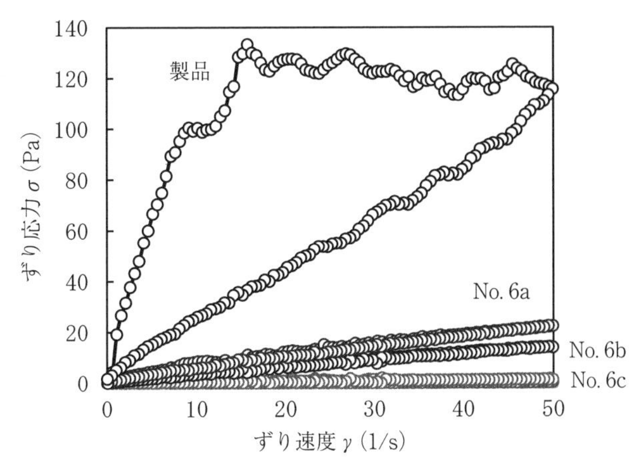

図４　鰹色利のずり応力とずり速度の流動曲線

グラフに粘度とずり速度をプロットした流動曲線（図5）では，製品はほかの試料に比べて粘度が顕著に高いことがわかった。また，ずり速度を上昇させることで粘度が低下することが示された。この粘度とずり速度の結果をもとに流体の様子を表現すると，「容器を傾けても垂れないが，時間をかけたり，容器を素早く振ったりするとぼてっと流れる」ということになる。また，ずり速度 50 Pa・s の粘度はハチミツと同程度であることがわかった。No. 6a と No. 6b は，No. 6c 以前の鰹色利と比べてわずかに粘度があるが，ほぼ粘度がな

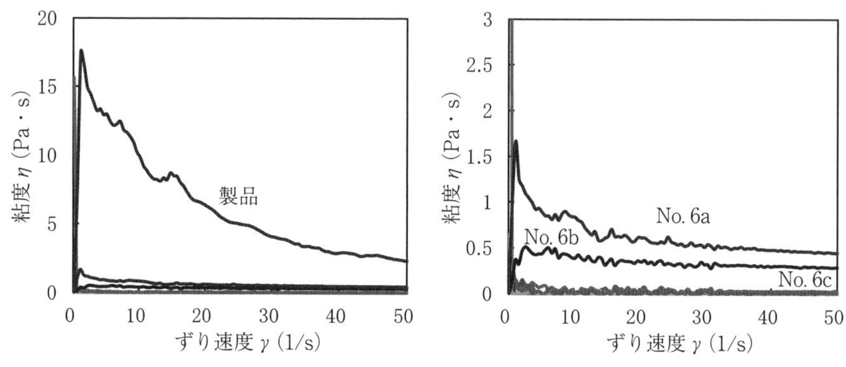

図５　鰹色利の粘度とずり速度の流動曲線

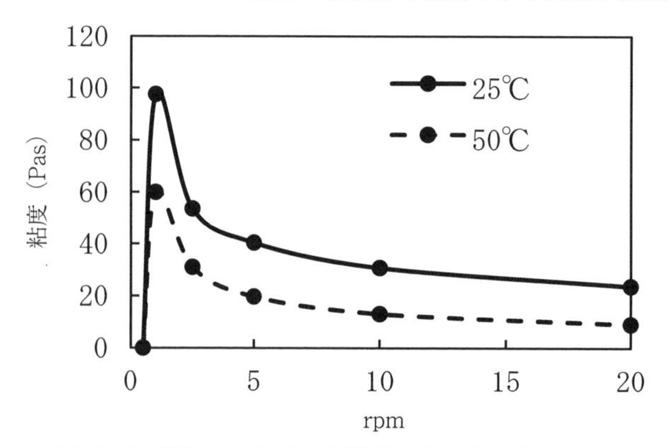

図６　B 型粘度計を用いた製品の粘度と温度の関係

いといってもよいほど低い。また，ずり速度を上昇させても粘度が一定であるので，流体の様子は「一定の速度で一様に流れる」という流体であった。

つぎに，B 形粘度計と呼ばれる簡易な回転粘度計を用いて，製品を 50℃ まで加温し，25℃ と 50℃ との粘度の関係を検討した（図6)。すべての回転数（rpm）で 25℃ より 50℃ の方が低粘度を示した。一般に液体の粘度は温度の関数で，温度が１度上昇すると粘度は 5～10% 減少する。しかし，鰹色利のようなさまざまな成分が混在する混合物や比較的濃度の高い溶液などは温度依存性が小さいと考えられている。

これらのことから今回製造した鰹色利は，25℃ において流動性があることがわかった。また，温めることで粘度が低下し，さらに流動性が高くなることも示された。須恵器(すえき)の長頸ビンに流し込むことは可能であることが明らかになった。

4 「鰹色利」製造実験試料（No. 6c, 6b, 6a, 製品）の成分分析

鰹色利の製造過程で粘度や流体の種類が変化する結果が得られたことから，まず鰹色利の粘度に起因するゼラチン（コラーゲン量）量を定量した。コラーゲンは，皮膚や骨・筋など起源により構造が異なることから，そのものを測定し定量することは困難と考えられている。そこで，コラーゲン中の全アミノ酸の約10% を占めているヒドロキシプロリンを定量し，ヒドロキシプロリン量の10倍相当量をコラーゲン量と定義した〔日本食品分析センター 2023〕。また，コラーゲンが熱変性したゼラチンはコラーゲンと同じアミノ酸組成であることから，同様に考えた。コラーゲン量は，No. 6c が約10 g，製品が約22 g 含まれていることがわかった。この含有量が鰹色利のゲル化にどのように影響しているのかを検討するために，市販ゼリー粉末のゼリーの調整方法と比較した。市販ゼリー粉末は，水に対してコラーゲン1.5% 濃度でゼリーを調整するので，鰹色利もその調整方法に従って水に対するコラーゲン濃度を計算すると，No. 6c はコラーゲン3.5% 濃度，製品はコラーゲン7.3% 濃度もあることが明らかになった。市販されているゼラチンは，約20℃ 以下で凝固し，凝固後は25℃ 付近で溶けはじめると考えられている。つまり，理論上では鰹色利は市販ゼリーに比べてコラーゲン濃度が高いので，凝固しやすく固いゲルを形成することになる。しかしながら，森川氏が採取した鰹色利を受け取ったとき，冬の寒い時期であったが鰹色利は流動性があった。また，私が回転粘度計に注入するときの鰹色利の温度は約20℃ であり流動性があった。これらのことから，鰹色利はコラーゲン以外の成分の存在によって，粘度の増減が制御されている可能性が示唆された。

そこで，たんぱく質と脂質の含有量を測定し，コラーゲン1 g に対する脂質とたんぱく質の割合を算出した（表）。コラーゲンの算出で用いたヒドロキシプロリンはたんぱく質の一部であるので，たんぱく質はすべての試料で約0.52と変化はなかった。つまり，たんぱく質量は粘度の増減に関与していないこと

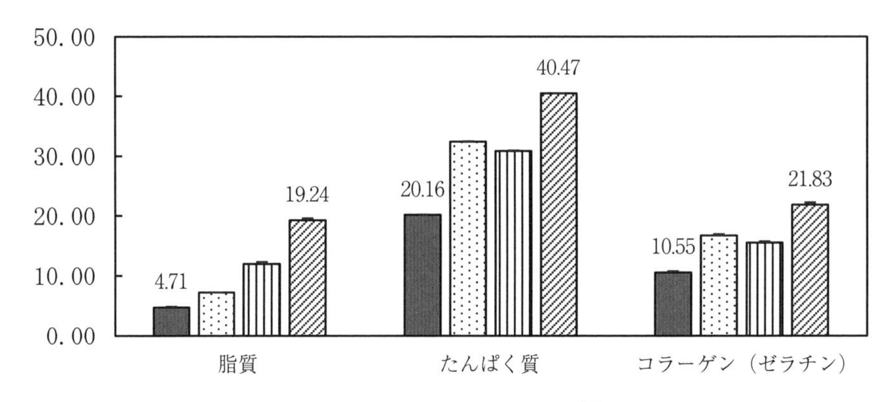

図 7　鰹色利の成分分析（g/ 試料 100 g）

表　コラーゲン 1 g に対する脂質，たんぱく質の割合

	コラーゲン	脂質	たんぱく質	50（1/s）の粘度
No. 6c	1	2.24	0.52	0.02
No. 6b	1	2.32	0.52	0.29
No. 6a	1	1.30	0.50	0.44
製品	1	1.13	0.54	2.33

が示された。一方で，脂質においては，No. 6c と No. 6b が近似し約 2.3 と高く，ついで No. 6a が 1.3，製品が 1.13 であった。脂質の割合と粘度を比較すると，粘度が高い製品の脂質割合が低く，粘度が低い No. 6c と No. 6a の脂質割合が高いことがわかった。

これらのことから，鰹色利の粘度はコラーゲン量によって増減することのほかに，コラーゲンに対する脂質の含量によっても増減する傾向にあることが推察された。しかしながら，ゼラチンの凝固については，水分含量やナトリウム含量など複数の因子が複雑に影響しているため，さらなる検討が必要である。

おわりに——粘度測定で明らかになった鰹色利——

鰹色利はゲル状もしくはガム状であるなど，感覚的に表現された現象を，回転粘度計で数値化し，評価することに成功した。鰹色利は製造過程で粘度および流体が大きく変化することが明らかになった。製品の粘度は，壁面を垂れるときや匙ですくって垂れるときの粘度は高いが，撹拌することによりハチミツと同程度の粘度まで低くなることがわかった。また，温めることによりさらに粘度が低下する性質であった。製造過程中の鰹色利（6b, 6a）は，製品とは大きく異なり，傾けると水のように一定の速度で流れる性質であった。また，鰹色利の粘度はコラーゲン量と脂質含量によって増減することも示唆された。

今後は，カツオの投与量や製造過程の条件を複数設定し，粘度と流動性のデータを蓄積していきたい。そして，壺Gが容器として使用される可能性を検討していきたい。

参考文献

五百藏良・西念幸江・三舟隆之 2015「古代の調味料としての鰹色利―鰹色利における保存性―」『東京医療保健大学紀要』10-1，9-14頁

川端晶子 1989「食品物性学―レオロジーとテクスチャー―」建帛社

中浜信子・大越ひろ 2011『おいしさのレオロジー』アイ・ケイコーポレーション

日本食品分析センター「「コラーゲン」と「ヒドロキシプロリン」」https://www.jfrl.or.jp/storage/file/Hyp_kanren.pdf，2023年10月21日確認

藤永彦一 1984「血液粘度に関する疫学的知見」『日本衛生学雑誌』39-4，717-728頁

コラム２　栄養学からみたカツオの食文化
——女性の健康の視点から——

鈴 木 礼 子

は じ め に

カツオは，時速60 kmで海のなかを泳ぐ，生きているときは無地の銀白色の魚で，黒い縦筋模様が特徴の代表的な赤身魚である。縄文時代には，貝塚の出土品からカツオがすでに食されていたこと，奈良時代には，液状の調味料のような，干したカツオを煮詰めた汁（堅魚煎汁（いろり））があったことが知られており，鰹節の原型として，乾燥させた「干しカツオ」を削り，食品にかけて食したともいわれている〔永山・山本 2018，三舟 2017〕。古代から時を経て，現在の日本は，世界有数のカツオ消費大国で，世界のカツオ消費量の約10分の1を食しているといわれている。カツオの購入量（総務省の家計調査2020年）からみると，日本海側より太平洋側で食されており，1位：高知市（4,182 g），2位：福島市（1,647 g）と，地域の食文化により食している量に差がある魚といえる。

1　カツオの栄養成分

カツオには，ほかの魚類と比較して，特に「タンパク質」が多く含まれている。また，ほかの栄養素がスムーズに作用するのを手伝う役割を果たしている「ビタミン」も含まれる。なかでも，特に「ビタミンB群」の「ナイアシン」「ビタミンB_6」「ビタミンB_{12}」が豊富である。ここでは，木簡にも名前がでてくる他の魚類などと比較しながら，古代から育まれてきたカツオの食文化について，栄養学的な視点から，古代における疾病や，現代の私たちの健康につながる可能性などを考察する。

タンパク質

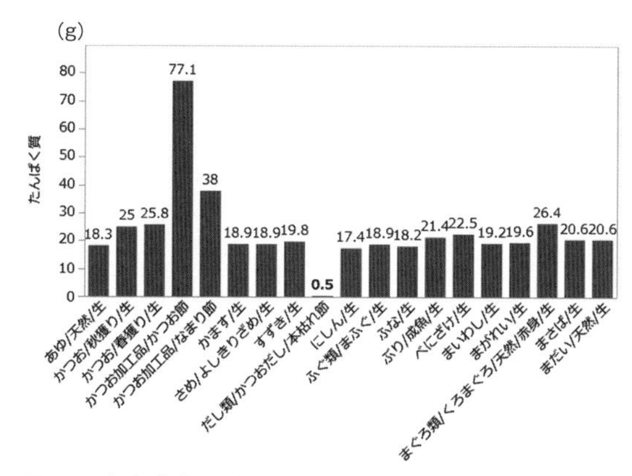

図1　主な魚類のタンパク質（文部科学省：日本食品成分表2020年版〈8訂〉）

カツオは，筋肉・皮膚・内臓・血液・髪の毛などさまざまな部分をつくる材料であるタンパク質が豊富な魚である。100g中に，「カツオ（春どり）」では25.8g，カツオ加工品の「なまり節」では38g，「鰹節」では77.1gがそれぞれ含まれる（図1）。だしをとった後の鰹節を，具材とともに炒め物や，つくだ煮など料理に使用し，食する工夫は，食品ロスを減らす視点だけでなく，良質なタンパク質を摂るうえでも，栄養学的に理にかなったことといえる。

ビタミンB群

ビタミンは「微量栄養素」で，「水溶性ビタミン」「脂溶性ビタミン」の，大きく二つのグループに分けられる。

カツオに多く含まれるのは，特に水溶性ビタミンの「ビタミンB群」である。ビタミンB群は互いに力を合わせながら作用し，一つだけでは効果を発揮しにくい栄養素である。ビタミンB群の仲間のなかでも，特に「ナイアシン」と「ビタミンB_6」と「ビタミンB_{12}」が，カツオに多く含まれている。

〈ナイアシン〉

タンパク質はカツオや鰹節に多く含まれているが，ナイアシンはタンパク質を構成する「アミノ酸」の一つである「トリプトファン」から合成される（図2）。三大栄養素の代謝にかかわる微量栄養素で，おもな作用としては，食品から摂取した炭水化物や脂質などをエネルギーに変える働きや，アルコールの分解を助ける働きが報告されており，二日酔いなどにもよいと考えられている〔佐々木 2020，上西 2020〕。またタンパク質が筋肉や皮膚などの細胞になるのをサポートし，皮膚を健康に保つ働きなどがある。ナイアシンが欠乏すると，

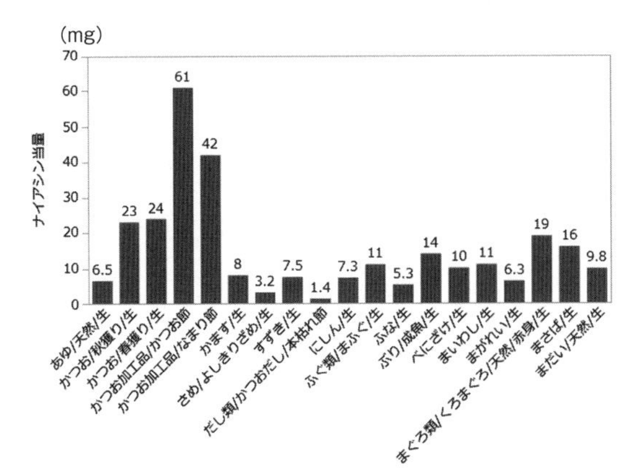

図2　主な魚類のナイアシン当量（文部科学省：日本食品成分表2020年版〈8訂〉）

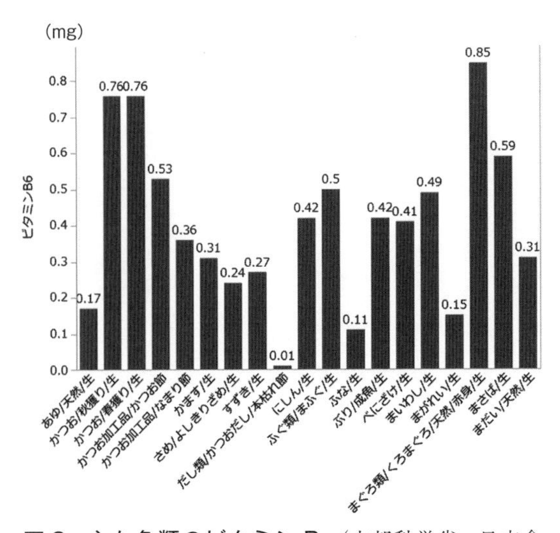

図3　主な魚類のビタミンB_6（文部科学省：日本食品成分表2020年版〈8訂〉）

ペラグラ（皮膚炎・消化管障害・神経障害）や口内炎になりやすいと考えられている。ナイアシンは熱・光・酸・アルカリなどには強く調理・保存で壊れにくいけれど，水溶性で，熱湯には溶けやすいため，汁ごと食べるようにしたほうがよい栄養素である。その意味では，古代の堅魚煎汁は栄養学的視点から，理にかなった調理法といえる。

例えば古代にも肌に症状がでる病気の総称として肌気を由来とする言葉が存在しており，現代の「ハタケ」はその名残であると考えられている。伝染性のない皮膚炎の俗称で，学童期にみられ思春期に自然治癒するといわれており，いわゆる「顔面単純性粃糠疹（がんめんたんじゅんせいひこうしん）」「脂漏性皮膚炎（しろうせいひふえん）」の一種のことである。ナイアシンが豊富に含まれる「カツオの食文化」は，古代・現在とわず，皮膚の疾病予防に好ましい影響を与えるかもしれない。

〈ビタミンB_6〉

ビタミンB_6はカツオ100gあたり0.76mg含まれている（図3），タンパク質をエネルギーに変えるときや，筋肉や血液をつくるときに必要な栄養素で，脂漏性皮膚炎，食欲不振，口内炎などの予防にもかかわるともいわれている。

ビタミンB_6は，酵素の補酵素で，酸に強く，紫外線に弱い性質がある（酵素とは，あらゆる科学反応／生体反応に対し，触媒作用をもつタンパク質のこと。体のなかで「食べ物を分解する役割の消化酵素」や「栄養素を利用して体の修復や再生をはかる代謝酵素」，体の外から「食べることで摂取できる食物酵素」など，さまざまな酵素がある）〔佐々木 2020，牧野 2016〕。

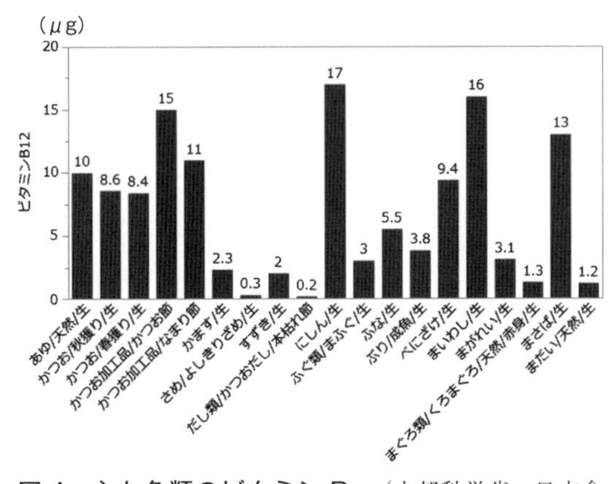

図4　主な魚類のビタミンB_{12}（文部科学省：日本食品成分表2020年版〈8訂〉）

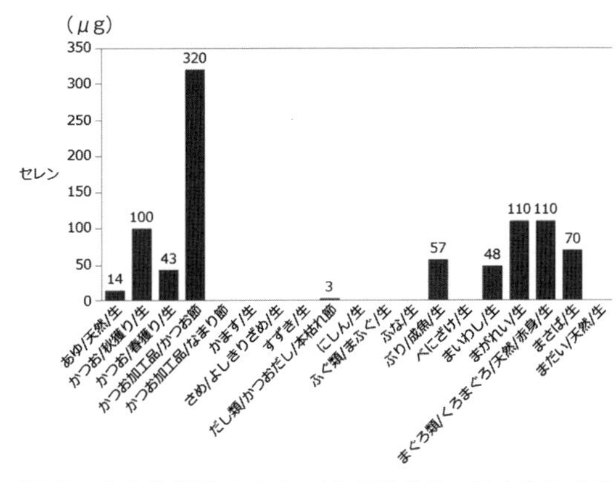

図5　主な魚類のセレン（文部科学省：日本食品成分表2020年版〈8訂〉）

〈ビタミンB_{12}〉

ビタミンB群の一つである「葉酸」とともに，赤血球を合成する栄養素で，「赤いビタミン」ともいわれ，脳やせき髄の中枢神経，末梢神経が正しく働くように調整する栄養素である。欠乏すると巨赤芽球性貧血（きょせきがきゅうせいひんけつ）（悪性貧血）・不眠症・肩こり・腰痛・しびれなど末梢神経障害になる〔佐々木 2020，牧野 2016〕。主に動物性食品，貝類，味噌・納豆などの発酵食品にも含まれている。アルカリ・強酸・光で分解する。腸で吸収され，体内で貯蔵される。腸内細菌により産生されるともいわれており，おそらく厳格なベジタリアンでもない限り，日本人では不足することは少ない栄養素と考えられる。

セレン（土壌中に含まれるミネラル）

「セレン」は食品中でタンパク質に結合して，カツオに比較的豊富に含まれているミネラルである。体内の血中に分布している。老化の原因となる過酸化酵素・活性酸素を取り除くグルタチオンペルキシダーゼという酵素の構成成分であり，抗酸化作用を通して細胞の老化の予防にかかわる可能性があるといわれている。欠乏すると，心筋障害をおこす克山病などにかかるともいわれている〔Sunde RA, 2006〕。

2　カツオの栄養と「女性の健康」について

貧血について

カツオに含まれる，ビタミンB_6，ビタミンB_{12}などは，特に女性の貧血改善につながる可能性がある。古代では，寄生虫による貧血が報じられている。例えば，約 4〜5 cm の線虫が，腸壁の粘膜に穿入して吸血し，貧血症の原因となっていたことが記されている〔槇 1933〕。長屋王（ながやおう）（684—729）の邸跡の水洗トイレ跡から，寄生虫の卵と駆虫剤に使われたと考えられている紅花花粉が発見されたとの報告もある。カツオを食することが，当時の寄生虫による貧血の予防にもつながっていたかもしれない。

月経前症候群について

月経前症候群は「生理前 3〜10 日の間続き，生理開始後，軽くなったり消えたりする心身症状」である。

日本人女性の約 70% が月経前症候群の経験をもち，女性の社会進出の壁になっている〔国立成育医療研究センター 2020〕。女性の健康および QOL 向上のために，治療薬の選択もあるが，長期的な服薬による副作用などを考えると，食・栄養などを含めた生活習慣による月経前症候群の予防要因について科学的根拠が望まれている。月経前症候群のリスク要因としては，ニコチンやアルコ

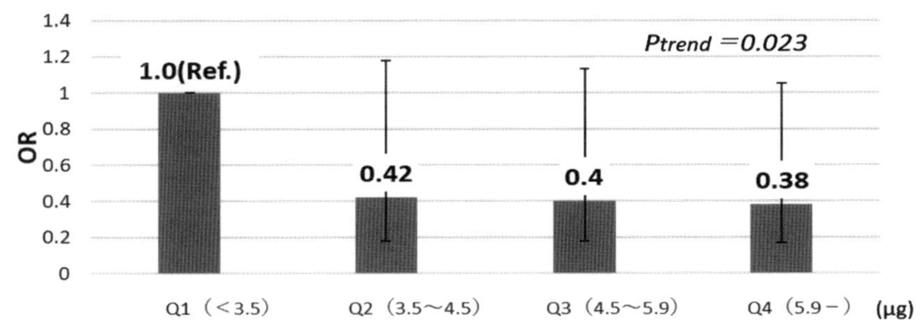

図６　日本人の若い女性を対象としたビタミン B_{12} と月経前症候群との関連〔佐伯・鈴木 2022〕

ール摂取などが報じられているが，食・栄養にかかわる予防要因として，特に，ビタミン B_6 やビタミン B_{12} の摂取が，月経前症候群の発症予防にかかわる可能性が，近年の疫学研究で報じられている。日本人の若年女性を対象とした研究報告は少ないが，近年，食物摂取頻度調査で推定評価したビタミン B_{12} 摂取量と月経前症候群との関連について国際学会で発表されている（図6）。18〜25歳の日本人女性267名を対象に女性の生理周期と心身の健康に関するアンケート調査を実施した研究であった。「生活に支障をきたすほどの月経前症候群の自覚症状」の有無を研究参加者の自己申告により月経前症候群を評価した。食物摂取頻度調査にもとづくビタミン B_{12} 摂取量と月経前症候群との関連について多変量ロジスティック回帰分析を実施し，オッズ比を評価指標としてデータ解析した結果，4分位にわけたビタミン B_{12} 摂取量が最も多い群は，最も少ない群と比べて，月経前症候群のリスクが低い結果であった（オッズ比：0.38，図6）〔佐伯・鈴木 2022〕。この研究は，少人数の横断研究であり，結果を結論づけることはできないが，日本人女性でビタミン B_{12} と月経前症候群との関連を示唆した報告である。

おわりに

カツオには，タンパク質だけでなく，ビタミンＢの仲間である「ナイアシン」「ビタミン B_6」「ビタミン B_{12}」などのさまざまな微量栄養素が豊富に含まれている。日本の古代から，現代にわたり息づいている「カツオの食文化」

は，現代の日本人女性の「月経前症候群」や「貧血」などを予防し，健康をサポートする可能性がある。日本の健康日本21（第3次）では，女性の健康に焦点をあてた健康政策が掲げられようとしている。カツオの食文化を含めた日本の古代の食生活について学びを深める食育活動〔永松 2023〕が，現代の女性の健康増進にむけて，推奨されるかもしれない。

参考文献

永山久夫・山本博文監修 2018『歴史ごはん　食事から日本の歴史を調べる①　縄文〜弥生〜奈良時代の歴史を調べる』くもん出版

三舟隆之 2017「写経所における給食の復元」『正倉院文書研究』15

佐々木敏・伊藤貞嘉 2020『日本人の食事摂取基準 2020』第一出版

上西一弘 2020『（食品成分最新ガイド）栄養素の通になる　第5版』女子栄養大出版部

槇佐知子 2017『医心方」事始—日本最古の医学書—』藤原書店

槇佐知子 2000『改訂版　病から古代を解く』新泉社

牧野直子 2016『世界一やさしい栄養素図鑑』新しい星出版社

国立成育医療センター 2020　https://www.ncchd.go.jp/press/2020/20201126.html

永松真衣 2023『鰹節を手削りする美味しい暮らし』主婦と生活社

Kae Saeki, Yuri Ogata, Airi Sekine, Emiko Terauchi, Reiko Suzuki, 2022, “Vitamin B12 intake and premenstrual syndrome among young Japanese women” *a cross-sectional study*, 国際 DOHaD 学会学術集会示説発表（バンクーバー，カナダ）

Sunde RA. 2006 “Selenium. In: Bowman BA. Russell RM. eds.” *Present Knowledge in Nutrition*, 9th ed. ILSI Press, Washington, D.C. pp 480-497

Ⅳ　特別寄稿

田子地区に伝わる潮鰹づくり

芹 沢 安 久

1　カツオ加工の歴史

夕陽の綺麗な町，静岡県賀茂郡西伊豆町。かつては，「カツオの町」として，とても有名な漁師町でした。特に西伊豆町の田子地区は，カツオ漁やカツオの加工地として，古い歴史を持つ土地柄で，江戸時代から明治・大正・昭和と一本釣りのカツオ船が多くあり，全盛期には，40艘のカツオ船と40軒の鰹節屋が狭い田子地区にひしめき合う賑やかな港でした。そのような土地で，鰹節や潮鰹（しおかつお）（カツオの塩蔵品）など，カツオを使った加工品の製造元として明治15年（1882）に創業したのが，私どもの会社「カネサ鰹節商店」になります。

私は小さいころから鰹節の製造や潮鰹の味に触れて育ち，家業である鰹節屋の5代目となりました。創業より140年余りにわたり，受け継いできた伝統製法をもとに変わらない商品作りをしております。かつてはカツオの町として繁栄した漁師まちも現在では，カツオ船がすべてなくなってしまい，カツオの加工業者も4軒となってしまいました。ですから西伊豆で鰹節というとピンとこないかもしれませんが，西伊豆田子地区のカツオ加工の歴史は，とても古く，日本で唯一，カツオ加工の原点を今でも作り続けている希少な土地になります。

もっとも古い歴史を証明するものは奈良時代までさかのぼります。奈良時代に制定された法典，大宝令（701年制定）により，調（その土地の特産品を納める物品税）として西伊豆町の田子地区からカツオの加工品が奈良の朝廷に納められました。奈良の平城京の跡地から出土した木簡（文字の書かれた木札で，税に付けられた荷札として使用された）には，「伊豆国那賀郡丹科郷多具里　物部千足　調　荒堅魚九連一丸」（天平5年〈733〉9月）と書かれています（図1左)。この木簡こそが西伊豆の田子地区でカツオを加工していたことを記したもっとも古い歴史的証拠となります。

およそ1300年前，西伊豆の田子地区は多具里（たぐのさと）と呼ばれ，すでにその土地ではカツオを捕り，カツオを加工し，税としてカツオの加工品を納めていたカツオの加工地だったのです。カツオの加工地として，およそ1300年の歴史を持つ西伊豆の田子地区で，日本で唯一，今でも作り続けているカツオの加工品があります。それが，カツオを生のまま塩漬けして乾燥させたカツオの塩蔵品「潮鰹」です。潮鰹は縁起のよい魚として正月にワラでしめ，飾りを付けてカケノヨとして神棚や玄関先に吊るし飾ります。神饌として神棚に吊るされた潮鰹は，三が日の過ぎた頃，その家の家長が神様の御下がりとして神棚から下げて調理して家族で食べるしきたりがあります。カツオは縁起のよい勝魚（かつうお）（勝利をもたらす魚）であると同時に，この土地で潮鰹は「しょうがつよ」と呼ばれ，呼び名も縁起がよいことから潮鰹は正月魚として，正月に，無病息災や航海の安全，家族の繁栄を祈念し食されてきました。この神聖な潮鰹は，年初めに食べることにより，穢れを祓い一年を勝ち取るなどの意味も込められていました。

図1　丹科郷多具里からの荷札木簡（奈良文化財研究所提供）

また，厳粛なカツオ船の船主は自分の船で捕ったカツオを使い年末に潮鰹を作りワラ飾りを付け，神社や自宅の神棚に吊るし飾りました。船主は年が明けた年初めに神社や神棚から神様の御下がりとして潮鰹（正月魚）を下げて，切り身に調理し船員に分け与えました。この潮鰹（正月魚）をもらい食したことにより，一年の雇用の証としました。神様を介した契りですので，とても強い契約とされました。船主・船員と神様を結ぶ「三つ巴の契約」として深い絆で結ばれた儀式にも潮鰹が必要でした。潮鰹は，この港町でなくてはならない神事も兼ねた食として家族や仲間，地域との絆を結ぶ品として食べられてきたのです。

この潮鰹の製造方法やワラ飾りの作り方，その謂われや儀式などは，口伝で代々その家に伝わり，守られてきました。およそ1300年に及ぶカツオとの歴史が潮鰹を神事の儀式へと結びつけ，日本で唯一，もっとも古いカツオの加工品，潮鰹をこの地域に残すことになりました。今作られている潮鰹の原型は，奈良時代に作られた堅魚や荒堅魚にあります。冷凍冷蔵などない時代に，保存方法は天日干し乾燥法などの限られた加工法しかありませんでした。しかしながら，天候に左右される日干法では，カツオはとても傷みやすかったと思われます。そこで考えられたのが塩蔵になります。天候が悪い時は，海水や海水を濃縮した塩水にカツオを漬け保存し，天気がよくなったら天日干しで乾燥させる。乾燥させることで水分がなくなり，乾燥していくと同時にカツオ内の塩分濃度も上がります。塩分濃度が上がることで雑菌やカビの発生を防ぎ，保存状態がよくなります。塩分を染み込ませ乾燥させることで，カツオを常温で長期に保存することを可能にします。現在では，食塩を使ってカツオを塩漬けにし，潮鰹を製造しています。とてもシンプルな製造方法ですが，古より伝えられてきた方法に従い，今でも変わらずつくられています。

2 製造工程

潮鰹は，大きく分けると三つの工程で作られています。第一工程はカツオの切り込み作業になります。カツオの表面を傷つけないように気をつけて腹部の1ヶ所だけ切り込みを入れます。その切り込みを入れた腹部から内蔵とエラを一緒に取り除きます。この時にカツオの心臓を取らないように気をつけて取り除きます。心臓が付いていない潮鰹は一尾物で売ることができません。これは潮鰹にとってとても重要なことなのです。神事に使われる潮鰹（正月魚）は，昔からカツオの魂を残さなくてはならないと強く教えられました。魂がなくなってしまうと，神様に供える神饌として使えなくなってしまうからです。そのために必ずカツオの魂が宿るといわれている心臓を残さなければいけないと伝えられています。

図２　カツオの切り込み工程

内蔵とエラを取り出した潮鰹は，一度水洗いをおこないます。その後，お腹の開口部から中骨に沿って左右に切り込みを入れます。頭から尾の部分に向けて切り込んでいきます。この時も包丁が外に突き抜けないように十分に注意を払い作業していきます。そしてもう一つ重要なのが，目を潰して中の水を取り除く工程です。これもとても大切な作業で，この目の水を取らないとその水が傷んで目の周りが真っ赤になり，見た目が汚く仕上がってしまいます。また，匂いも悪くなってしまうので必ず目の中の水を取らなければなりません。あくまでも目を潰し中の水を取るだけで，目を取ってしまったり，目を破って穴をあけてしまったりしてはいけません。潮鰹がよく乾燥してできあがった時に，目が綺麗に白く乾燥していないとよい潮鰹として認められないからです。この目を白くして仕上げることが上手にできあがった証拠（品質の証）となってくれるのです。見た目もよくなりますので，潮鰹作りにはとても重要な作業になります。

第二工程は，塩詰になります。塩をカツオの表面から内側へと擦り込み，腹部とエラのあったところに詰め込んでいきます。中骨に沿って左右に切り込みを入れた部分にも塩を詰め込みます。頭から尾にかけて万遍（まんべん）なく塩が染み込むように詰めていきますが，手だけでは詰めがたいので，専用の竹ヘラで塩を奥の方までつつきながら押し込んでいきます。沢山の塩を使いますが，およそ1

図３　塩詰め・漬け込み工程

尾に対して２kgの塩を使います。年末の潮鰹（正月魚）の仕込みでは500匹ほど作りますので，１t以上の塩を使って潮鰹が作られています。

さきほどの目の部分ですが，目の水を取り除いた代わりに塩を丁寧に詰めておきます。この作業をおこなうことにより，乾燥して仕上がった時に綺麗に目が白くなるのです。目の白い潮鰹は上手に仕上がった証となってくれます。見た目も綺麗になり，正月魚としてお供えすることができる神饌となります。お腹・エラ・目に塩を詰め込んだ潮鰹は，タタミ２畳ほどの大きさの水槽内に丁寧に並べていきます。１段並べ終わると，２段目，３段目と上に重ねて並べていきます。水槽内をほどよく満たすと，竹で編んだ簀の子を敷いて，その上に重しを載せて１週間から10日間ほど塩漬けをおこないます。この時に，前回の漬け込みに使用した漬け汁（塩分濃度が20％以上の漬け汁）を足し込みます。漬け汁で満たされた水槽内で潮鰹に，ゆっくりと塩を染み込ませていきま

図４　乾燥工程　竹籤でお腹を開き紐で吊るして乾かす

す。

第三工程は乾燥・吊るし干しです。1週間から10日間塩漬けされた潮鰹を，一度綺麗に水で洗います。お腹やエラに詰め込んだ塩や表面に付いた塩が残らないように洗い流します。塩が残ると見た目が悪くなりますので綺麗に洗い流します。水洗いされた潮鰹は，まな板の上で形を整えてから大きさを合わせて並べられます。1本の紐で2匹の潮鰹の各尾ヒレをそれぞれ堅く結んでいきます。1本の紐で繋がった2匹の潮鰹は，あらかじめ外の屋根元に竹で組まれた3〜4段の竹櫓へ掛けて吊るし干しをしていきます。この時にお腹の切り込みを入れたところに10 cmほどに割った平竹籤（ひらたけひご）で，お腹を開き乾燥しやすいように差し入れておきます。このあと，3週間程度吊るし干して乾燥させます。ちょうどこの時期になると外気温度も下がり，強烈な西風が吹きます。11月から2月にかけて吹く西伊豆特有の西風は，知らない人が台風と間違うくらい強い風です。この西風が，潮鰹を綺麗に乾かし，ゆっくり美味しくしてくれます。昔からカツオ漁が盛んであったことと同時に，この強烈な季節風があったからこそ，潮鰹作りを容易にさせ，長期保存が可能な神事も兼ねた保存食（正月魚）が西伊豆町でつくられ続けてきた要因の一つなのだと思います。

3　神事に供される潮鰹

3週間ほど吊るし乾燥された潮鰹は，水分が抜けて少し堅くなります。塩分濃度も高くなりますが，常温で3ヶ月以上保存することができるようになりま

図５　潮鰹の稲ワラ飾り付き

す。潮鰹は，乾燥するほどに塩分濃度が上がり堅くなります。熟成も進み独特の旨味が形成され美味しくなります。潮鰹の完成までには約１ヶ月を要します。正月魚は，数量限定で 11 月の初旬につくりはじめ，12 月の中頃には完成します。ほとんど地元の人が購入するのですが，縁起のよい正月の勝ち魚は，贈答用としても使われるようになり，今では少量ではありますがいろいろな地域に出荷されています。

このあと，購入された潮鰹は各家庭で切りおろしてお正月の時期に食されるのですが，昔からの習わしを大切にする敬虔な人は，年末に完成した潮鰹に，ワラで締め飾りを付けお正月の三が日，玄関先や神棚に吊るし飾りつけます。この潮鰹のワラ飾りも各家庭に代々伝わってきた作り方や飾り付け方があるのですが，基本的な飾りつけがあります。口から縄を組み入れワラを羽のように潮鰹にまとわせます。お腹の切り込みが見えないようにワラをかぶせ長さを整えます。最後に幣束を飾り付けて，正月魚のワラ飾り付きの完成となります。

潮鰹が日本で唯一，この地域に残ったもう一つの要因が，この潮鰹のお飾りなど神事にあります。昔からの風習を大切にしてきた，この土地の文化が習慣となり，脈々と代々受け継がれてきたからにほかなりません。私の家では，代々口伝で伝わった方法で潮鰹のお飾り付きをつくっております。一つ守らな

図６　多胡神社へ奉納される潮鰹画像

ければならないルールがあります。それは「必ず，地元で捕れたその年のワラを使う」という単純なことなのです。ですが，とても大切な掟として何度も言い聞かされてきました。私の家に伝わったお飾り付きは，稲の付いたワラを使う「稲ワラ飾り付き」のしめ縄飾りです。稲ワラの確保がとても大変で，毎年潮鰹のお飾りのためだけに特別にお願いしてなんとか今日までつなぎ続けてきました。毎年，特別にこの稲ワラを作っていただいている農家の方には本当に感謝しております。そのおかげで，毎年潮鰹のお飾り付きをつくることができます。少ない量ですが，伝えられてきたものを絶やすことなくつくり続けることが今のところできております。しかしながら，この昔ながらの潮鰹の稲ワラ飾り付きの造り手も私だけになってしまいました。もう少しで消えてしまうかもしれませんが，伝えられてきたこの伝統を残せるように，これからも考えていかなければならないと思っております。

もう一つ，大切なしきたりとして，毎年地元の多胡神社（たごじんじゃ）に，潮鰹の稲ワラ飾りが２尾奉納されています。もちろん一緒に鰹節も奉納されています。この潮鰹は三が日が過ぎると１尾だけ多胡神社の神様の御下がりとして貰い受けます。この御下がりの潮鰹は食べることなく１年間大切に扱われます。いろいろなイベントや展示会，地元の学校給食での食育授業などに必ず一緒に持っていき，実際に見てもらい触れてもらいます。多胡神社で清められた神聖な潮鰹は，悪いものを祓い強く願った思いを叶えてくれます。徳を分け与え絆を強めてくれます。このような儀式が絶えずおこなわれることがとても大切だと考え

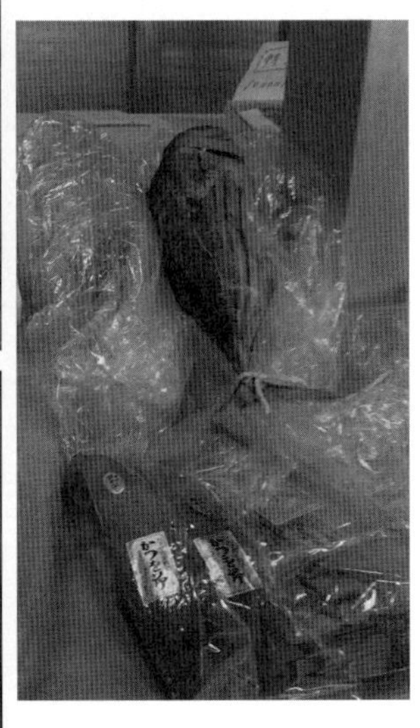

図７　富士山頂　浅間大社奥宮へ奉納御祈禱

ています。カツオの加工の原点ともいえる潮鰹を残していくためにも，受け継いだ者の使命として，続けていきたいと思います。

潮鰹を残していくための取り組みとしてもう一つ，おこなっている神事があります。これは潮鰹を残したい思いと，もっと多くの人に潮鰹を知ってもらいたいとの思いで平成20年（2008）から始めた新たな取り組みです。日本で唯一の潮鰹を日本で１番高い山「富士山」へ持っていき，山頂にある富士山頂浅間大社奥宮（せんげんたいしゃおくみや）に奉納します。正式に御祈禱していただきます。この時も必ず２尾持っていって，御祈禱後に１尾を御下がりとして貰い受けます。みんなの願いが叶うように御祈禱していただきます。潮鰹を通して集まった仲間とともに楽しみながら毎年，夏の富士山へ登り奉納式を執りおこないます。御下がりとしていただいた潮鰹は，多胡神社の御下がりとしていただいた潮鰹同様に１年間，いろいろなイベントや展示会などに必ず持っていき大切に飾られます。

西伊豆町の田子地区では，この潮鰹をとても大切な品として代々口伝で伝えてきました。残していくために，昔からの伝統的な神事や新たな取り組みを継続しておこないながら後世につないでいきたいと思っています。神事にも使われる潮鰹ですが，保存食としても昔から美味しく食べられてきました。この地域の料理や「おだし」として，よく食べられてきました。お吸い物やお茶漬け，酢漬けなど昔から漁師町の料理として食卓に並べられていました。潮鰹の切り身や焼き身は「塩物（しおもの）」と呼ばれ，ご飯の御供として親しまれていました。お酒の好きな人は，潮鰹をナイフなどで薄くスライスし，お酢に漬け「潮鰹の酢漬け」として昔からよく食べています。お酢に漬けこむ時間が長いほど塩分が抜けるので，塩気の強いのが苦手な方は１日ほど漬け込み塩気を抜きます。また，甘酢に漬け込むとよりまろやかになり食べやすくなりますので，おかずとして沢山食べたい時は甘酢に漬けたりもします。

しかし，何といっても，「おだし」としての使い方がもっとも大切な食べ方だったのではないかと思っています。今でもお正月の時期によく食べるのですが，焼いた潮鰹をお椀に入れてお湯を注ぎ，潮鰹のだし汁をつくります。そのまま三つ葉やネギを入れると即席の「お吸い物」となります。そのだし汁に，お正月の時についた餅を入れたり，年越しそばの余ったお蕎麦を入れたり，うどんを入れたりして食べます。おだし「つけ汁」として昔から使われてきたのが潮鰹です。このおだしこそが，カツオだしのはじまり，カツオだしの起源であると思っています。そのような古くからのカツオだしがカツオの旨味として日本人に刻み込まれ，現代に至っても鰹節のおだしでカツオの旨味を取って使う和食につながっているのだと思います。カツオだしと言うと鰹節のイメージがあると思います。ですが歴史から考えると，潮鰹のようなカツオの素干しや塩干しの方が圧倒的に古いカツオだしといえます。

4　消えかかる潮鰹

潮鰹は本来，年末につくられ，三が日玄関先や神棚に飾ってから食されるのが昔からのしきたりなのですが，今では，お正月前にも食されています。一尾物の潮鰹だけでなく半身にしたものや切り身にしたもの，焼いて焼き身にしたものなどがつくられています。また，仲間の会社が潮鰹を使ったふりかけやお茶漬けの素をつくってくれました。一尾物だとお土産として持ち帰り，お裾分けするのに大変ですが，切り身やふりかけだと手軽にお土産として持ち帰ってもらえます。確かにふりかけに入っている潮鰹の量は少ないかもしれませんが，少ない量でも十分に潮鰹の味を手軽に味わっていただけます。そんな現代にも合う潮鰹を提案し，潮鰹を後世に残していく，そして美味しさをほかの地域人にも知ってもらう。そんな取り組みを始めたのが平成 20 年になります。一尾物以外の商品作りが始まったのがほんの 15 年前からになります。それまでは，年末のみ一尾物の潮鰹しか存在しておりませんでした。ほとんどが予約など数量限定なので，売り切れるとその年の潮鰹は買うことができません。季節限定の商品として潮鰹はつくられていました。

奈良時代，静岡県は駿河国・伊豆国と呼ばれ，沢山のカツオの生干し加工品をつくっていましたが，現在では，西伊豆町の田子地区だけとなっております。このままでは潮鰹がなくなってしまいます。残すために千年の加工の歴史を使って現代でも食べてくれる商品を作り，それと同時に変わらない伝統の潮鰹を作り続けていく。潮鰹を残し続けていくために変えてはいけない本来のものと，時代に合わせて食卓に受け入れられるものをつくっていくことが，潮鰹を後世に残していくことにつながるのだと思います。これからも時代に合わせた新しい潮鰹の商品作りを考え続け，残されたカツオ加工の原点ともいえる潮鰹を後世まで伝え残していきたいと思います。

V　カツオの古代学
――シンポジウム総合討論――

（2023年2月25日，東京医療保健大学世田谷キャンパス／オンライン開催。肩書は当時）

司会　三舟隆之（東京医療保健大学）
馬場　基（奈良文化財研究所）

参加者　五百藏良（東京医療保健大学）
小倉慈司（国立歴史民俗博物館）
小田裕樹（奈良文化財研究所）
金田一秀（東京医療保健大学）
小崎　晋（沼津市教育委員会）
庄田慎矢（奈良文化財研究所）
芹沢安久（カネサ鰹節商店）
藤村　翔（富士市教育委員会）
峰村貴央（千葉県立保健医療大学）
村上夏希（奈良文化財研究所）
森川　実（奈良文化財研究所）
山崎　健（奈良文化財研究所）
鈴木礼子（日本女子大学）
西念幸江（東京医療保健大学）
大道公秀（実践女子大学）

1　古代の保存・加工法と食し方

馬場　今回のシンポジウムの総合討論では，カツオの貢納，潮鰹，荒堅魚などを中心に議論して，古代の堅魚製品の実態とその貢納方法に迫りたいと思います。

まず，小倉先生と芹沢先生のお話を伺いたいと思います。今回，カツオには栄養価の面でも大変ユニークな部分があるということがわかりましたが，古代の人々，あるいは古代国家にとってのカツオは，実際のところどのような存在であったか，お二方の見解をお聞かせください。

小倉　カツオの重要なところは，やはり太平洋岸に広く分布していることだと思います。古代の日本文化については，東アジアという大きな視点で捉えるのが最近の流行でして，文化の背景として朝鮮半島との関係が重視されておりますが，朝鮮半島のほうではカツオが捕れないので，カツオ食品はある種日本独自の食文化という側面があります。これはすごく重要なことだと思っております。

芹沢　私が住む西伊豆地域にとってカツオは本当に大切なもので，カツオの加工にも古い歴史があります。古代からいろいろとカツオの加工品がつくられてきたわけですが，例えば神事のための加工品として潮鰹があったことは，神事と結びつくほどカツオが私たちの暮らしとともにあったことを示しています。ですので，自分たちの生活の一部だった，あるいは自分たちの暮らしになくてはならないものだった，これがカツオだったのではないかなと私は思っています。

馬場　お二人の話を合わせると，日本の基層文化や，そこからつながってくる暮らしと信仰が，カツオを考えるうえで一つ大事な鍵になってくるといえそうです。

これに関連して，我々が注目した「荒堅魚」というものがあります。これは保存が効くとされるカツオの加工品なのですが，まず荒井秀規さんから質問が来ております。養老令や『延喜式』には「荒堅魚」の語は見えず，「堅魚」と「煮堅魚」のみが記載されていることについて，「荒堅魚」と「堅魚」・「煮堅

図１　カネサ鰹節商店の潮鰹

魚」との関係はどうなるのかという内容です。小倉さん，これはどのように捉えていますか。

小倉　『延喜式』のほうでは「荒堅魚」が出てこないわけですが，これについては木簡やその他の史料との関係から，「荒堅魚」を「堅魚」と見てよいのではないかと考えております。

馬場　なるほど。荒井さん，大事なご指摘ありがとうございました。

さて，それではいよいよ，我々がおこなった，「荒堅魚」は潮鰹なのかを確かめるための実験について議論していたいと思います。

まずは芹沢さんに感想を一言お願いできればと思います。

芹沢　カツオの加工品にも，堅魚（かたうお）や潮鰹などいろいろあるのですが，「煮堅魚」というのはやはり煮たもので，「荒堅魚」というのは生物（なまもの）なのではないかと思います。その中で，ほかの堅魚と違う形を考えると，「荒堅魚」はおそらく塩蔵したものではないかと思うのです。

塩蔵することによって，普通の素干しあるいは生干しよりも保存が効くようになります。保存が効くものとほかのものを分けて「荒堅魚」と名前をつけたのではないかと思っています。

馬場　今ご指摘いただいた内容は，私たちが今回再現に挑戦したイメージとも符合しており，意を強くしました。

我々はまずは「荒堅魚」側からアプローチをしようと考えました。我々が考える「荒堅魚」の条件はつぎのようなものです，一度に大量の加工ができるため，今の「煮堅魚」よりも安価でつくることができ，保存も効き，最終的には飾りではなく食用とされる。これらの条件と照らし合わせたとき，金田先生，今回の実験で再現した「荒堅魚」は保存が効きますか。

金田　確かに塩蔵というのは保存性に富むと言われており，食塩水に漬けるものと塩そのものに漬けるものとでは，塩そのもののほうが保存性は高くなります。一般論的に，塩の漬け時間と移動距離との関係が重要であると考えています。

私がおこなった実験によれば，技術的には問題ないと思います。まだ実験結果が途中までしか出ていませんが，この後日干しもするということであれば問題ないと考えます。

馬場　おそらく今回，塩か塩水かの差が一番出るのは，干す前までの工程だと思うんですよね。塩を振った後に干してしまえば保存は可能と。そういうことでよろしいですね。

金田　そうですね。そういう認識です。

馬場　「楽に素早くできなければつくれない」という芹沢さんからのご指摘がきっかけで塩水を採用しましたので，落としどころとしてはかなりいい線なのではないでしょうか。

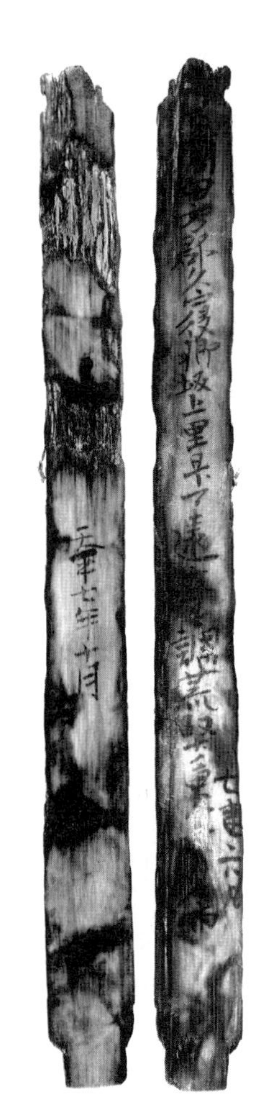

図２「荒堅魚」と書かれた木簡（奈良文化財研究所所蔵）

金田　例えば京都の寿司（京料理と知られている鯖寿司）など，釣った魚を塩に漬けて運ぶという文化があり，基本的に塩水に漬けるのか塩に漬けるのかというのは，運送にかかる距離が関係しているのだと思います。

馬場　おそらく，金田さんがおっしゃっているのは，移動距離が短い場合は塩水に漬けたまま運ぶということですよね。今私たちがイメージしているのは，塩水から取り出して干してから運ぶというものなので，そういう意味で言うと，干すまでの時間，時間と距離はこの場合比例関係にあると思うのですが，そのような理解でよろしいでしょうか。
金田　干した後であれば日持ちは長いと思います。
馬場　そうすると，今私たちがいくつかの条件から整理してきた保存性という部分は問題なさそうですね。
　芹沢さん，生産性はどうでしょうか。
芹沢　そうですね，カツオをできるだけ早く塩水に漬けることが必要だと思います。やはり大量につくることを考えると，高濃度の塩水あるいは海水にカツオを漬ける。ただ，使い方を考えると，丸のままよりも切ったほうがよいように思います。
馬場　そうなると，当然漁獲法というのも大事になってくると思います。私は漁期は土用のあたりなのではないかという仮説を提唱しているのですが，そのあたりはいかがでしょうか。山崎さんお願いします。
山崎　季節に関しては，『静岡県水産誌』によれば，伊豆半島の西側では4月から10月の間，特に6月から10月の間によく捕れるようです。
馬場　あと，一本釣りと網漁の違いについて，外洋であるかどうかという点以外に，何かポイントはありますか。
山崎　一つは，釣りだととれるカツオの大きさがある程度規定され，網だと多少バリエーションが出てくるという可能性はあります。また，網だとカツオ以外の魚も一緒に混獲される可能性が高くなると思います。
馬場　なるほど。そうしますと，大きさという点は一つのポイントになりそうですね。
　私は以前山崎さんに，発掘調査で見つかった骨を見ると，かつて東北地方の岸近くで巨大なマグロが捕れていたという話を聞いて驚いたのですが，「豆州内浦漁民史料」を見ると，大きく網を広げて捕っていたようです。改めて今動物考古学の迫力を感じておるところであります。
　そうすると，今我々は，一年のうち，内海側で5月頃から漁獲し，生産を開始するイメージでしたが，6月から10月，特に土用以降に岸に寄ってくるカツオを使って生産していた可能性を確認できたと思います。

生産過程についても課題が見えてきたと思います。これについては最後に，次の実験に向けて改めて整理したいと思います。

さて西念先生，実際に実験で再現した「荒堅魚」を食べてみていかがでしたか。

西念　そのままスライスしたら，おつまみというか，生ハムのようですごくおいしかったです。

馬場　なるほど。

西念　この討論が始まる前のお昼休憩で配りましたので，召し上がっていた方もだいぶいらっしゃるかと思いますが，ご飯にかけたりしてもおいしいとか，お茶漬けにするとおいしいんじゃないかといったご意見もあり，私もそのように思いました。

三舟　出汁のイメージはもうないという感じでしょうか。芹沢さんの報告であったような，お吸い物の中に入れてある程度出汁を取るというような可能性はないのでしょうか。

西念　あえて出汁汁として事前に準備するというよりは，それこそ今おっしゃったようにお椀の中に具材の代わりとして入れておいて，そこにお湯を注ぐことで，手軽に出汁を取ってそのまま食べることもできるのではないかと思います。ただ，どちらにしても問題は，やはり少し独特の匂い，生臭さがあるので，そちらを今後あぶる，お酒に漬けるなどの工夫で改善していくといいのではないかと思います。

馬場　小倉さん，いかがでしょうか。支給の状況から見たときに，目的として，堅魚煎汁（いろり）という明らかにほぼ調味料のものがあるのに対して，潮鰹は調味料として使われていたのか，それとも生ハムのように食べられていたのかという質問が来ておりますが。

小倉　そこはなかなか難しいと思います。お酒好きの人のなかに，調味料である塩をなめながらお酒を飲むという人がいらっしゃるように，そこはちょっと曖昧というか，調味料と食品両方の性格を持っていた可能性はあるのかなと思います。

三舟　調味料としても，食品としても使われた可能性があると。

馬場　西念先生，そもそも出汁を取るという概念はいつ頃からあったのでしょうか。

西念　出汁については私も調べたことがないので何とも言えないのですが，何か史料に残っていることはありますか。

三舟　鰹節を出汁として取るというのは，室町時代の史料にあります。一方，奈良時代には，人給所が御羹料（みあつものりょう），要するに天皇の羹，スープに堅魚煎汁を用いているという木簡が見つかっていますので，煎汁はおそらく奈良時代から出汁として使われていた可能性があるのではないかと考えています。ただ，「荒堅魚」や「煮堅魚」がどうなのかはまだわかりません。

図３「堅魚煎汁一升」と書かれた木簡（奈良文化財研究所所蔵）

馬場　固形品で言うと，イワシを海藻スープ，ワカメスープのもとに一緒に支給しているというのもあって，出汁の可能性もあると言われているものはありますが，実は，潮鰹，「荒堅魚」で出汁をとったことを示す木簡は見つかっていないんですね。

また，出汁，つまりうま味を得ることに関する彼ら古代人の情熱は，非常に強いものがあったと思いますが，出汁を取るためだけにカツオを加工したとは考えづらいので，確かに小倉さんがおっしゃったように，もともとは食べ物のつもりで加工したけれども，後々出汁や調味料としての使い道に気づくというようなこともあったのかもしれません。

三舟　栄養価について先ほどの鈴木礼子先生の報告にもあったように，出汁だけでなく，食品としてもカツオの可能性というのは考えていかなければいけないと思います。

馬場　さて西念先生，いよいよ味付けについてなのですが，今回配布された「荒堅魚」にはどのような下ごしらえをされたのでしょうか。

西念　さっきお配りしたものは，特に下ごしらえせずに本当にそのままお出ししました。

馬場　あれはそのままなんですね。では，昨日配布されたものはどうでしょうか。

西念　昨日の「荒堅魚」は外側の塩をこそげてからお出ししました。

馬場　では，雑味はどこにあるのでしょうか。

西念　皮の部分とその下にある脂が気になるので，もしかするとその部分が除去されると，また少し味が変わるかもしれないと思っています。それを製造段階で取るのか，出来上がりの最終段階で取るのかという問題はあるかと思いますが，やはりこの皮のあたりが少し酸化には影響があるのかなと。

馬場　脂はやはり雑味に大きく影響するのでしょうか。

西念　脂の酸化は気になりますね。

馬場　脂が雑味になるのではないかという問題が出てきました。これについては，五百蔵先生と大道先生に詳しく教えていただきたいと思います。

三舟　カツオの皮の部分やそれにつく脂質，あるいは血合いといった部分が雑味につながるのではないかということですね。

五百蔵　まず一つ，皆様方のなかに雑味に関する統一の概念はないのではないかと思うのですが，いかがでしょうか。そういったものがあれば雑味に関してもいろいろ言えますが，かなり個人差があるように思います。脂焼けは一般的には好まれませんが，それを雑味と感じるかどうかは少し別の問題といいますか，視点が違うのではないかと思います。

三舟　味の感じ方は人によって違いがあるということですね。ただ一般的には，酸化して焼けたものはおいしくないということは言えますよね。

五百蔵　はい。脂質の酸化により過酸化物が分解し，アルデヒドやカルボン酸が生成し，匂いや味が良くないということが言われております。

馬場　大道さんはいかがですか。

大道　一般論ですけれども，酸化が進むと食中毒の原因にもなりますので，脂身，過酸化脂質などは食品衛生上も望ましくないと思います。

馬場　なるほど。そうすると，菌の影響という問題は，塩と，それから干すことで乗り越えられるだろうという金田先生の見通しがありましたが，一方で，食べるときの問題としては，生臭さ，塩味のきつさもあるかもしれないけれども，実は脂が食味にも衛生上にも望ましくないかもしれないということになるんですね。

　芹沢さん，先ほど１本ものの潮鰹を１年間，毎年保存するというお話がありましたけれども，今の脂の話や，塩と乾燥の話で何かお気づきの点はありますでしょうか。

芹沢　鰹節もそうなのですが，やはり脂があると長持ちしませんし，鰹節自体も固くならないのです。だから，鰹節にするときもやはり脂の少ないパーツを使います。

馬場　脂が多いと固くならない。

芹沢　柔らかい鰹節になります。また，酸化すると，鰹節の場合は焙乾（燻製）するので，それが脂っこさや苦味・渋味になってしまいます。ですので，鰹節にはやはり脂の少ないカツオを使いたいですね。

　潮鰹に関しては，やはり加工後に乾燥させるのですが，そのときに表面に脂が浮いてくると，そこから傷みやすくなります。変色して茶色くなったり，あるいは黄色くなったりする。そこで，脂が少ないカツオを使って加工することによって，長持ちする潮鰹，あるいはほかの食品をつくることができるのではないかと思います。

馬場　脂が一つ大事なポイントになってくるということですね。脂があると，そこから酸化して傷んできてしまうので，脂がないカツオでつくる，と。大道さんや五百藏先生がおっしゃったのとほぼ同じことを経験的にお話しいただきました。

　塩のほうは特に問題ないでしょうか。やはり乾燥させると安定しますか。

芹沢　そうですね，脂が多いカツオ，魚だと，塩が入りにくいですね。保存するということを考えると，やはり脂のないほうが塩が均等に身の中に入り込むので適しているのではないかと思いますね。

2　加工法とさまざまな矛盾点

馬場　カツオの生産から消費までの様子がかなりわかってきたと思います。特に生産で言うと，三舟さんと私が，旧田子中学校跡地が古代の頃カツオを加工していた場所ではないかと考えた場所で，本当に堝形（なべがた）土器が出てくるという奇跡的なことがあったのですが，いよいよその実態が見えてきたと確かに思う一方で，非常に恐るべき事実も明らかになってきました。私や三舟さんの認識では，初夏（5，6月）以外のカツオは脂が多い。ところが，先ほどの山崎さんのお話では，6月か10月がカツオの漁期であると。さらに，田子地区でカツオが岸に寄ってくるのは土用以降が多い，というような文献史料の記述もありました。この時期のカツオの脂は，どれほどのものなのでしょうか。これは少し難しいですが，芹沢さんと山崎さんに教えていただきたいと思います。

芹沢　おそらく近海の黒潮に乗って上がってくる回遊のカツオですと，やはり8月以降は戻りガツオになるので，かなり脂が乗るのではないかと思います。当時，湾内に入ってきたカツオがどれぐらいの脂分だったかは予想できませんが，春先に上がってきたカツオよりは，若干脂が多くなる予想はできると思います。

馬場　私も今芹沢さんがおっしゃったように，戻りガツオという言葉でイメージをしていたのですが，山崎さんの報告ですと，遠洋まで出ていって捕るカツオというのが，私たちがイメージする戻りガツオだと思います。今芹沢さんが指摘された湾内に入ってくるタイプ，地つきのカツオと言ってもいいのかもしれません。これはどうなるのでしょうか。

山崎　今は駿河湾内でカツオがほとんど捕れないので，難しいなというのが正直なところです。戻りガツオとか上りカツオのイメージとは少し違っている可能性もあるような気がしています。6月から10月という期間も，6月と10月で漁期が分かれるのではなくて，6月から10月の間に捕るという書き方をされていて，その間ずっと継続的に捕れていたようなイメージがありますので，必ずしも今の戻りガツオ，上りガツオのイメージにとらわれなくてもいいのかなと思っています。現在は生態や資源量などいろいろな条件が変わってきているという難しさがあり，古代のカツオを考えるうえでは慎重になったほうがよいのでは，と今回調べていて思いました。

馬場　『静岡県水産誌』では，各地域ごとにいつ，何を捕っているかを記述している箇所があるのですが，それを見ると，今まさに山崎さんがおっしゃったように，ずっと捕っていますよね。ピークがあるわけではない。むしろ我々から見るとカツオが捕れなさそうな7月，8月あたりに結構漁獲があるとあり，10月は少ない。5月，6月もまだ少なく，早ければ4月から捕れるというようなことが書いてあったと思います。我々がイメージしている5，6月と9月にピークがあるという感じではないですよね。

山崎　ですので，漁船が動力化する前の駿河湾のカツオ漁について，中世や近世の史料も含めて考えた方がよいと思います。

三舟　ただ，堅魚に関する木簡の記述はやはり10月ぐらいが最も多いですよね。11月が貢納の期限なので，逆算していくと10月には完成品ができているはずです。天日干しの期間と塩漬けの期間があると考えると，漬け込みの時期がいつなのかはおおよそ見当が付くのではないでしょうか。

馬場　これについては，やはり芹沢さんに伺ってみたいと思います。古代の堅魚製品は，旧暦の9月末から10月に完成しています。とすると，現代で言うとおおよそ10月末頃までに完成するように，最短期間でつくるとしたら，いつから取りかかれば間に合いますか。

芹沢　そうですね，私が日頃つくっているようなものだと，約1ヶ月でつくることができるように思いますが，カツオをあらかじめスライスしてつくればもっと早くできるように思います。塩が染み込むのが早いですし，乾燥するのも早くなりますから。

馬場　干す期間はいかがですか。

芹沢　天気がいいときであれば，秋口でもかなり日光量が高く，空気が乾燥しているので，潮鰹の乾燥も早いと思います。

馬場　なるほど。どうやら1ヶ月あればよさそうですので，先ほど山崎さんがおっしゃっていた漁期であれば，魚群（ナブラ）が来たときにいっせいにつくれば間に合うかもしれません。

　ところで脂の問題に関して，先ほど脂が多いと塩が差しにくく，傷みやすいというお話がありましたが，仮に脂が多いカツオでつくらなければならないとしたら，どのような方法があり得るでしょうか。

芹沢　昔，脂が多いブリでつくったことがあります。これは日本海側のブリで，カツオと比べてものすごい脂でした。潮鰹と同じ塩に2週間ほどしっかり漬けてつくりました。そのまま生で食べてもすごくおいしかったのですが，塩が入りづらい感じはしました。また，乾燥させたときに脂分が出て，身が崩れやすいというのもありました。

脂が多い魚は，1回煮込んでから鰹節にするよりは，塩漬けにしたほうがおいしく食べられるのではないかと思っています。脂に関しては，塩漬けにしたほうが，その後に鰹節のように燻乾にするよりはおいしくなるのではないでしょうか。

三舟　富山の巻鰤（まきぶり）ですよね。ブリを塩漬けにして，藁で包んでから乾燥させる。その場合は，結構脂のうま味が残っていておいしいと感じるわけですよね。

芹沢　そうです。

三舟　だから，脂が多い魚はそうした加工方法であれば良さが生きるけれども，カツオの場合は塩水に漬けてしまうと，中まで塩が差し込みづらいということになりますか。

芹沢　そうですね，塩の濃度によりますが，脂が入っていると塩が入りづらいというか，塩が染み込みづらいのではないかと思います。

馬場　小倉さんに伺いたいのですが，カツオについて，「いと清げなる神のおろしかな」（大変貴い神様のお供えのお下がり）という記述が『うつほ物語』の中にあったと思います。これを踏まえると，脂分で黄色くなっているカツオは，貢納物としてどのぐらいまでなら許容範囲なのでしょうか。

小倉　どうでしょうか。実際，『うつほ物語』に出てくるカツオが，いわゆる鰹節的な形状のものとして考えていいのかどうかというところがあるのですが，それについてはむしろほかの方々のご意見を伺いたいところです。

馬場　今回はその話をするには時間が足りなさそうですね。

実は，再現実験の数値データ，つまり元のカツオの重さと切り身の重さ，実際でき上がったものの重さのデータがまだきちんと整理できていないのですが，おおよそ元のカツオの4割ほどが食べられる部分で，さらにその約半分が干したときの重さになるだろうという見通しで計算を立てています。ただし，もう少し多いかもしれず，6割から7割になるかもしれないという報告を受けています。

もしそうなりますと，要するに，今我々が持っている木簡の情報からすると，カツオのサイズがまた小さくなることになります。昨日の報告で3kg程度と言ってましたが，さらにもう一回り小さくなるかもしれないというのが，実験成果の速報です。

木簡から復元すると，カツオの寸法がかなり小さくなってしまうんですよ。8等分という想定でもそのぐらいで，4等分だと1.5 kgから2 kg未満程度になってしまうという状況なのですが，山崎さんいかがでしょうか。

山崎　出土した骨の大きさからカツオの大きさを推定することはできますが，今回駿河湾で取り上げたものは保存状態があまりよくないのもあって，体長に関して推定できる手掛かりがないので，直接的には今は何とも言えない状況です。ただ，方法論的にはやりようはあるという言い方になります。

馬場　相模湾のほうではどうでしょうか。

山崎　縄文時代や弥生時代の資料が多いのですが，小さいサイズに偏っているということはなく，私たちが普段見ているぐらいの大きさのカツオの報告が多いような印象を受けます。小さいカツオばかりだったとか，極端に小さいカツオがあったという報告は見たことがありません。

馬場　そうしますと，まず身としては，今回実験では亀節（かめぶし）状の半分，それから4分の1，8分の1という想定で試したのですが，8分の1以外だと元のカツオが小さすぎるかもしれません。

山崎　ただ，縄文・弥生は時代背景などが違ってきますので，同時代の浜諸磯（はまもろいそ）遺跡（神奈川県三浦市）などを確認して次回以降に改めてご報告できるようにしたいと思っております。

馬場　さきほどの脂の問題に関して，加工前にカツオの皮を取った可能性はないでしょうか。芹沢さんから以前，その具体的な方法についてお話しをうかがったのですが……。

芹沢　皮の部分に脂分が多く含まれていますので，取ったほうが酸化を防ぎやすくなりますし，塩も入りやすくなり，より保存が容易になるように思います。

馬場　以前伺った際には，カツオを大量に収獲して解体するタイミングで皮を取るのは大変だというお話でした。そして収穫後まず最初にやりたいのは，とにかく塩水にほうり込むことだと伺いましたが……。

芹沢　そうですね。先に塩に漬けることによって傷みづらくなりますので，カツオを解体したときにすぐ塩水あるいは塩の中に埋め込むことができれば，保存も効くし，作業効率的にもよいと思います。

馬場　金田先生にお伺いしたいのですが，早く塩に漬けると，その分腐敗は抑えやすいのでしょうか。つまり，皮を取るなどの加工をしてから鮮度が下がった状態で塩に漬けるよりも，その前に漬けてしまったほうが，後々まで考えたときに都合がいいでしょうか。

金田　そうですね，できるだけ早く塩に漬けるなりして加工したほうがよいと思います。それに，皮についている微生物などもいるので，皮を取ると腐敗が早まるような気がします。まずはできるだけ早く塩に漬けるというのが一つのポイントではないかと思います。

馬場　なるほど。皮を取り除いている最中に付着している微生物が身に移るといった懸念もあるので，まずは塩に入れたほうがいいということですね。

金田　そのほうがいいと思います。

馬場　実は，その上で芹沢さんが私に語ってくださったのは，つぎのようなお話でした。まず1日から2日程度，塩水に入れると，少し身が固くなります。そうすると，4等分に切ったものを8等分にするのにも，皮を取る作業をするのにも，大変都合がいいということでした。

芹沢　魚を塩に漬けることによって脱水され，身が固くなるんです。ですので，その状態のほうが作業しやすいのではないかと思います。鮮度のよい生の状態は身が柔らかいので，すごく鮮度がよい場合は別として，塩に漬けて少し固くなった状態のほうが作業しやすいことが多いです。

馬場　そうすると三舟さん，古代のカツオが全部現在よりも小さいサイズだった場合は話は別ですが，仮にある程度現代と同じ大きさとなると，次の実験でやるべきことがおおよそ見えてきましたね。

三舟　やはり皮を取るという作業の実験が必要になってきますね。

馬場　おそらく塩漬けにした状態であれば，手の空いたときに8等分にしたり，皮を取り除いたりすることができる。さらに干すとよく乾くし，脂がないから脂焼けもしない。ただしより歩留まりが悪くなる分，今ある情報からすると，復元されるカツオは少し大きくなる。約3kgぐらいが中心になってくる。ですので山崎さんがいつ頃データを揃えてくれるかですが，ぜひ今後実験をやりましょう。残念なことに今は駿河湾内のカツオがいないので，戻りのカツオで。

三舟　そうですね。戻りのカツオを使った可能性というのはやはり捨て切れないですから，それをいかに効率よく保存するかという方法を考えていくのが合理的だと思います。これは継続して，皮を取り除いた部分を芹沢さんにお願いして加工してもらうことにしたいと思います。

馬場　イメージとしては，戻りガツオをまず4等分にして塩に漬け，固くなったところで8等分にし，皮を取る。これを潮鰹に仕上げると，おそらく脂焼けしていないおいしいカツオになる。

三舟　ここまで潮鰹の話題を中心にお話ししてきました。ここまでで質問のある方はいらっしゃいますか。

山崎　私のほうから質問してもよろしいですか。漁獲方法を考えれば，カツオと同じようにマグロも大量に取れたのではないかと思うのですが，消費がカツオに集中したのはどうしてでしょうか。マグロはよく江戸時代には食べられなかったと言われていますが，カツオでないといけなかった，カツオに集中したというのは，衛生面や栄養面の問題とも何か関係があるのでしょうか。例えば，さきほどの脂の話とも関わってきますが，カツオをたたきにしたりニンニクと一緒に食べたりしたのは，保存や劣化に関わる話なのか，あるいは生臭さを取るためなのか。カツオとマグロを比較したとき，カツオのほうが保存が効きやすいなど，何かそういった違いがあれば教えていただけたらと思います。

馬場　まずは芹沢さんにお願いしたいと思います。

芹沢　おそらく，カツオがマグロよりもたくさん取れたのが理由の一つだと思います。また，加工しやすかったのもあるでしょう。確かに，マグロもうまくやれば鰹節のように加工できますし，塩蔵も可能ではありますが，カツオのほうが乾燥させると身が固くなりやすく，加工が容易だったのではないかと思います。カツオは「さかなへん」に「堅い」と書くように，加工すると固くなるので，水分を抜いたり，保存したりするときに容易だったのではないでしょうか。

馬場　マグロは乾燥させても固くならないのでしょうか。

芹沢　マグロも固くなりますが，カツオには及びません。

三舟　なるほど，カツオは堅い魚なんですね。

実は，我々で駿河湾のあたりをいろいろと調査しておりまして，近世から明治時代にかけての史料から，内浦でマグロ漁が盛んだったという情報を把握しているのですが，これについて沼津市の小崎さんからお話しをうかがってもよろしいでしょうか。

小崎　沼津には内浦地区などに漁港がありまして，かつてマグロをたくさん捕っておりますが，この話につきましては，自分から詳しくお答えできません。

三舟　やはり今すぐお答えいただくのは難しいようなので，マグロ漁についてはいったんおいておきます。

馬場　おそらく芹沢さんからご指摘のあった加工のしやすさ，つまり前近代の場合は，まとめてたくさん取れるものをどう保存するかというのは死活問題で，カツオが選ばれた理由を考えるうえで大事なポイントになってくると思います。鮭も古代から干物に加工されて貢納されているのですが，長野県の脂のない鮭の貢納量が圧倒的に多いのです。やはり1度に大量に取れるものほど，いかに保管・保存できるかという点が重要で，生産から消費の間に時間があるという観点において，カツオがマグロよりも保存に優れているということになると思います。具体的にそれが何に起因するのかは，これから芹沢さんと協力して解明していきたいと思います。

さて今回，「荒堅魚」を潮鰹と想定して話を進めておりますが，我々としては，決めつけているわけではないつもりです。先ほど申し上げましたように，「荒堅魚」が満たすべき条件というのを徹底的に整理していって，今私たちが知っているカツオの加工法の中で当てはまるものがどれかと考えると，潮鰹になります。まずそれが1個目の仮説です。

では，そう考えたときに矛盾はないのか，もしそうした矛盾や問題があった場合，加工法などを実施していくなかで乗り越えられるのかという検証を進める，こうした手順で私たちは今検証しています。ですから，もしかすると我々がまったく知らない未知のカツオの加工法が存在し，それこそが「荒堅魚」なのかもしれません。ですが，私たちが現在明らかになっている情報を整理していって，矛盾点を潰していった結果としては，潮鰹＝「荒堅魚」という仮説の妥当性はかなり高まってきたのではないかと思っています。

私の報告のなかでも触れましたが，漁期の問題というのが今回明らかになってきました。10月まで入り江でカツオが捕れることが分かっていますが，逆に言うと，芹沢さんの報告にあったように，西風が吹き始めるとカツオ漁は終わります（『静岡県水産誌』）。つまり，もう船が出せなくなるということです。とすると，西風が吹くことと，カツオ漁が終わることと，1本物の潮鰹をつくることが一斉におこなわれるように見えます。これが，いわばカツオ漁の最後を飾る伝統行事で，貢納用のカツオとは別に，神事用として1匹の潮鰹というのをつくって奉納したというように思えてならないのですが，小倉さん，いかがでしょうか。

小倉　お話としては大変美しいなと思いましたが，どうでしょうね。でも可能性としては考えられると思います。是非今後検証していただきたいと思います。

馬場　そうなると，潮鰹の存在は時期的にはどのぐらいまで遡るとお考えですか。

小倉　祭祀のとき神様にお供えするカツオが，「煮堅魚」ではなくて潮鰹だというのは興味深いですね。それがなぜなのかは今後の課題かなと思っております。

馬場　要するに，「煮堅魚」より潮鰹のほうが古くからあって，それが神事用として残っているのではないかとおっしゃりたいわけですね。

　となると，芹沢さんは1300年前からとおっしゃっていますが，潮鰹の歴史はもっと古いことになるでしょうか。

小倉　十分考えられると思います。

馬場　カツオ漁というものの存在や，針まで使っていることなどを考え合わせると，重要な動物資源であるカツオを重視して保管しはじめたのはいつぐらいになるのでしょうか。山崎さん，いかがでしょうか。

山崎　難しい問題なので，なかなかわかりません。

馬場　例えば，縄文人が干貝のようなものを加工してつくっていたという松井章さんの説もありますので，それこそ縄文時代あたりまでさかのぼるような気もしています。そうすると，田子地区の近くに縄文遺跡があったと思いますが，松崎のほうだったでしょうか。あのあたりに縄文人の足跡があることや，伊豆諸島にある神津島の黒曜石の分布を考えますと，夢が膨らむと思います。残念ながら時間があまりありませんので，この話はここまでにしておきます。会場の皆さんから何か質問はございますか。

　それでは服部さんお願いします。

服部一隆（明治大学兼任講師） 服部と申します。小倉先生に伺いたいのですが，『延喜式』にある非常に多くのカツオに関する規定は，かなり昔から，それこそ律令制以前からあるようなものなのでしょうか。それともかなり改変されたものなのでしょうか。これについてどのような印象を持たれていらっしゃいますか。

馬場 要するに，『延喜式』にカツオの規定がたくさんあるが，それが古くからあるものなのか，それとも『延喜式』の頃に改変されたものなのかを知りたいというご質問ですね。

小倉 それは当然両方あるわけなので，一概には言えませんが，カツオ関係ということでは，やはり祭祀に献られることについて特に注意して考える必要があると思います。祭祀関係ということになりますと，6世紀よりさかのぼるかどうかはわかりませんが，古来の規定もそれなりにあると思われます。

3 堝形土器でカツオを煮たのか

三舟 ここまで潮鰹をいろいろ突き詰めて考えていきました。これは馬場さんの説明にあるように，いろいろな可能性から追究していきたいと考えたからです。それで一つわかったことは，これは小倉さんの報告によりますが，どうやらカツオというのは日本人にとってとても大事なものであるということです。ですので，カツオを我々の食文化の基本として追究していく必要があるということはすでに明らかになったと思います。

荒井さんから，「荒堅魚」を潮鰹とした場合，「荒堅魚」は「荒」はどういう意味なのかという質問をいただきました。我々としては，「荒い」は粗悪という意味で，加工の工程が一つ省かれることを指していると考えています。逆に「煮堅魚」にどのくらいコストがかかるのかを考える必要があります。ということで，ここからは土器を中心に取り上げて「煮堅魚」について考えていきたいと思います。

今登壇されているのは奈良文化財研究所の森川さん，小田さん，庄田さん，村上さん，それから沼津市の小崎さん，富士市の藤村さんです。このメンバーで堝形土器や壺Gといった土器の機能や特性などを考えていきたいと思いま

図4　堝形土器（左上，沼津市教育委員会所蔵）

す。

まずは沼津市の小崎さん，それから富士市の藤村さんから，まず堝形土器についてお話しいただきたいと思います。

我々は，堝形土器はカツオを煮た土器ではないかという仮説を立てておりますが，改めて，堝型土器では一体何をどう煮ているのか。このあたりを土器の出土状況や藤井原遺跡・千本遺跡といった遺跡の特性，あるいは集落全体の性格といった点にまで踏み込んでご説明いただければと思います。

昨日のご報告では，堝形土器はカマドから出土しており，堝形土器が出ない住居址や竪穴建物の存在から，貢納者とそうでないところの区別があるというお話もありました。

小崎　沼津市教育委員会の小崎と申します。私は堝形土器の使用方法について報告いたしました。そのなかで，主に御幸町遺跡・千本遺跡・中原遺跡という三つの遺跡を取り上げました。このうち御幸町遺跡に関しては，伊豆半島を源にして沼津市に流れてくる狩野川河口部の左岸，氾濫域ぎりぎりの地点の東側に香貫山という山がありまして，その山から続く微高地にある遺跡になります。

一方，千本遺跡と中原遺跡に関しては，駿河湾の奥といいますか，富士市から東に向かって千本砂礫州という砂礫州ができており，そこにある遺跡になります。千本遺跡はその千本砂礫州と呼ばれるところの一番東の端にあります。中原遺跡は，おおむねその千本砂礫州の真ん中あたりといいますか，中央の少し東か西ぐらいかというところに位置しています。順番に話をしていきますと，まず御幸町遺跡は，報告でも触れましたように，狩野川の河口域に近いところに位置していて，住居址（竪穴建物）が400軒近く検出されております。弥生時代や古墳時代の遺物が出土する住居址もありますが，主に奈良時代に入った8世紀頃が中心の集落となります。

検出された住居址の中からさまざまなものが出土しており，銙帯金具などの特殊な遺物が若干出ておりますので，役人が暮らしていたと考えております。ただ役所的な機能はここにはなかったと思います

次の千本遺跡は，先ほど言いましたように千本砂礫州の一番東端になるわけですが，こちらはさらさらの砂浜のようなところに集落が築かれています。1次調査，2次調査の結果，住居址が計55軒見つかっています。実際はもっと広範囲に広がっていると思います。見つかった住居址は平面プランなどがかなりわかりにくい状況でしたので，この軒数は少し曖昧なところがあるのですが，いずれにしても住居址から非常にたくさんの堝形土器が見つかっており，カマドも当然確認されています。ただし，カマドの残りがすごく悪く，実態がよくわからないのがこの遺跡です。

次の中原遺跡に関しましては，沼津市でおこなわれている大規模な開発事業に伴う調査により発見されたものです。今のところ報告されているだけで約1万1,000〜2,000平米ほどの面積があります。現在は調査は完了しております。まだ全体の半分くらいしか報告されておらず，現在残りの報告書の作成をしております。

中原遺跡に関しては，堝形土器が出ている住居址と出ていない住居址があります。カマドの残りが悪い住居址がありますが，住居址を掘っていくと大きい礫がたくさん出てきます。これはおそらく高潮にのまれた跡だと考えられます。その石を石材として使っていたのではなく，高潮に伴って海から水が入ってきて，その時に石が入ったという状態だと思います。中原遺跡は，砂礫州の上に位置しています。このため海寄りのほうが標高が高く，遺跡の方が標高が低いという地形になります。高潮がそれを乗り越えてきてのまれている，そう

いった集落になります。

堝形土器が出る住居址と，出ない住居址に分かれるわけですが，時間に追われて調査中は必死になって発掘作業をおこなっていますので，あまり堝形土器に注目してきませんでした。堝形土器が出ているというのは当然把握しているわけですが，調査中に，堝形土器がどこで出た，出なかったという認識はそこまで持っていませんでした。ただ，今回こうした機会をもらって改めて堝形土器の出土状況を見ていくと，同じような住居址で同じようなカマドを持っているにもかかわらず，堝形土器の出土状況に差があることがわかりました。そこがすごく面白いというか，不思議に思ったことです。

カツオをどういうふうに加工していたのかという問題については，加工品をつくるところとつくらないところがある可能性は否定できないと思います。

堝形土器は，カマドの近く，もしくは住居址の覆土で見つかっています。遺物包含層ではあまり出てこないのが特徴です。そうするとやはり堝形土器は住居につくカマドで使っていたのではないかと考えられます。

質問の主旨からは少しずれるかもしれませんが，中原遺跡，千本遺跡ともに壺Ｇがあまり見つかっていませんので，そのあたりをどう考えるべきなのかを悩ましく感じています。千本遺跡は１次調査で１点か２点か出土していたと思います。御幸町遺跡も数点ですね。今回，藤井原遺跡については，報告書がまだ遺構編しか出ておらず，遺物編が出ていないために正式な状況がわからず報告ができませんでしたが，この遺跡では壺Ｇは出土せず，堝形土器だけ出土しているという状況です。調査した我々の認識としては，カツオを堝形土器で煮ていた可能性を感じており，実際にセンターの展示などでそのように書いたりもするのですが，反対意見の存在も認識していますので，堝形土器を実際にどう使っていたのかと聞かれると，正直なところわからないというのが実態です。

三舟　ありがとうございました。今のお話の内容に関連して，近藤史昭さんのほうから，壺Ｇと堝形土器が同時に出土することはあるのかという質問がありましたが，それに関してはあまり多くないということになるでしょうか。

小崎　ほぼありません。

馬場　出土する壺Ｇというのは完成形ですか。それとも割れてしまっているのでしょうか。

小崎　どちらも出土します。ただ，沼津で以前確認した限りでは，御幸町遺跡で2〜3点，千本遺跡で1〜2点，あと報告はしていませんが下石田原田というところで1〜2点しか見つかっていません。中原遺跡では1点もない状態です。ですので，堝形土器を使ってカツオを煮て，そこから壺Gに堅魚煎汁を入れていたかと言われると，遺物の出土状況からするとわからないというのが正直なところです。まだ掘っていない部分から出てくるかもしれないですし。

馬場　例えば都で出土する大宰府からの木簡にはすべて広葉樹が使われています。しかし大宰府で出土した木簡1,500点のうち，広葉樹が使われているのは1点だけです。つまり，つけかえて都に持っていくものというのは残らないのが当たり前なんです。ですので，壺Gが出土していないことから，必ずしも容器だとは言えないというのは正しいですが，出土していないから容器の可能性がないというのはまったくナンセンスだと思います。

藤村　今，壺Gと堝形土器の共伴がほとんどないのではないかというお話がありましたが，確かに全体的に見るとかなり少ないですが，富士市では9世紀中頃ぐらいの富士市の三新田（さんしんでん）遺跡には壺Gと堝形土器が共伴した住居址があります。とはいえ，かなりレアなケースだというのは揺るがないと思います。

三舟　壺Gについては後ほど改めて触れたいと思います。ここで小崎さんに確認したいのは，各遺跡の住居の立地です。千本遺跡は砂浜の上にあるわけですよね。中原遺跡も高潮の被害にあっていたということですが，海の近くに住居をつくる危険性は，我々が東日本大震災で経験したように，おそらくこの時代の人々も理解していたと思いますので，住居址遺跡の立地としては少し特異な印象を受けます。こうした普通の常識ではつくらないところに住居址をつくっているのはどういうことなのでしょうか。

小崎　そうですね。ただ，千本砂礫上には千本遺跡や中原遺跡のほかにも点々と遺跡が存在しています。先ほど藤村さんからお話のあった三新田もそうですし，沼津だとそのほかに中原のすぐ近くにある鳥沢や，あとは東畑毛といった遺跡もあります。時期については若干の相違があっても，重なっている期間は当然ありますので，おそらくこの一帯に街道のようなものがあったのではないかと思うのですが，とにかく遺跡は存在しているわけです。ですので，特異かつ危険な場所なのかもしれませんが，実際に集落群は形成されているということです。

三舟　生産工房的な要素はありませんか。

小崎　あまりそういう要素がある遺跡はないですね。

三舟　これに関して，藤村さんのほうではどう思われますか。堝形土器について，今の生産工房的な視点も含めてお話を伺えますか。

藤村　そうですね。中原遺跡の状況や，先ほど小崎さんが示された例もそうなのですが，やはり堝形土器が集中して出土する区というのはあるように感じます。今回，残存脂質分析の試料を抽出していく中でも，堝形土器がたくさん見つかる住居とそうでない住居があるのを感じながら，報告書未掲載の資料も再抽出したという経緯があります。その作業を通して，ある建物や調査区などからまとまって出土しているイメージができました。第Ⅱ部第2章の藤村論文図6でも示したとおり，特に7区のあたりはかなり集中している状況で，しかも同じ時期のものが多いので，そこに生産工房的な性格があったことを想定してもいいのだろうと思います。漁具なども共伴しておりますし。

三舟　漁具も見つかっているんですね。

藤村　そうですね。

三舟　ところで木簡などを調べていると，どうしても8世紀の令制の頃にカツオが出てくることに注目してしまいますが，藤村さんのご報告では，6世紀や7世紀に遡っていく堝形土器があるということです。亀谷弘明さんからの質問ですが，これは稚贄屯倉（わかにえのみやけ）の存在と関係があるということでよろしいのでしょうか。

藤村　7世紀代以前まで遡って，堝形土器の存在をどう考えるかというときに，水産加工という用途を想定してよいのであれば，8，9世紀につながっていくような水産加工システム，貢納システムの原型のようなものが7世紀に成立している可能性はかなり高いと個人的には考えています。ただ，それが水産加工だけではなく，鉄器製作や，あるいは馬の牧など，古墳時代の終わり頃の複合的な地域開発の軸の一つとして，この水産加工拠点というものが設置されていると見ています。

三舟　もう一つ，高野学さんからお二人へ質問が来ています。堝形土器が遺構外から出土することはまれであるとうかがいましたが，例えば竪穴建物以外の溝や土壙からの出土は少ないと考えてよろしいでしょうか。

小崎　堝形土器に関しては少ないです。

三舟　遺跡全体の出土状況で考えると，中原・千本・御幸町・藤井原といった遺跡は，やはり堝形土器の出土が多いですよね。

小崎　多いですね。通常の甕なども多く出土していますが，堝形土器は結構目立ちます。

三舟　そうすると，竪穴建物以外の特殊建物で堝形土器を使っているわけではなくて，あくまでも人家の中でこの堝形土器を使っているということですね。

小崎　要するに，古代の遺跡で普通の住居址を掘っていくと，カマドの近くから堝形土器が出てくるというイメージです。

馬場　念のためにお伺いします。高潮の影響というお話がありましたが，堝形土器の出土地というのは，埋没してから何らかの影響を受けている可能性は考慮した方がよろしいのでしょうか。

小崎　砂礫が混じった覆土が住居址の中に入り込んでいるわけですが，明らかに遺物がほとんどそのまま，とっちらかった状態で出てくる住居があります。これらはおそらく高潮にのまれたのだろうと思います。なかには遺物がほとんどない住居もありますが，このような場合は放棄されて違う住居に移った跡かもしれません。

馬場　高潮にのまれて，家の中にあったものが全部外に出てしまったところもある。そうすると，堝形土器が複数出た場所は，高潮にのまれるまで現役だったことになるのでしょうか。

小崎　そこまではちょっとわからないですね。

馬場　あと，廃棄土壙は検出されていないのでしょうか。

小崎　今まで沼津での古代の遺跡で実施した発掘調査で，廃棄土壙を意識したことがないと思います。

馬場　まとめて捨てているような痕跡は見つかっていないということですね。わかりました。

　そういった痕跡があれば，ある生業の段階をそのままトレースできる可能性が高いのですが，そうした痕跡がないとすると，専用の工房集落のようなものは想定できないわけですね。

小崎　発掘調査をしていてもいずれの住居址も特別感がないといいますか，普通の住居址としか思えないのです。

馬場　ところが，その一般集落のある部分が突然重点的に工房エリアになっているという。

小崎　そういう可能性は，もしかしたらあるかもしれません。

馬場　藤村さんはそういう認識をされていますよね。

藤村　私のニュアンスは小崎さんとは少し違うのかもしれませんが，やはり中原遺跡や御幸町遺跡は，通常の集落遺跡に比べると竪穴住居の数がかなり多いように見えますし，中原遺跡内の竪穴住居の一つ一つの規模をみても，小型のものも比較的多いものの，地域の拠点集落にしかないレベルの，70～80平米を超えてくるような大型の竪穴住居があり，地域の中では中心的な集落だったのではないかという見通しは持っています。

馬場　この件でいうと，小田さんはどのようにお考えでしょうか。

小田　この中原遺跡は，以前藤村さんに紹介していただいて以来注目しています。規模についても，藤村さんがすでに分析されていますが，一般集落の構成要素としては通常の集落と同じような居住様式ではありますが，密集度や規模感という点では，中心規模かつ拠点的な要素は感じています。

馬場　ということは，小崎さんと藤村さんのイメージは少し違いますか。

藤村　多分違うかもしれません。

馬場　もしかすると，本当に両方のイメージの遺跡が存在している可能性もあるわけですね。例えばこの中原遺跡だけを見ると工房集落的なものだけれども，普通の集落の中でエリアを分けている可能性もあるかもしれない。これはまた分析が深まるかもしれませんね。

藤村　発掘作業は終わっていますので，あとは整理作業の結果次第でまたこの評価が変わってくるかもしれません。

4　壺Ｇは堅魚煎汁を運ぶ容器だったのか

三舟　堝形土器については，やはり遺跡ごとの検討が必要になってくるように

図5　壺G（奈良文化財研究所所蔵）

思います。そしてそれが何を煮たかという問題にもかかわってくるように感じます。なお，堅魚製品は戸単位で生産されたのではないかという質問も来ておりますが，それに関してはまだ遺跡自体の分析が十分でないため，もう少し検討が必要だという答えでよろしいかと思います。

そうしますと，先ほど問題となっていた堝形土器と壺Gが共伴している例が少ないというお話ですが，これについては馬場さんのように，都に持っていくのだから残らなくて当然という考え方もあれば，逆に反対の意見をお持ちの方もいらっしゃるかと思います。

まずは壺Gの問題についてですが，小田さんのご報告によれば，壺Gはおおよそ8世紀後半の遺物であるとのことです。そしてプレ壺Gという概念を提起され，我々が壺Gとしている土器に限らず，壺という形態の容器全般が液体の運搬に向いていると指摘されました。

小田さんの論点で一番しっくりくるのは，壺Gのつくり方が粗いというお話です。大量生産が簡単にできるため非常に効率がいいということですが，これに関して小田さんから何か補足はありますでしょうか。

小田　壺Gが「堅魚煎汁」の容器かどうかというところからスタートしたのですが，壺Gそのものを観察していると，やはりこれは道具だなという結論に至りました。それはつくり方もそうですし，装飾を施さないというところも含めて，これはやはり内容物こそが重要なものであって，ある程度の容量のものを運ぶという役割を果たすことに特化した形態をしているのではないかと思いました。

そして，それを踏まえると，今までは「堅魚煎汁」の容器として壺Gのことばかり見ていましたが，その前身であるプレ壺Gと呼んだものや，それよりも古い時期の，普遍的な運搬に用いられた壺状の容器と言われている壺Kといったものが射程に入ってくるのではないかと思っています。

先ほど壺Gと堝形土器が共伴しないということで，壺Gを使って「堅魚煎汁」を都に運んではいなかったと考えるのも一理あると思うのですが，中原遺跡の場合は7世紀の遺跡でして，これはそもそも壺Gが存在しない時期ですので，共伴しないのは当然かと思います。逆にその時期における須恵器の壺Kなど，壺G以前の貯蔵容器はないのかという視点でもう一度共伴関係を見ていく必要があると思っています。

馬場　つまり壺Gはどういった容器だったのでしょうか。

小田　私は静岡で生まれた「堅魚煎汁」専用の新型容器だと思っています。

馬場　「堅魚煎汁」にこだわる理由は何かあるのでしょうか。今のお話に，「堅魚煎汁」は1ヶ所も出てきません。道具であって，運搬用具であって，前身があってということしか出てこない。

小田　プレ壺Gも静岡で生まれたのではないかと思っています。藤枝市の助宗古窯群でプレ壺Gと思しき土器がつくられていたということから，壺Gもプレ壺Gも静岡発祥の土器なのではないかと考えています。

馬場　静岡発祥という点だけでカツオと結びつけるのは飛躍ではないでしょうか。

小田　たしかにそれは飛躍です。

馬場　そうすると，一番のポイントは，液体容器として洗練されているという点でしょうか。

小田　そういうことです。

馬場　究極的には，何を入れてもいいということですか。

小田　構いません。あの容量のものであれば，何を入れてもいいですし，あの容量のものを運ぶのに一番いいサイズだと思います。

馬場　土器論から絞り出せることはそこまでですね。

小田　そこまでです。中に何を入れたかというところは，次のフェーズになります。

馬場　そこはかなり大事だと思います。

三舟　何を入れたかという点は，私も非常に興味があります。壺Ｇについても，庄田さんと村上さんに分析をお願いしているところです。

村上　今，壺Ｇの残存脂質分析をおこなっています。この場でまだ結果をご報告できるような状態ではないのですが，分析作業に取り組んでいるところです。難しいのが，壺Ｇは須恵器なので非常に堅いという点です。普通の土器だと１ｇのところ，今回４ｇも使って抽出していて，かなり大変な作業になっています。庄田さんの報告の第Ⅱ部第４章図１で示したように，バイオマーカーのような，これが出たらもうカツオで確定だとわかるようなものがあればよいのですが，カツオに関してはそういう指標がまだありません。結局のところ，たくさん分析をおこなって統計的に判断していく必要があると思います。なかなか大変な作業なので，結果がいつ出るかはわかりません。

内容物が何だったのかを調べるという作業はおこなっています。もちろん転用している可能性もあるので，ある程度の数を分析しないと，器にどういうものを入れていたのかという議論はしづらいとは思います。それも含めて検討中です。

壺Ｇの脂質の残りはかなりよかったので，分析する価値はあると思います。

馬場　脂質の残りが良いということは，脂が入っていたのでしょうか。例えば我々が手で触った場合，手の脂も残るのでしょうか。

庄田　表面をすべて除去しましたので，手の脂が残っている可能性はきわめて低いと思います。

馬場　それでは脂質の残りが良いということは，脂が入っていたということでしょうか。

庄田　魚にも脂が入っていますし，植物にも動物にも，いろいろなものに基本的に脂質が含まれています。

馬場　極端に言うと，水ではないということでしょうか。

庄田　そう思います。

馬場　水以外のものも入っていたということですね。

庄田　まだ１点しか分析していないので全体的な傾向はわかりません。

馬場　少なくとも，その器については水以外の何かが入っていたということでしょうか。

庄田　そうなります。

三舟　壺G水筒説というのもありますよね。

馬場　少しタンパク質の入ったドリンクを飲んでいれば，脂質が残っている可能性はありますね。

三舟　今後の課題として，壺Gの中に何を入れたかというのが非常に興味深いところになりますね。

小田さんは壺Gに「堅魚煎汁」を入れたという仮説をかなり強く推されていて，森川さんも同意見だと思うのですが，そもそも「堅魚煎汁」とは一体どんなものなのかという問題もあります。これについては峰村さんの報告で粘弾性などの点をめぐっていろいろ議論がありました。これまでの研究では瀬川裕市郎さんや私も含めさまざまな可能性が指摘されてきましたが，私がおこなった「堅魚煎汁」の再現実験では，かなりコラーゲンが入ったどろっとした液体ができあがりました。これでは壺Gの中にすんなり入っていかないのではないかという話もありましたが，森川さんは実験された感触からどのように考えますか。

森川　まず，我々が今回再現した「堅魚煎汁」は，カネサ鰹節商店さんで製造されている鰹色利の商品と比較すると，かなり粘度が下がることが峰村先生の分析で判明しています。つまり，煮詰めが少し足りなかった可能性がありますので，追加の実験が必要にはなるのですが，今回の実験で出来上がった「堅魚煎汁」はボトル型の容器には入るのではないかという印象を持っています。なぜかというと，今回の実験で一番煮詰めた「堅魚煎汁」の試料No. 6aを峰村先生に分析してもらった際，簡単に容器から取り出せたという話を伺いましたので。逆さにしただけで中の液体が出てくるのであれば，もう決まりではないかと。ただ，その後どんでん返しがあって，現在販売されている鰹色利の製品はもっとどろどろで粘度が高いと言われました。それで実際に比べてみるとかなり差があり，これはさらに分析をしなければとなったわけです。ですので，今回の実験での印象が本当に正しいのかどうかを追加実験で確かめる必要があると考えています。

馬場　壺G=「堅魚煎汁」容器説と，その反対意見の戦いが最前線で始まったような感じですね。

では，ここで順番に整理していきたいのですが，壺Gが液体を運ぶことに特化した道具として生み出されたという点については，「堅魚煎汁」非容器説の三舟さんも認めますか。

三舟　そうですね。

馬場　小田さんは容器の中身を「堅魚煎汁」だと主張しておられましたが，そこには壺Gが駿河や伊豆で生み出されたという解釈が入っていて，今我々が持っている情報からすると，この解釈の妥当性は皆さん客観的に合意できると思います。

そうすると，論争の焦点は，今話題になった煎汁の粘度が強いか否か，容器に入るか入らないかというところにほぼ収斂してきていています。そして，さらさらの状態の「堅魚煎汁」をつくったときに中身がこぼれないのかどうか。

三舟　今度は五百藏さんにお伺いします。煎汁をどろどろの状態になるまで煮詰めていくことで，保存性が高まると考えてよろしいでしょうか。

五百藏　例えば浸透圧などの関係から，そうなのではないかと思います。

大道　水分がない分，日持ちしやすくなると思います。

三舟　水分がなくなればなくなるほど保存性は高くなっていくということですね。それからうま味も凝縮されていく。そういったところで，やはりある程度煮詰めてどろどろにしたほうがいいと。

私の実験では，アラを入れてつくったものと，入れないでつくったもので，塩分濃度が全然違うことがわかっています。アラを入れていないもので4%ぐらいで，これでも十分日持ちするのですが，アラを入れたものは血合いなども入って濃度が上がり，11%になります。つまり保存性はアラがあったほうがかなり高くなるし，コラーゲンが多くなるからどんどんどろどろしていきます。それを極限まで煮詰めて今のカネサ鰹節商店で販売されている鰹色利ほどの粘度にすれば，壺Gに入れるのはなかなか難しいような気もします。

馬場　アラは入っていたのでしょうか。

森川　古代の「堅魚煎汁」については，そこはわかりません。ですので，自宅でカツオの身を煮出す実験をしてみたのですが，少量だったので，100ℓ以上の量で再度実験してみたいと思っています。

馬場　塩分量の都合上，アラは絶対に入れているはずだという仮定に対しては，いかがですか。

森川　自分の報告でも申し上げましたが，いろいろな可能性を全部しらみつぶしにおこなう必要があると思います。今後まずやらなければいけないのは，アラありで，今回の実験よりもさらに煮詰めたものをつくることですね。

鰹色利以上に，つまり混ぜても動かなくなるところまで煮詰めなくてはなりません。焦げつく直前までやるというのが，次の実験です。

それから，煮汁だけで煮詰めるものも試したいと思います。芹沢さんにお話を聞いたところ，鰹節をつくるときには作業工程で煮汁がたくさん出るそうです。通常廃棄されるそれを使わせてもらえれば，少量ロットであれば実験可能なので，一度試してみたいと思います。

さらにもう一つ，峰村先生が報告の中で，思っていたよりコラーゲン量が多かったわりには凝固しないという特性があって，その要因が何かあるのではないかということをおっしゃっていました。そこで，塩分濃度を上げてみるというのを試してみたいと思っています。

実は，峰村先生とは追加実験の必要性を確認し合っていました。ですので，芹沢さんたちにも協力をお願いして，今後も一つ一つステップを踏んでいけばいいのではないかと思います。

三舟　ところで，仁藤敦史さんから，「堅魚煎汁」の良いものを選別して運ぶための容器として，別器というのが『延喜式』に書かれているという話を伺ったのですが，壺 G 以外の別器の存在については森川さんはどのようにお考えになりますか。

森川　私はてっきり，良い「堅魚煎汁」が入っている壺 G と普通の壺 G が分かれているだけだと思っていました。そこの区別は私にはわかりません。これについて小田さんからご意見はございますか。

小田　特にはないです（笑)。ただ，壺 G にも形やサイズの違いはありますので，分けることは可能だと思いますが，土器のつくり方や，形態の特徴で別器と言えるようなものを見出すのはなかなか難しいですね。木簡などに別器と書いて付けてあれば話は別かもしれませんが。

三舟　そもそも論として，「堅魚煎汁」にもっと粘性があるのであれば，壺に入れるよりは坏に入れて紙蓋をしたほうが良いのではないかと思いますが，いかがでしょうか。粘性が強いものでいえば，例えば漆の場合は壺Gなども含め壺に入れた例はありますが，多くは使用する際に坏に入れて，紙をかぶせたりしていたことが漆紙文書からわかっています。五百藏さんの実験のときには，小鉢に煎汁を入れて20日間放置することもしました。そういった意味では，粘度の高いものは，口が広く底の浅い容器のほうが良いような気がするのですが。

森川　それだと割れてしまうのではありませんか。割れにくい形を追求した結果，壺Gのようなスリムな形になったのでは。

馬場　漆は輸送のときは坏には入れません。木製の曲げわっぱに入れて運んでいると言われている例はありますが，基本的には漆を運ぶときには壺を使います。

三舟　では，逆に堅魚煎汁も曲げわっぱに入れていた可能性もあるわけですか。

馬場　理論的には曲げわっぱの可能性もありえます。ただ，「堅魚煎汁」を運ぶ際にはどれくらいの量に小分けしていたんでしたっけ。

森川　天平年間には1升とあります。

馬場　1升ということは，今で言う5合ですので，おおよそ洗面器くらいの大きさですね。

森川　だから，プレ壺Gがちょうどいい。

馬場　洗面器サイズとなると大変ですが，小分けにすればいいでしょう。

三舟　なるほど。壺Gはそういった意味では，小田さんが示された容積，容量300～350 mℓくらいであれば充分入りますね。

小田　プレ壺Gのほうが1升に近いのではないかと思います。

森川　二条大路の濠状遺構SD5100から出土した木簡（二条大路木簡）の中に，「堅魚煎汁一升」と書かれた駿河国の木簡があるのは確かです。また，小田さんが分析したプレ壺Gの中に，1点だけSD5100から出土したものがあります。ちょうど容量的には約1升になりそうなので，整合性はすごく合ってくる。

馬場　この発見は一生ものと言えそうですね（笑）。

粘度についての議論をさらに深めるには，追加実験が必要であるという森川さんのお話がありましたので，そちらは今後の課題ということにして，ここからは話題を少し変えたいと思います。

「堅魚煎汁」と容器をめぐる議論も，若干視点が広がってきました。その中で，森川さんは『延喜式』の平野祭での記述にもとづき，「堅魚煎汁」は瓶状のものに入るものでなければならないのではないかという仮説を立てられました。

また，小田さんからは壺Gが静岡地域で生まれた意義について，静岡に特有の理由が欲しいという話もありました。何か理由があるのではないかというご指摘です。

さらにこれは峰村さんのご指摘でしたか，「堅魚煎汁」はつくっている最中に焦げつくのではないかという話があります。焦げついている堝形土器はあるのかないのか。先ほど小崎さんから，堝形土器で何をゆでたのかはわからないというお話がありましたが，やはりそこの問題と全部絡んでくるように思います。

順番に考えたいと思いますが，まず瓶に入っていた件はいかがでしょうか。

三舟　平野祭の話は平安時代だったと思いますが，瓶に移し替えた可能性もあり，史料に出てくる瓶が壺Gを指すのかについて確定するのは少し難しいように思います。

森川　私もその史料を読みましたが，5合と書いてありました。素直に解釈すれば瓶に入れていたということになりますよね。その瓶が駿河から持ってきたものではなく，移し替えた後のものかもしれませんが，瓶の形状に一度入っているのは間違いない。

馬場　瓶というのは細い瓶子のようなイメージですね。そうであれば，あのような細頸の容器に入るものであったという仮説がかなり有力だと思うのですが，いかがでしょうか。

三舟　それは要するに，今の話にある瓶と壺Gが違うものであっても，容器の形からすれば壺の部類に入るということになりますね。

森川　壺というのは広口の容器です。

馬場　瓶は広口のものでしょうか。

三舟　瓶は広口ではないです。壺Gや壺Kですよね。

馬場　壺というと範囲が広いので，森川さんは瓶という言葉を使われているわけですね。

森川　考古学的には，壺の中には，古代の言葉で言う瓶，つまり頸が細長い容器も含まれます。おそらくそれは液体専用の容器なのですが，それが壺Ｇではないかという話です。

馬場　壺Ｇかどうかは別にして，細頸の部類に入るというところはありますね。

それから，小田さんが言う，この地域で革命が起きた理由というのはいかがですか。

三舟　これに関してはいろいろと議論はありますね。壺Ｇは日本の各地で出土するけれども，今のところ窯跡から見つかっているものはない。これについては小田さんから，駿河・伊豆といった地方と都城との関係のなかで議論すべきだという意見もありましたが，その文脈で考えると，地方から出土する壺Ｇの性格が重要なのではないでしょうか。単なる住居址なのか，それとも官衙なのか。そういった要素が製品の等級とも密接に関わってくると思います。例えば古代の「堅魚煎汁」は加工に手間がかかりますので，かなりの高級品なんですよ。現代の我々が材料を買いそろえてきて再現実験をするのとはわけが違うんです。小倉さんのお話も踏まえると，おそらく都のかなり上位の貴族しか手にできないはずです。もし小田さんが言うように壺Ｇが「堅魚煎汁」を運ぶものだと断定するならば，それが地方に拡散するというのは理屈的には考えづらいと思います。

ただ，先ほど馬場さんが言ったように，例えば水筒説であれば，どこで出土しても構わないということになります。「堅魚煎汁」容器説を考えるうえでは，煎汁がどろどろとしたものか液体かは別としても，加工に手間暇のかかる高価なもので，かなり上級の貴族しか手に入れることができないものであるという視点も必要なのではないかと思います。

馬場　そうすると，もう少し豪華な容器であってほしいと。

三舟　そうですね（笑）。

馬場　「堅魚煎汁」がどういうものであっても，それをどうつくったのかは，やはり考えなければいけない課題ですね。小崎さんはわからないとおっしゃっていましたが，庄田さん，村上さんはいかがでしょうか。あの堝形土器で「堅魚煎汁」はつくれるでしょうか。

庄田　まず，つくっているときに焦げつくのではないかという指摘はおそらく当たっていると思います。ただ，おこげができたとしても，砂州の遺跡なので，残らずきれいに取れて，実際ついていたかどうは判断できないと思います。ですので，今遺物を見て焦げがついていないから違うというのは，論理的にはいえないかと思います。

また，堝形土器については，もっと考古学的な情報がいろいろと欲しいなと思います。藤村さんが作成された堝形土器の編年表がありますが，様式論的な考え方で，土器の組み合わせの中で堝形土器がある地域とない地域で機能上の違いがどういうふうに出てくるのかが気になります。堝形土器がある地域とない地域では，出土するほかの土器の組み合わせはほとんど同じなのか，それとも，堝形土器のない地域には堝形土器の代わりになるような別の器種が存在するのか。そのあたりがわかってくると，堝形土器の特殊性のようなものを器種構成の面から指摘できると思います。土器の組み合わせという点について，現時点で何かわかっていることはありますでしょうか。

藤村　私も土器の編年表を提示したものの，堝形土器がある地域主体でしかみておらず，十分に検討できていません。例えば堝形土器が比較的少ない駿河中部や駿河西部などでどういった土器の組み合わせが構成されるのかということは，今後注意して見ていかなければならないと思います。

庄田　また，今回堝形土器をピックアップしていただきましたが，一つの住居址の遺構の中で，どういった遺物と共伴しやすいのか，しにくいのかといった点も重要だと思います。台所のお鍋のセット，調理器具のセット，食器のセットの中での相対的な位置づけのようにすると，もう少し見方が変わってくるかもしれません。

馬場　食器セットという話は私も気になっているところでして，カネサ鰹節商店の鈴木のロクさん（鈴木剛氏）は寸胴からフライパンに移し，調理具をだんだん小さくしているんですよ。堝形土器は１種類でいいのでしょうか。

庄田　中原遺跡から堝形土器は４つ出土しているのですが，残念ながら大きさは似通っています。

馬場　少し浅くなっているものはないでしょうか。

庄田　中原遺跡の堝形土器はそんなに立派ではありません。

藤村　堝形土器の中には，法量がかなり大きいものから小さいもの，60 cm ぐらいのものから 30 cm ぐらいのものまでいくつかパターンはあるので，そういったものを使い分けている住居址があると，また面白い話にはなってくると思います。

馬場　そのあたりは今情報を整理中ということですね。

藤村　はい。

5　二つの土器と今後の課題

馬場　実際のところ堝形土器で「煮堅魚」をつくっていたのか，それとも「堅魚煎汁」をつくっていたのかで，若干イメージが変わると思うんです。

木簡を見ると，基本的に「堅魚煎汁」は駿河からは貢納されますが，伊豆からは那賀郡で1点あるぐらいで，「堅魚煎汁」はほとんど貢納されていません。また，「煮堅魚」についても伊豆ではわずかな例しかありません。そうなると，あの堝形土器でおこなった作業は単純な貢納物の加工ではないと考えられます。さきほど，藤村さんや小崎さんから，堝形土器は官衙的な遺跡から集中的に出土するパターンと，集落遺跡から出土するパターンがあるというお話を伺いました。これを踏まえると，貢納体制に組み込まれている部分と，在地で消費・流通させるためにつくっている部分とがあるように思えて，大変興味深く感じました。ただ，在地のために「堅魚煎汁」をつくるという点については，私としては疑問ですが。

このあたりのイメージについて，まず地元のお二方にお伺いしたいと思います。つまり，堝形土器は「堅魚煎汁」をつくる道具なのか，それとも「煮堅魚」をつくる道具なのか。それとも，実はそれは一連の工程なのか。

小崎　考えたことがなかったので，正直なところ何とも言いようがありません。ただ，一連の話を聞いていて，「煮堅魚」をつくる，「堅魚煎汁」をつくるという作業の境界線を，どこまで考古遺物から見いだせるのかという問題は気になりました。実際，堝形土器が見つかっている住居址などを見てみると，堝形土器の横に甕があって，坏があってという感じなんですよね。一方で，堝形土器が出ていなくても，甑（こしき）があって，甕があって，堝があって，坏があってといった具合に，良好なセット関係がみられる住居址も若干ありますが，遺構の遺物の時期が微妙にずれると思います。

ただ，大概器種が多いところでは堝形土器が出土していないような気はします。堝形土器が見つかっているところですと，甕はありますが，そのほかの器種はあまりないような気がします。厳密に全部を確認してはいないので，それは今後の課題ですね。

馬場　堝形土器が出るところは金をかけているんですね（笑）。

三舟　小崎さんのご指摘は，今後生産と貢納の関係を考えるうえでとても興味深いですね。

馬場　藤村さん，いかがでしょうか。

藤村　私も小崎さんと同じような意見で，堝形土器が大量に出土する住居址だと，須恵器の坏などがあまり出てこないということはあるかもしれません。

馬場　そうしますと，つまるところ，堝形土器は「煮堅魚」をつくるための道具なのか，「堅魚煎汁」をつくるための道具なのか，それとも両方をつくるためのものなのか，いかがでしょうか。

藤村　それについては何とも言えません。

馬場　三舟さんのイメージだと，「煮堅魚」は切り身にしてからつくるので，「堅魚煎汁」とは別工程になるわけですよね。アラは別のところにあって。そうなると，堝形土器で煮るのはどちらかだけ，あるいは両方を別々に煮るという工程になりますよね。

三舟　いや，これは手間暇がかからないのであれば同じことで，切った身のほうは先に煮てしまい，その後，その煮汁の中にアラを入れるほうが効率がいい。

馬場　「煮堅魚」に使っていたカツオは，おそらくかなり小ぶりです。堝形土器の中に丸々入るのではないでしょうか。

三舟　そうなると，切り身にするのは煮た後になりますよね。

馬場　そうなれば，煮えている堝にどんどん入れてしまえばいいので，ある程度まとめてつくることができ，なおかつ早く加工できる。「煮堅魚」にするのであれば，煮たものをそのまま切ってしまえばいいわけですね。

庄田　坩形土器を竈にかけて使っていたと想定すると，一つがけの竈なので，まとめてつくるためにはたくさんの坩形土器を並べて，ぐらぐら煮込んでいくしかないんですよ。

馬場　だから，各家に竈があるわけですね。

森川　家の中でやったら，すごく臭いと思います。鈴木さんもすごい臭いだと言っていましたので，調理現場は屋外をイメージしていました。

三舟　芹沢さん，カツオを１本丸々鍋に入れて「煮堅魚」をつくり，その後残ったアラを潰して入れて煎汁をつくるというのは合理的でしょうか。それとも，まずは切り身にしてから煮て，その切り身を取り出した後に，アラや頭を入れていったほうが楽でしょうか。

芹沢　「煮堅魚」にしても煎汁にしても，カツオを煮て製品にするのであれば，切り身にしてから煮たほうが後の処理は楽ですよね。やはり細かく切ったほうが煮込むときには楽なのかなとは思います。ただ，処理の早さの問題まで考えると，当然ではありますが，最初から１本丸々入れたほうが早いは早いですよね。それでも，煎汁をつくることを考えると，細かくしたほうが楽だと思います。

馬場　まずは潮鰹のときと同じ程度の下ごしらえをして，身は茹でて「煮堅魚」にしてしまう。そして，切り離しておいたアラを使って後から煎汁をつくるというやり方が一番良いのではないかということですね。そうであれば，現職のカツオ職人の見解としては，三舟さんが実験されたパターンが一番，合理性が高いということになります。

　そういう意味で，例えば住居址のしつらえを見たときに，切り身にして茹でるという一連の工程で加工していたのであれば，実は坩形土器は１個で済むという話になってきますよね。臭いという森川さんのご指摘は別として。こうなると「煮堅魚」も追加実験が必要になりそうです。

三舟　そうですね。

馬場　実際坩形土器で煮込むことができるかどうか。復元土器を使っての検証になりますね。

三舟　現在，復元した土器は二つあります。「煮堅魚」と「堅魚煎汁」を最後まで全部完成させたら，次は庄田さんに分析してもらいたい。

庄田　復元した土器にはモデルがあるのでしょうか。

三舟　平城京から出土した堝形土器です。すこし小さめかもしれません。

藤村　せっかくやるなら，出土遺物に準じたサイズやデータでつくりたいですね。

森川　実験の際の加熱は，プロパンガスでは駄目です。

馬場　それではここで現時点での，壺Gについての結論をまとめましょう。壺Gは，液体運搬に特化した土器として開発された，当時としては画期的な商品で，おそらく，今のところは静岡地域発祥と考えられます。それが実際どういう用途に用いられたかはわかりませんが，手掛かりとしては，『延喜式』などの史料に「瓶」という言葉があり，また，静岡という地域で生産が始まったことにも意味がありそうだという話でした。さらに，容積や形態などを見ていくと，木簡との相性も良いと思われます。だから，貢納品である「堅魚煎汁」を入れたと考えたい。少なくとも，都と静岡地域を結ぶ貢納ラインではそう考えているという主張がありました。

それに対して，いやいや，壺Gは全国各地で出土しているし，もっと汎用性のあるものとして最初から開発されたのではないのかという指摘がありました。それから，そもそも「堅魚煎汁」がもっとどろどろとした粘性の強い加工品なのではないかという問題もあります。

その上で，ではどのようにしてカツオの加工品をつくったのか，堝形土器を使う生産工程をもっと考える必要があるという意見がありました。出土状況をさらに整理し，各住居の中の出土遺物のセット関係から，特殊な竪穴建物，住居址に特有のものなのか，それとも普遍的なものなのかをもっと掘り下げていかなくてはならないと。そして，運よく焦げでも残っているようなことがあれば，庄田さんに分析していただき，残っていなくても村上さんが壺Gの分析をさらに進めると。ひとまずはこれが今後の方針となります。

そして，加工品の復元実験では，この堝形土器の再現品を新たに作成して，「煮堅魚」と「堅魚煎汁」が，果たして鈴木さんのおっしゃるように一連の工程で加工できるのかどうかなどを検証してみる必要があるというところまで来たわけですね。

庄田　小田さんに聞いておきたいことがあるのですが，壺K，プレ壺G，壺Gはすべて静岡地域で生産されたことは確かなのでしょうか。

小田　それについては，これから確認する必要があります。

森川　プレ壺Gに似たようなものがある，というところまではわかっています。

庄田　それが担保されないと，なかなか議論が進まないように思います。

馬場　壺Gは普遍性が高いのでしょうか。

小田　高いですね。

馬場　とすると，壺Gの見つかる土地が重要ということですね。では，壺Gの後はどうなるのでしょうか。ポスト壺Gについての考察が，実は今課題なのではないかと思っています。

森川　ポスト壺Gについては，もう少し後に考えようと思っていまして，現段階ではまだなんとも言えません。それ以前にやらなければいけないことがたくさんあると思っています。

三舟　では，会場の皆さんから何か質問などはありますか。

高橋香（かながわ考古学財団）　神奈川の高橋と申します。壺Gは「堅魚煎汁」用の容器ということでお話が進んでおりますが，関東近県ではこれが水瓶（すいびょう）や華瓶（けびょう）とされていて，村落寺院系の集落などから出土するという話があるのですが，これについてはどうお考えでしょうか。

森川　簡単に申し上げますと，今のところ駿河や伊豆における壺Gというのは，その地域から考えて「堅魚煎汁」の運搬容器であった可能性が高いということを仮説として推していこうと思っています。なぜかというと，「堅魚煎汁」を都城へ運ばれるもの，貢納品として見た場合，壺Gの用途は何かという問題の8割方が運搬容器という説明で解消できると思うのです。一方で，残りの2割については，駿河・伊豆以外の地域で見つかるものをどう説明するかというのが問題になってくると思います。

その中で，例えば山中章先生の兵士水筒説や，佐野五十三さんの華瓶説がありますが，これらは煎汁容器説と並立できると考えています。一度都に集まって，空になったときに，まだ壊れずに使える状態のものが再利用されて各地に運ばれた可能性が絶対になかったとは言えないので，その方向で考えてみてはどうかということです。つまり，これは総合説なんです。容器説と兵士の水筒説は矛盾しないし，華瓶説が厳密に仏教関係の遺物になるかどうかはわかりませんが，何らかの再利用をされて，全国各地の集落にもたらされたということはあるかもしれない。

馬場　これについて少し補足しますと，壺Gは液体の運搬容器として生み出された画期的なものという小田さんの見解が，おそらく現在の研究の到達点であると思います。それに対して，カツオの問題もあわせて考えると，いつ，何の目的でその技術革命が起きたのかや，あるいはメインの用途はなんだったのか，特に都で見つかる壺Gにはどういう意味があるのかといった問題の答えとして，壺Gを「堅魚煎汁」の運搬容器と考えるのが一番理にかなっていると考えています。

だから，例えば森川さんがおっしゃったような，都に集まったものがまた地方へもたらされる要因としては，それ以外にも，例えば工房で壺Gを便利だと思った人々が盗み取って使っていたという筋書きも充分考えられると思います。実は非常に優れた容器であればあるほど，その可能性は広がります。ですので，小田さんもおそらくその可能性については意識しているのではないでしょうか。

森川　壺Gは，平城京で見つかるものも含めて，完全な形で出土することがとても多いです。その容量は土器に砂や水を入れて量るしかないのですが，それはつまり，1300年経っても本体が壊れていないということですから，実はすごく丈夫なんです。とても堅牢で運搬にも適しているので，1回目の使用を終えてもリサイクルできるんだと思います。それが，例えば水筒という形で何か液体物を入れて各地に拡散したという可能性もありますし，たどり着いた先でまた何かに三次利用されてもおかしくないのではないでしょうか。だから，華瓶説も否定することはできないと思います。

三舟　では，終了時間も迫ってきましたので，全体のまとめに入りたいと思います。

今回，カツオに関して非常に多方面から考えていきました。まず馬場さんから日本におけるカツオ文化というものをご説明いただき，それから小倉さんからは，古代の中国や朝鮮半島にカツオは存在しないという歴史的には非常に重要なご指摘がありました。カツオは日本独自の文化であって，食文化の起点であると。それは律令制以前から存在し，古代のカツオを研究することで日本の食文化の根源にまで迫っていけるということです。改めて今回の研究の重要性に気づかされました。カネサ鰹節商店の芹沢さんを巻き込んで，毎月１回西伊豆で実験をおこなってきたわけですが，この実験にはかなりの価値があるということになります。

そして，今日の討論でも明らかになってきたと思いますが，我々が現代の潮鰹を古代の「荒堅魚」だと推定し，その見解を突き詰めていくなかで，芹沢さんの紹介にもあったような，伝統文化を守る地域の存在が浮かび上がってきました。これはほかの食文化についてもそうですが，日本の伝統文化全体が存続の危機にあるわけですから，今回のような古代食の研究を盛り上げていくことによって，我々の伝統的な食文化を守っていくことにもつなげていく，そういう研究の使命を感じました。

それと同時に，堝形土器や壺Ｇなど，カツオに関係すると思われる遺物を徹底的に調べていこうという方針も固まりました。庄田さんと村上さんによる残存脂質分析は，特に注目される研究だと思います。

また，小崎さんと藤村さんのご協力にも感謝申し上げます。突然沼津に押しかけていき，遺構や遺物についてあれこれ質問攻めにしてしまいましたが，こうしたユニークな視点も地域の文化を考えるうえでは大切だと思います。今後もどうぞよろしくお願いいたします。

今日の議論の中で課題として出てきた，壺Ｇにどのような液体を入れていたのかという問題は，今後も庄田さんと村上さんのチームに追究してもらいますし，堝形土器の分布や特性については，小崎さんと藤村さんにまたいろいろと調査していただければと思います。

そして私と森川さん，小田さん，馬場さんは，芹沢さんのご協力のもと，今後もカツオ加工品の再現実験を続けていきたいと思います。まずは「煮堅魚」の再現実験を西伊豆でおこないますが，やればやるほど問題点が見つかっていくと考えておりますので，今後の研究を楽しみにお待ちいただきたいと思います。

報告者の皆様，会場参加の皆様，オンラインで参加の皆様，長時間お疲れさまでした。これでこのシンポジウムを終わらせていただきます。ありがとうございました。

あとがき

本書は2023年2月24日（金）・25日（土）に東京医療保健大学世田谷キャンパスでおこなわれた，「カツオの古代学シンポジウム」の成果報告集であり，科学研究補助金基盤A「東ユーラシア東辺における古代食の多角的視点による解明とその栄養価からみた疾病」（課題番号：20H00033，研究代表者：三舟隆之，2020〜2024年度）の中間成果報告でもある。本科研研究はそもそもカンボジア・中国・韓国などの，日本と海外の食文化との比較も視野に入れた，古代食の再現とその影響による疾病の解明という，壮大な研究計画であった。ところが……。

新型コロナウイルス感染症の感染拡大である。緊急事態宣言が出て大学の授業はすべてオンラインになり，研究のための調査も実験も，何もできない日々が続く。そんななかで共同研究の分担者である奈良文化財研究所の馬場基・庄田慎矢・山崎健・森川実・小田裕樹さんたちの協力のおかげで，何とか西大寺食堂院跡の出土遺物を中心としてシンポジウムをおこなうことができ，『古代寺院の食を再現する―西大寺では何を食べていたのか―』（吉川弘文館，2023年）を刊行するところまでこぎ着けた。一つの遺跡の遺構・出土遺物を検討して，調理科学・食品学の研究者も巻き込んで，古代では何を食べていたのか，という学際的な共同研究をまとめられたことは，大変意義のあることだった。

それでもなかなか感染拡大が収まらないなか，次のテーマを考えなければならなかった。もちろん，当初の研究計画を進められる状況にまでには到っていない。どうしよう。

ある日，庄田さんと小田さんが富士市教育委員会の藤村翔さんのところに，カツオを煮たとされる堝形土器の残存脂質分析の話を持ちかけていると聞いた。「これだ！」と思った。

以前東京医療保健大学でも，古代の堅魚製品の再現実験をおこなったことがある。そこで課題として残ったのは，木簡などにみえる「堅魚煎汁」と壺Gの関係だ。早速壺G＝「堅魚煎汁」運搬容器説の森川さんも乗ってくる。カツオなら木簡にも『延喜式』にも山ほど登場するから，馬場さんも小倉慈司さんも乗ってくるに違いない。カツオの骨も各地の遺跡から出土しているから，山崎さんにも登場をお願いできる。再現した堅魚製品の調理や食品の安全性の分析は，東京医療保健大学の先生たちに任せればよい。なんだ，これでまたシンポジウムができるではないか！

問題は古代の史料に出てくる「荒堅魚」「煮堅魚」「堅魚煎汁」の再現実験を，どこにお願いするかだ。そこで以前見学をさせてもらった静岡県西伊豆町田子のカネサ鰹節商店の芹沢安久さんに相談してみたところ，協力を快諾していただいた。芹沢さんは地元に残る伝統的な潮鰹の保存に努め，伝統的な鰹節の製法をずっと守り続けている，地元の名士だ。再現実験は仮説を立ててはさまざまな条件を設定して実験をおこない，そこで失敗したものを除いて最後に残った仮説が事実であるという方法を採る。そこから毎月のように，田子に通う日々が始まった。

ある日のこと。馬場さんが「古代ではどのようにカツオを捕り加工処理したか，その場所を捜しに行こう」と言い出し，二人で田子の海岸に行った。田子の海岸は夕日が美しいので有名だ。ロマンチックな美しい海岸を，恐らく心の中ではお互い他のことを考えながら，男二人で海岸を歩いた。そして，もし遺跡があるならここだろうと推定した場所があった。旧田子中学校の建物がある場所である。現在は民俗・歴史や考古資料などの展示室・収蔵庫になっていた。

そんなまたある日，今度は馬場さん・三舟のほかに森川・小田さんも一緒に，田子の周辺の遺跡を調べるために，西伊豆町教育委員会を訪ねた。そこで初めてその旧田子中学校が遺跡地で，土器が多数出土していることを知った。

西伊豆町教育委員会の担当者はいい人だった。いきなり訪ねてきた４人組の男たちの半ば脅しに近い依頼で，やむなく土器の収蔵庫のカギを開けてくれた。「すみません，まだ何も整理できていなくて，段ボールしかありません」「ここには古代の土器はないと思いますよ」という言葉にまったく耳を貸さず，私は段ボールを勝手に開け，ひたすら土器を探した。すると……。

「あった！　堝形土器だ！」世紀の大発見（？）の瞬間だった。４人が大興奮する姿に，何が起きているのかわからず，担当者はただ呆然としていた。今，古代の堅魚製品の再現実験をおこなっている田子地区で，古代の堝形土器の破片が見つかった。それは今まで報告されていない未発見の資料だった。1300年の時を経て，こうして古代と現代が同じ場所でつながった。歴史研究の醍醐味である。

本書はこのような感動のもとに生まれた。第Ⅰ部の馬場さんの論文は，「日本列島とカツオ」という壮大なテーマである。堅魚関係の木簡から古代のカツオの姿を甦らせる。カツオ愛に溢れた馬場さんならでは，である。一方小倉さんは『延喜式』から，古代の堅魚製品の実態に迫る。古代の堅魚製品についてはとかく生産に目が向くが，小倉さんは消費にも注目し，さらにカツオの形にまで言及する。

第Ⅱ部は，考古資料から古代の駿河・伊豆地域のカツオを検証する。沼津市域を中心として出土する堝形土器と呼ばれる広口の大形土器は，「煮堅魚」などのカツオを煮た土器とされてきた。小崎晋さんは，それが出土する集落遺跡を丹念に紹介して堝形土器の性格に迫る。重要なのは出土状況で，小崎さんは堝形土器のカマドでの使用法を検討する。さらに「堅魚煎汁」の運搬容器である壺Gの出土が少ない点を挙げる。また，今まで堅魚製品の生産工場的な遺跡と考えられていた堝形土器出土の遺跡が通常の集落遺跡と変わらないという指摘は，律令貢納体制についての研究に大きな影響を与えると思われる。藤村さんも古代の駿河・伊豆の堝形土器の展開について，その分布を詳細に紹介する。堝形土器についてはすでに橋口尚武氏らの研究があるが，藤村さんの調査は最新の成果である。さらに藤村さんは，この堝形土器の編年をおこなった。古代史の研究者はおそらく律令制の成立に伴ってカツオの貢納がおこなわれたと考えがちであるが，驚くべきは，藤村さんは6世紀末，すなわち古墳時代からすでに堝形土器が出現していたことを明らかにした。この事実を古代史研究者はどう評価するのか，今後の研究の展開が大変楽しみである。

この堝形土器の分布と同様に重要なのは，まずカツオがどこで漁獲されていたかだ。山崎さんはカツオの釣り針や遺跡から出土したカツオの骨から，駿河・伊豆だけでなく，相模や房総などの広範な地域を見据える。我々はカツオ漁と言えば，沖に出て一本釣りをする現在の壮大な漁法を思いがちであるが，実は明治時代までカツオは沿岸まで回遊していたことを明らかにする。遺跡から出土するカツオの骨の分布だけでなく，『静岡県水産誌』まで言及するのは，馬場さんと同様に視野の広い研究で，山崎さんならではの論考である。

今回特筆すべきは，この堝形土器の残存脂質分析であろう。庄田さんと村上夏希さんは，この堝形土器の残存脂質分析をおこない，個別脂肪酸の安定炭素同位体分析から，堝形土器が海産資源の加工に用いられた可能性が高いと結論づけた。実は脂肪酸分析は1990年代にすでに瀬川裕市郎・小池裕子氏によっておこなわれ，堝形土器が回遊性魚類の加工に用いられたことを指摘している。しかし脂肪酸分析は旧石器捏造事件も災いして日本では否定され，いったんは発展の道が閉ざされてしまった。現在の研究レベルで，庄田・村上さんが再検証した意義は大きい。

同様に第Ⅲ部に登場する大道公秀さんは，現代のカツオを土鍋で煮てコゲを作り，そのコゲを赤外分光分析や蛍光X線分析などを駆使して分析し，将来土器付着物の分析をおこなう際の基礎的研究をおこなっている。さまざまな分析手法が，今の考古学には求められている。

一方，研究史上でも議論が多いのが，壺Gだ。森川さんは壺G=「堅魚煎汁」運搬容器説を掲げ，今までの議論を整理し土器論を展開する。そのうえで「堅魚煎汁」の再現実験をおこない，壺Gでそれを運搬できるかを検証しようとした。「堅魚煎汁」の再現実験は，カネサ鰹節商店でおこなわせていただいたが，鰹色利の製造担当者のロクさんこと鈴木剛さんが音を上げるくらい，何度も執着していた姿に研究者の真髄を見た気がする。

壺Gが「堅魚煎汁」の運搬容器であるかどうか，そのカギを握るのは実際につくった鰹色利の流動性である。そのため，峰村貴央さんにはその鰹色利の粘性を測定してもらった。結果，製造過程で大きく変化することがわかった。

考古学でやはり王道なのは，小田さんの土器論であろう。小田さんは壺Gの製作痕跡から丁寧さがみられないことを観察し，華瓶（けびょう）説を真っ向から否定した。その上で堅牢で運搬に向いていること，その原型としてプレ壺G=壺Kの存在に注目するなど，新たな視点で壺Gを評価する。この壺Gが「堅魚煎汁」の運搬容器であったかどうかは，第Ⅲ部の五百藏良さん・三舟の「鰹色利の保存性と壺G」が反論しており，加えて後半の総合討論で熱い闘いが繰り広げられているので，是非参照してほしい。

第Ⅲ部は，古代の堅魚製品の再現実験を特集する。まず馬場さんと三舟は

「荒堅魚」と「煮堅魚」の再現に取り組む。その結果，現代まで続く西伊豆地方の潮鰹に，古代の姿が反映されていると考えた。本論はその再現実験の，悪戦苦闘の記録である。

さて，その「荒堅魚」を作るには高濃度の食塩水が必要である。そこで金田一秀さんには，潮鰹の漬け汁の微生物学的検査をお願いした。食品衛生学のプロならではの論考である。その結果，カツオを高濃度食塩水に浸けるのが有効であるという知見を得た。

一方，古代の堅魚製品はどのように調理し，食べたのかという点も興味が湧く。カツオの栄養については，鈴木礼子さんの「栄養学からみたカツオの食文化」を参照してほしい。タンパク質やビタミンが豊富な食品であることがわかる。西念幸江さんは，馬場さん・三舟が製造した「荒堅魚」を出汁として使えるか，実験した。しかし生臭さや塩分の高さなど，さまざまな問題があることがわかり，「荒堅魚」や「煮堅魚」をどのように食したかは，今後の課題となった。

最後に，再現実験でご協力いただいたカネサ鰹節商店の芹沢さんに，西伊豆の田子地区の潮鰹について，シンポジウムの基調講演をもとに原稿をお寄せいただいた。伝統的な潮鰹を守り続けている姿からは，真に故郷の食文化を守ろうとする崇高な志が熱く伝わってくる。本研究が少しでもこのような日本の伝統的な食文化の維持に寄与できたら，望外の幸せである。

カツオは黒潮に乗ってくるので，日本の太平洋沿岸に広く分布する。反対に朝鮮半島ではカツオは捕れない。それゆえ日本の食文化を支えてきたのは，カツオであるといっても過言ではない。和食の原点ともいえるカツオの出汁は，室町時代に始まったとされる。しかし今回のシンポジウムでは，さらに古代まで遡る可能性を示した。この研究は，和食の始まりに関する議論に大きな影響を与えるであろう。

ただ今回では，この研究は最終的な結論を出すまでにはいたらなかった。それゆえあくまでも本書は，中間報告にとどまる。だが，やがていつか続編の『カツオの古代学2』をまとめ，そこで結論を出したい。カツオはあまりにもテーマとして大きく，奥深い。その日まで，我々はまだずっとカツオを追い続けよう。

再現実験をおこなうにあたっては，カネサ鰹節商店の芹沢安久さん・鈴木剛さんにはさまざまにご協力いただいた。お二方のご協力がなければ，本実験は実施できなかった。深く感謝します。また西伊豆町教育委員会の松田恵一氏には，旧田子中学校遺跡出土の堝形土器の実測に際してお世話いただいた。静岡県水産・海洋技術研究所の山崎資之氏にも，「煮堅魚」の実験でいろいろご教示いただいた。ここに謝意を表したい。

本書を製作するにあたって，またいつものように吉川弘文館編集部の石津輝真さんと長谷川裕美さんには編集から原稿整理まで，多大なご苦労をおかけした。ここに謝辞を述べたい。

2024年4月11日

三 舟 隆 之

編者・執筆者紹介

◇編　者◇

三舟隆之（みふね たかゆき）

1959年　東京都生まれ

1989年　明治大学大学院文学研究科博士後期課程単位取得退学

現在　東京医療保健大学医療保健学部教授　博士（史学）

主要著書

『『日本霊異記』説話の地域史的研究』法藏館，2016年

『古代の食を再現する―みえてきた食事と生活習慣病―』吉川弘文館，2021年（編）

『古代人の食事と健康』ものが語る歴史，同成社，2024年

馬場　基（ばば はじめ）

1972年　東京都生まれ

2000年　東京大学大学院人文社会系研究科博士課程中退

現在　奈良文化財研究所埋蔵文化財センター長　博士（文学）

主要著書・論文

『平城京に暮らす―天平びとの泣き笑い―』歴史文化ライブラリー，吉川弘文館，2010年

「古代日本の動物利用」松井章編『野生から家畜へ』ドメス出版，2015年

『日本古代木簡論』吉川弘文館，2018年

◇執筆者◇（五十音順）

五百藏　良（いおろい りょう）

1952年　東京都生まれ

1982年　東京農業大学大学院農学研究科博士後期課程修了

現在　東京医療保健大学名誉教授　農学博士

主要論文

「泡あり・泡なし清酒酵母の違いが食パンの構造およびおいしさに与える影響」『日本官能評価学会誌』15-2，2011 年（共著）

おお みち きみ ひで
大 道 公 秀

1974 年　滋賀県生まれ

1997 年　大阪府立大学農学部卒業

2003 年　早稲田大学大学院人間科学研究科修士課程修了

2008 年　千葉大学大学院医学薬学府博士課程修了

現在　実践女子大学生活科学部准教授　博士（医学）

主要著書

『食品衛生入門―過去・現在・未来の視点で読み解く―』近代科学社，2019 年

「土器に付着したコゲの分析からわかること」三舟隆之・馬場基編『古代の食を再現する―みえてきた食事と生活習慣病―』吉川弘文館，2021 年

白尾美佳編『食べ物と健康―食品衛生学　第 2 版―』光生館，2022 年（共著）

お ぐら しげ じ
小 倉 慈 司

1967 年　東京都生まれ

1995 年　東京大学大学院人文社会系研究科博士課程単位修得退学

現在　国立歴史民俗博物館教授　博士（文学）

主要著書

『事典 日本の年号』吉川弘文館，2019 年

『古代律令国家と神祇行政』同成社，2021 年

『天皇の歴史 9　天皇と宗教』講談社学術文庫，2018 年（共著）

お だ ゆう き
小 田 裕 樹

1981 年　福岡県生まれ

2005 年　九州大学大学院比較社会文化学府修士課程修了

現在　奈良文化財研究所企画調整部主任研究員

主要論文

「宮都における大甕」『官衙・集落と大甕』奈良文化財研究所，2019年

「飛鳥の土器と『日本書紀』」『國學院雜誌』121-11，2020年

「平城宮東院地区の厨関連遺構」三舟隆之・馬場基編『古代の食を再現する―みえてきた食事と生活習慣病―』吉川弘文館，2021年

金田一秀（かねだ かずひで）

1970年　静岡県生まれ

1998年　静岡県立大学大学院薬学部博士課程修了

現在　東京医療保健大学医療保健学部准教授　博士（薬学）

主要著書・論文

“An unusual isopentenyl diphosphate isomerase found in the mevalonate pathway gene cluster from Streptomyces sp. strain CL190” *Proceedings of the National Academy of Sciences.* Vol. 98, No. 3, 2001

“First record of Leptospira borgpetersenii isolation in the Amami islands, Japan” *Microbiol. Immunol.* Vol. 50, 2006

杉山章・岸本満・和泉秀彦編『食品衛生学実験―安全をささえる衛生検査のポイント―』みらい，2016年（共著）

小崎晋（こさき すすむ）

1976年　愛知県生まれ

2000年　山口大学人文学部卒業

2002年　静岡大学大学院人文社会科学研究科修士課程修了

現在　沼津市教育委員会事務局文化振興課文化財調査係長

主要著書・論文

「静岡県考古学会における縄文時代研究のこれまでとこれから　境界（はざま）の視点から」『静岡県考古学研究』50，2019年

「茅山下層式と元野式　境界で変化する縄文土器型式の一事例」『静岡県考古学研究』

51, 2020 年

『高尾山古墳追加調査報告書』沼津市文化財調査報告書第 123 集, 沼津市教育委員会, 2021 年（共編）

西念幸江（さいねん さちえ）

1968 年　東京都生まれ

2008 年　女子栄養大学大学院博士後期課程栄養学専攻修了

現在　東京医療保健大学医療保健学部教授　博士（栄養学）

主要著書・論文

「鶏肉の真空調理に関する研究（第 1 報）真空調理と茹で加熱した鶏肉の物性及び食味」『日本家政学会誌』54-7, 2003 年（共著）

“Application of Vacuum-Cooking to Plant-Based Foods: Boiled Soybeans and Cooked Beans”, *Journal of Cookery Science of Japan*, 55-5, 2022 年（共著）

『調理科学実験（改訂新版）』アイ・ケイコーポレーション, 2016 年（共著）

庄田慎矢（しょうだ しんや）

1978 年　北海道生まれ

2001 年　東京大学文学部卒業

2007 年　忠南大学大学院（大韓民国）考古学科卒業（文学博士）

現在　奈良文化財研究所企画調整部国際遺跡研究室長

主要著書・論文

『アフロ・ユーラシアの考古植物学』クバプロ, 2019 年（編著）

“Seeking Prehistoric Fermented Food in Japan and Korea”, *Current Anthropology*, 62(S24), 2021

『ミルクの考古学』同成社, 2024 年

鈴木礼子（すずき れいこ）

1968 年　神奈川県生まれ

1992 年　日本女子大学家政学部卒業

2006年　カロリンスカ医療研究所環境医療研究所IMM栄養疫学グループ大学院博士課程修了

現在　日本女子大学家政学部食物学科准教授　博士（医学）

主要著書・論文

“A Body weight and incidence of breast cancer defined by estrogen and progesterone receptor status-A meta-analysis”, *International Journal of Cancer*, 124-3, 2009

“Fruits and vegetables intake and breast cancer risk by hormone receptor status: JPHC cohort study”, *Cancer Causes Control*, 24, 2013

「AYA世代のがん患者の栄養の課題とニーズ」『臨床栄養』137-6, 2020年

藤村　翔（ふじむら しょう）

1983年　愛知県生まれ

2008年　立命館大学大学院文学研究科博士前期課程修了

現在　富士市教育委員会文化財課主査

主要著書・論文

「駿河国富士郡域周辺における古代集落の構造と変遷」『古代集落の構造と変遷1』第24回古代官衙・集落研究会報告書，奈良文化財研究所，2021年

『須津 千人塚古墳』富士市埋蔵文化財調査報告第74集，富士市教育委員会，2022年（共編）

「古墳・飛鳥時代における富士山南麓の開発と環富士山ネットワークの形成」『富士学研究』17-2, 2022年

峰村貴央（みねむら たかお）

1987年　神奈川県生まれ

2021年　東京農業大学大学院農学研究科博士後期課程修了

現在　東京農業大学応用生物科学部助教

主要著書・論文

“Comparison of the characteristics of cooked rice and pasting properties of the Koshihikari, Hinohikari, and Akitakomachi rice cultivars”. *Journal of Japan Health*

Medicine Association, 33-3, 2021

"Comparison of cooked rice and starch paste properties of mutant rice". *Journal of Japan Health Medicine Association*, 29-4, 2021

「海藻からみる写経生の栄養状態」三舟隆之・馬場基編『古代の食を再現する―みえてきた食事と生活習慣病』吉川弘文館，2021 年

村上夏希（むらかみなつき）

1987 年　福島県生まれ

2013 年　東京学芸大学大学院総合教育開発専攻修士課程修了

2017 年　東京藝術大学大学院美術研究科博士課程修了

現在　昭和女子大学人間文化学部専任講師

主要論文

「酢醸造壺の白色付着物に関する科学的検討」『奈良文化財研究所紀要 2021』2021 年（共著）

"Lipid residues in ancient pastoralist pottery from Kazakhstan reveal regional differences in cooking practices", *Frontiers in Ecology and Evolution*, 10, 2022（共著）

「須恵器の残存脂質分析に向けて―胎土の性状から見た検討―」『奈文研論叢』3, 2022 年（共著）

森川実（もりかわみのる）

1974 年　三重県生まれ

1997 年　奈良大学文学部卒業

2004 年　同志社大学大学院文学研究科博士課程後期課程単位取得退学

現在　奈良文化財研究所都城発掘調査部飛鳥・藤原地区考古第二研究室長

主要論文

「奈良時代の埦・坏・盤」『正倉院文書研究』16，2019 年

「古代の陶臼」『古代文化』71-3，2019 年

「麦埦と索餅―土器からみた古代の麺食考―」『奈文研論叢』1，2020 年

山崎　健（やまざき　たけし）

1975年　群馬県生まれ

2000年　東北大学文学部卒業

2008年　名古屋大学大学院生命農学研究科博士課程（後期課程）単位取得退学

現在　奈良文化財研究所埋蔵文化財センター環境考古学研究室長　博士（農学）

主要著書・論文

『藤原宮跡出土馬の研究』奈良文化財研究所報告17，2016年（共著）

『農耕開始期の動物考古学』六一書房，2019年

『骨ものがたり―環境考古学研究室のお仕事―』飛鳥資料館図録71，2019年（共著）

◇特別寄稿◇

芹沢安久（せりざわ　やすひさ）

1968年　静岡県生まれ

現在　カネサ鰹節商店5代目（副代表）

カツオの古代学
和食文化の源流をたどる

2024年(令和6)6月10日　第1刷発行

編者　三舟隆之（みふねたかゆき）
　　　馬場基（ばばはじめ）

発行者　吉川道郎

発行所　株式会社 吉川弘文館
〒113-0033　東京都文京区本郷7丁目2番8号
電話　03-3813-9151〈代〉
振替口座　00100-5-244
https://www.yoshikawa-k.co.jp/

印刷＝株式会社 精興社
製本＝株式会社 ブックアート
装幀＝渡邉雄哉

ISBN978-4-642-04683-1